U0601998

内容简介

《会计学（第27版）》以其清晰的结构和创新的教学艺术，全面介绍了会计学基础知识。在世界各国，迄今已有数百万名学生阅读本书并从中受益。本书作者在过去的所有版本中长期坚持改革和创新。

《会计学（第27版）》包含三大知识模块——会计学基本原理、财务会计和管理会计。中文翻译版《会计学（第27版）：管理会计分册》涵盖了最后一个模块的内容，前两个模块的内容在《会计学（第27版）：财务会计分册》中呈现。

《会计学（第27版）：管理会计分册》在以下几个方面做了更新：

· 采用简短精练的段落和专栏，让读者更容易阅读和理解信息。

· 以逐步推导的方式进行介绍，并应用有意义的专栏和图表。

· 更新并完善真实企业案例，提供不同类型的习题，帮助读者更好地学习。

本书可作为会计学、财务管理、金融学、管理学专业的本科生、学术型硕士生，MPAcc，MBA以及各类在职人员的会计入门用书。

主要作者简介

卡尔·沃伦（Carl S. Warren） 佐治亚大学会计学院名誉教授，曾在艾奥瓦大学、密歇根州立大学和芝加哥大学任教，并在*The Accounting Review*，*Journal of Accounting Research*等期刊发表多篇论文。曾在美国会计学会、美国注册会计师协会等组织任职，并为众多公司和会计师事务所提供咨询。

詹姆斯·里夫（James M. Reeve） 田纳西大学会计学教授，曾在*Journal of Cost Management*，*Journal of Management Accounting Research*，*The Accounting Review*等期刊发表论文40余篇，并为宝洁、可口可乐、索尼和波音等世界著名企业提供咨询和培训。

主要译者简介

陈宋生 北京理工大学管理学院会计系主任、教授、博士生导师，全国高端会计人才，中国会计学会高等工科院校分会副会长，中国审计学会教育分会副秘书长，中国内部审计协会准则专业委员会副主任；在《会计研究》、《审计研究》和*Journal of Business Research*等期刊发表论文数十篇。

工商管理经典译丛·会计与财务系列

Business Administration Classics

会计学
管理会计分册

Managerial Accounting
(Twenty-seventh Edition)

[美]　卡尔·沃伦（Carl S. Warren）
　　　詹姆斯·里夫（James M. Reeve）　著
　　　乔纳森·杜哈奇（Jonathan E. Duchac）

陈宋生　龙雪莹
刘叶兰　余瑞航　译

第27版

中国人民大学出版社
·北京·

图书在版编目（CIP）数据

会计学：第 27 版 . 管理会计分册 /（美）卡尔·沃伦,（美）詹姆斯·里夫,（美）乔纳森·杜哈奇著；陈宋生等译 . -- 北京：中国人民大学出版社，2024.5
（工商管理经典译丛 . 会计与财务系列）
ISBN 978-7-300-32622-1

Ⅰ . ①会… Ⅱ . ①卡… ②詹… ③乔… ④陈… Ⅲ . ①管理会计 Ⅳ . ① F230

中国国家版本馆 CIP 数据核字（2024）第 055132 号

工商管理经典译丛·会计与财务系列
会计学（第 27 版）：管理会计分册
卡尔·沃伦
［美］詹姆斯·里夫　　著
乔纳森·杜哈奇
陈宋生　龙雪莹　刘叶兰　余瑞航　译
Kuaijixue: Guanli Kuaiji Fence

出版发行	中国人民大学出版社		
社　　址	北京中关村大街 31 号	**邮政编码**	100080
电　　话	010－62511242（总编室）		010－62511770（质管部）
	010－82501766（邮购部）		010－62514148（门市部）
	010－62515195（发行公司）		010－62515275（盗版举报）
网　　址	http://www.crup.com.cn		
经　　销	新华书店		
印　　刷	涿州市星河印刷有限公司		
开　　本	890 mm × 1240 mm　1/16	**版　　次**	2024 年 5 月第 1 版
印　　张	15.75 插页 2	**印　　次**	2024 年 5 月第 1 次印刷
字　　数	435 000	**定　　价**	65.00 元

版权所有　侵权必究　　印装差错　负责调换

译者序

随着全球化、国际化进程的推进，会计本科生国际化教学成为势不可挡的潮流。目前许多高校尝试双语教学和全英语教学，这有助于开拓学生的视野，提升其英语阅读与写作水平，助力我国国际化会计人才的培养。但是在教学过程中，老师们遇到了一些现实问题，缺乏权威的参考教材是突出问题之一。外国原版教学用书内容庞杂，逻辑松散，与我国制度背景差异较大，价格高昂，这些使得授课老师在教学用书选择与应用上十分困惑，已经影响到教学效果与教学目标的实现。学生对于一门课程的掌握程度不仅取决于教师的学养与教学水平，参考教学用书也十分重要。一本优秀的教学用书不仅要有国际权威、知识系统化，还要充分与本土的具体情况相结合。

为了满足国内高校的教学需求，根据教育部对课程的设置要求，北京理工大学陈宋生教授组织团队，对卡尔·沃伦（Carl S. Warren）、詹姆斯·里夫（James M. Reeve）、乔纳森·杜哈奇（Jonathan E. Duchac）三位著名教授的经典会计著作《会计学（第27版）》进行了编译。

原著共26章，分为三部分。第1~6章为会计学基本原理，包括会计学的基本概念以及传统的记账方法，如记账、过账、调账、结账以及编制报表等一系列流程；第7~17章是财务会计部分，主要讲述几个重要的资产负债账户的会计核算方法、现金流量表的编制以及财务报表分析，其中第8章还特别引入内部控制相关内容；第18~26章是管理会计部分，主要讲述成本会计（分批成本计算法、分步成本计算法以及本量利分析）、管理控制系统（预算、标准成本法以及分权经营）和决策方法（差量分析和资本投资分析）三大块内容。中文翻译版的管理会计分册包括第三部分内容，前两部分内容在财务会计分册呈现。

本书由北京理工大学陈宋生教授组织团队进行编译，中国农业大学李睿讲师基于英文原著的架构和风格，按照国内的课时要求突出重点内容、压缩篇幅。具体删减变动如下：（1）精选满足教学和学习需要的章后练习，删除冗余习题；（2）删除影像案例、附录（涉及重点内容的附录保留）；（3）删除与我国国情差距较大的内容。北京理工大学会计系硕士生龙雪莹、刘叶兰、余瑞航做了大量的翻译和校对工作。陈宋生教授负责组织协调以及最终的审校。

本书可作为会计学、财务管理、金融学、管理学专业的本科生、学术型硕士生，MPAcc，MBA以及各类在职人员的会计入门用书。

由于译者的视野、水平以及能力有限，疏漏总是难免，希望得到广大读者的批评、指导和建议。

最后，真诚地感谢中国人民大学出版社编辑的不断督促与热情斧正，他们的敬业精神温暖并激励着我们！北京石油化工学院曹圆圆讲师、西南财经大学严文龙讲师、首都经济贸易大学田至立讲师、北京理工大学在读博士生吴倩和邓婷友也以不同的方式参与校稿、讨论与修改，感谢他们付出的辛苦劳动！

译者

目　录

第 18 章

管理会计介绍

吉普森吉他多年来受到乐界顶级明星的青睐，包括 B. B. 金、切特·阿特金斯、布赖恩·威尔逊（沙滩男孩乐队的主唱）、吉米·佩奇（齐柏林飞艇乐队的吉他手）、杰克逊·布朗、约翰·福格蒂、乔斯·费利西亚诺、米兰达·兰伯特、维诺娜·贾德等。吉普森吉他因其品质而闻名，2014 年是公司成立的 120 周年。

100 多年的经营要求企业不仅透彻了解如何制造高质量的吉他，还要掌握如何计算制造吉他的成本。例如，需要获取吉普森吉他的成本信息来回答以下问题：

（1）吉他的售价应当是多少？

（2）每年应当出售多少把吉他才可以覆盖成本以获得利润？

（3）在生产制造的各个阶段公司应当雇用多少员工？

（4）购买机器设备会如何影响吉他成本？

本章引入管理会计的概念回答上述问题。本章首先描述了管理会计及其与财务会计的关系，然后介绍管理流程及在该流程中管理会计的作用，最后阐释管理会计报告的特点、管理会计术语以及管理会计信息的用途。

资料来源：www.gibson.com/Gibson/History.aspx.

学习目标

1. 描述管理会计及其在企业中的应用。

2. 描述并举例说明以下项目：（1）直接成本和间接成本；（2）直接材料成本、直接人工成本和制造费用；（3）产品成本和期间费用。

3. 描述可持续发展商业活动和生态效益措施。

4. 描述并举例说明制造企业的以下报表：（1）资产负债表；（2）产成品成本表；（3）利润表。

18.1 管理会计

企业管理层在日常经营活动中和做未来规划时需要做出许多决策。这些决策所需的大量信息来自管理会计。

部分管理会计信息的例子及相应的描述和阐释章节列示如下：

（1）制造成本和其他成本的归类及其在财务报表中的披露（第18章）。

（2）计算生产产品或提供服务的成本（第19章和第20章）。

（3）评价各个作业水平的成本性态，同时评估本量利关系（第21章）。

（4）通过编制预算表对未来做出计划（第22章）。

（5）通过比较实际与预期结果评价制造成本（第23章）。

（6）通过比较实际与预算成本以及计算各类盈利指标评价分权经营（第24章）。

（7）通过比较差量收入与差量成本评价特殊决策，根据作业成本法分配产品成本（第25章）。

（8）评价固定资产长期投资的备选方案（第26章）。

管理会计与财务会计的区别

会计信息可以分为两类：财务会计信息和管理会计信息。图表18-1显示了财务会计与管理会计的关系。

图表18-1　财务会计与管理会计

	财务报表	管理报告
信息使用者	外部使用者与公司管理层	公司管理层
信息性质	客观	客观/主观
编制原则	根据GAAP编制	根据管理需要编制
披露时间	固定时间间隔编制	固定时间间隔以及根据需要编制
披露重点	公司整体	公司整体或部门

财务会计（financial accounting）信息按固定时间间隔（每月、每季度以及每年）披露在通用财务报表中。这些财务报表——利润表、留存收益表、资产负债表以及现金流量表根据一般公认会计原则（GAAP）编制。这些报表主要针对外部使用者，例如：

（1）股东；

（2）债权人；

（3）政府机构；

（4）社会公众。

公司管理层也使用通用财务报表。例如，在计划未来的经营活动时，管理层总是要首先评估本期的利润表和现金流量表。

管理会计（managerial accounting）信息的出现在于满足公司管理的特定需求。这些信息包括：

（1）历史数据：提供有关过去经营的客观衡量。

（2）评估数据：提供有关未来决策的主观估计。

公司管理层在指导日常经营、计划未来经营以及制定企业战略时会综合使用这两类信息。

与财务会计中的财务报表不一样，管理会计报告不需要满足以下要求：

（1）根据 GAAP 编制。这是因为只有公司管理层使用这部分信息，在很多情况下，GAAP 与特定的管理决策需求无关。

（2）根据固定时间间隔（每月、每季度以及每年）编制。虽然也有部分管理报告按照特定的时间间隔编制，但是绝大多数报告在管理层需要这部分信息时才编制。

（3）针对企业整体编制。大多数管理报告针对产品、项目、销售地区或者公司的其他分部编制。

组织中的管理会计师

在大多数公司中，部门或类似组织单位都会对特定职能或业务活动负责。公司的经营结构可以用**组织结构图**（organization chart）表示。

图表 18-2 是卡拉威高尔夫公司的部分组织结构图，该公司是高尔夫球杆、服装以及其他产品的制造商与分销商。

图表 18-2 卡拉威高尔夫公司的部分组织结构图

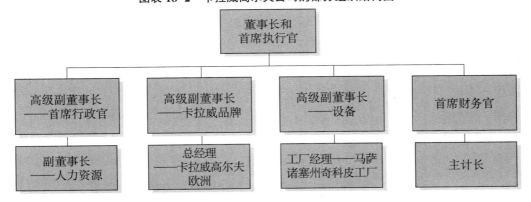

公司的部门负有以下责任之一：

（1）生产线责任；

（2）参谋责任。

生产线部门（line department）涉及直接向公司的客户提供产品或服务。对于图表 18-2 中的卡拉威高尔夫公司，以下人员身居生产相关职位：

（1）高级副董事长——设备；

（2）工厂经理——马萨诸塞州奇科皮工厂；

（3）高级副董事长——卡拉威品牌；

（4）总经理——卡拉威高尔夫欧洲。

担任这些职位的人对卡拉威高尔夫公司产品的生产和销售负责。

参谋部门（staff department）给生产线部门或者其他管理部门提供服务、帮助以及建议。参谋部门对生产线部门没有直接权力。对于图表 18-2 中的卡拉威高尔夫公司，以下人员身居人事相关职位：

（1）高级副董事长——首席行政官；

（2）副董事长——人力资源；

（3）首席财务官；

（4）主计长。

在大多数公司中，**主计长**（controller）是公司的首席管理会计师。主计长下设其他会计人员，负责特定的会计职能，例如：

（1）系统与流程；

（2）普通会计；

（3）预算及预算分析；

（4）特殊报告与分析；

（5）税务；

（6）成本会计。

管理会计经验是担任高级管理职位的良好基础。这并不奇怪，因为会计涉及公司经营的各个阶段。

管理流程

管理会计能够支持企业的各项管理流程。如图表 18-3 所示，**管理流程**（management process）包括以下五个基本阶段。

（1）计划；

（2）指导；

（3）控制；

（4）改善；

（5）决策。

如图表 18-3 所示，这五个阶段相互影响。

图表 18-3　管理流程

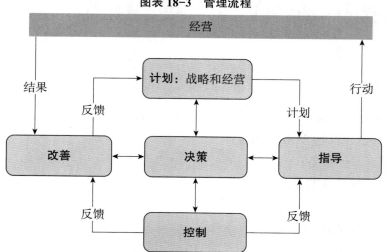

计划

管理层通过**计划**（planning）研究确定公司的**目标**（objectives，goals），并将其细化为具体行动。例如，公司可能设定这样一个目标——通过引入三种新产品将公司的市场份额提高 15%。实现该目标可能采取的行动如下：

（1）增加广告预算；

（2）开拓新的销售地区；

（3）增加研发费用。

计划可归为以下两类：

（1）**战略计划**（strategic planning），为实现公司目标而设定的长期行动。这些长期行动称为**战略**（strategies），通常为 5~10 年。

（2）**经营计划**（operating planning），为管理公司日常经营活动而设定的短期行动。

指导

管理层管理公司日常经营活动的过程称作**指导**（directing）。例如，生产主管维持生产线的运行不中断，信贷部门经理为评估潜在客户偿还账款的能力而制定基准。

控制

监督经营结果，并比较实际结果与预期结果的差异称作**控制**（controlling）。控制的**反馈**（feedback）使得管理层能够发现需要进一步调查的领域并采取可能的矫正措施。反馈还可能导致修改未来的计划。比较实际结果与预期结果的控制称作**例外管理**（management by exception）。

改善

反馈还能支持管理层的持续流程改造。**持续流程改造**（continuous process improvement）指的是不断提高员工素质，改善公司流程和产品的理念。持续流程改造的目的在于消除流程中的问题根源。这样就可以在正确的时间以正确的数量交付正确的产品或服务。

决策

上述各项管理流程之间的内在联系就是**决策**（decision-making）。在管理一家公司的过程中，管理层需要不断在备选方案中做出决策。例如，在指导经营的过程中，管理层必须决定经营的结构、培训的流程并指定负责日常经营的人员。

管理会计支持管理层在管理流程各个阶段的工作。例如，比较实际与预期经营结果的报告可以帮助管理层计划和改善当前的经营活动。这种报告还能用于比较残次材料实际与预期的成本，如果残次材料的成本异常高，管理层可能需要考虑更换供应商。

管理会计信息的使用

如前所述，管理会计为管理层提供信息和报告，以便他们在开展业务时使用。吉普森吉他公司使用管理会计信息的一些示例包括：

（1）根据制造每把吉他的成本信息来确定其售价。

（2）比较随时间推移的吉他成本信息以监督和控制直接材料成本、直接人工成本和制造费用。

（3）根据绩效报告信息分析出现大批量废品或员工停工的原因。例如，应该对切割后的大量不可用木材（废料）进行调查以确定根本原因。此类废料可能是保养不当的锯子造成的。

（4）根据管理会计报告分析购买新的电子锯所带来的潜在效率与资金节省，从而加快生产进程。

（5）根据管理会计报告分析需要出售多少把吉他来覆盖运营成本和费用。此类信息可用于设定销售人员每月的销售目标和奖金。

如上所示，管理会计信息可以用于多种目的。在本书的其余章节中，我们将研究管理会计应用的多个领域。

例 18-1   管理流程

管理流程的其中三个阶段是：计划、控制和改善。将以下描述与适当的阶段匹配：

管理流程阶段	描述
计划	（a）监督执行计划的经营结果，比较实际与预期结果
控制	（b）拒绝以不能解决问题根源的暂时性方案解决个别问题
改善	（c）管理层用于设定公司目标

解答：

计划（c）；控制（a）；改善（b）。

18.2   制造业务：成本和术语

企业的经营活动可分为服务、销售和制造。服务企业和商业企业的会计核算已经在财务会计分册中描述阐释，本书重点关注制造企业。然而，大多数管理会计概念也同样适用于服务企业和商业企业。

为解释制造业务，本章以一家吉他制造企业——传奇吉他公司为例进行分析。图表 18-4 是传奇吉他制造过程的总览。

图表 18-4   传奇吉他的制造过程

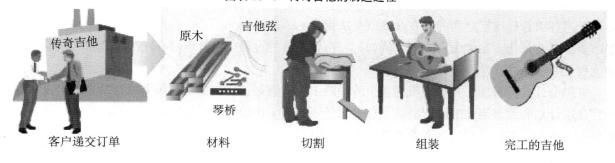

传奇吉他的制造过程始于客户递交订单。一旦订单被接受，制造过程即开始，公司开始购买相应的材料。然后员工从原木中切割出吉他的主体和琴颈，再将主体和琴颈衔接在一起，最后将吉他刷漆并完工。

直接和间接成本

成本（cost）指的是为创造收入而支付的现金或承诺在将来支付的现金。例如，为购买设备而支付的现金（应付账款）就是设备的成本。如果设备源自非货币性资产交换而不是现金购入，那么换出资产的当前市场价值就是换入设备的成本。

管理会计根据管理决策需求将成本分类。例如，成本经常根据它们与某一经营分部的关系分类，这些经营分部就称为**成本对象**（cost object）。成本对象还可能是一个产品、一个销售地区、一个部门或者一项作业活动，如研发。与成本对象有关的成本可能是直接成本也可能是间接成本。

　　直接成本（direct cost）指的是能够识别或追溯到具体成本对象的成本。例如，传奇吉他公司用于生产吉他的原木就是吉他的直接成本，如图表 18-5 所示。

图表 18-5　传奇吉他的直接成本

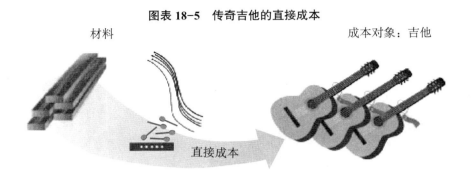

　　间接成本（indirect cost）指的是不能被识别或追溯至具体成本对象的成本。例如，传奇吉他生产主管的工资就是生产吉他的间接成本。虽然生产主管对吉他的生产起了一定作用，但是其工资不能被追溯至某一把具体的吉他。

图表 18-6　传奇吉他的间接成本

　　根据成本对象的不同，一项成本可能被归类为直接成本也可能被归类为间接成本。例如，将个别吉他作为成本对象时，生产主管的工资为间接成本。然而，如果成本对象为吉他的整个生产流程，那么生产主管的工资则是直接成本。

　　图表 18-7 说明了将成本分为直接成本或间接成本的过程。

图表 18-7　辨别直接成本和间接成本

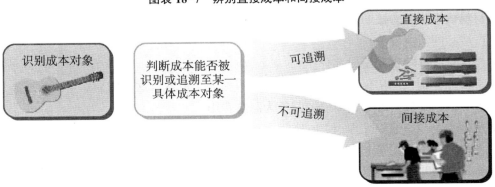

制造成本

产品的制造成本包括用于生产产品的材料成本，还包括将材料转化为产成品的各项成本。例如，传奇吉他公司通过员工和设备将原木（及其他材料）转化为成品吉他。因此，如图18-8所示，成品吉他（成本对象）的成本包括以下三项：

（1）直接材料成本；

（2）直接人工成本；

（3）制造费用。

图表 18-8　传奇吉他的制造成本

| 直接材料成本 | 直接人工成本 | 制造费用 |

直接材料成本

产品制造过程始于材料。任何最终用作产成品组成部分的材料成本都可归类为**直接材料成本**（direct materials cost）。对于传奇吉他公司，直接材料成本包括用于生产每把吉他的原木成本。此外，电视机电子组成部分的成本、微机芯片的硅晶片成本以及汽车的轮胎成本都属于直接材料成本。

被归类为直接材料成本的部分必须满足以下两个条件：

（1）是产成品的组成部分；

（2）是产品总成本的重要组成部分。

对于传奇吉他公司，吉他弦的成本不是直接材料成本，这是因为吉他弦的成本不是每把吉他总成本的重要组成部分，这一成本应被归类为制造费用。

直接人工成本

在绝大多数制造过程中是人将材料转换为产成品。作为产成品成本重要组成部分的生产工人工资被归类为**直接人工成本**（direct labor cost）。对于传奇吉他公司，直接人工成本包括切割工人和组装工人的工资。此外，修理汽车的机械工人工资、制造工具的机器操作人员工资以及电脑组装人员的工资都属于直接人工成本。

与直接材料成本相似，被归类为直接人工成本的部分也必须满足以下两个条件：

（1）是产成品的组成部分；

（2）是产品总成本的重要组成部分。

对于传奇吉他公司，厂房保洁人员的工资不是直接人工成本，这是因为厂房保洁成本不是每把吉他总成本的重要组成部分，这一成本应被归类为制造费用。

制造费用

生产制造过程中除直接材料和直接人工以外的成本合称为**制造费用**（factory overhead cost，manufacturing overhead）。制造费用有时称为**工厂负荷**（factory burden）。

所有制造费用都是产品的间接成本。制造费用的一些例子如下所示：

（1）工厂的加热和照明费用；

（2）修理和维护工厂设备的费用；

（3）工厂建筑物和土地的财产税；

（4）工厂建筑物的保险费用；

（5）工厂机器设备的折旧费用。

制造费用包括不直接计入产成品成本的材料费用和人工费用。例如，设备的润滑油成本以及厂房保洁人员工资和生产主管工资。此外，如果直接材料成本和直接人工成本不是产成品总成本的重要组成部分，也被归类为制造费用。

对于传奇吉他公司，吉他弦的成本和保洁人员的工资是制造费用。吉他制造过程中的其他制造费用如下所示：

（1）砂纸成本；

（2）抛光剂成本；

（3）胶水成本；

（4）机器运行耗用的电费；

（5）机器和建筑物折旧费用；

（6）生产主管工资。

例 18-2　直接材料成本、直接人工成本和制造费用

判断棒球手套制造厂以下成本应当归属的类别：直接材料成本（DM）、直接人工成本（DL），还是制造费用（FO）？

a. 用于制造棒球手套的皮革成本；

b. 棒球手套缝纫机器的冷却剂成本；

c. 组装生产线工人的工资；

d. 将棒球手签名印在手套上的油墨成本。

解答：

a. DM

b. FO

c. DL

d. FO

主要成本和加工成本

直接材料成本、直接人工成本和制造费用也可能归总在一起分析和披露。两种常见的归总方式如下：

（1）**主要成本**（prime costs），包括直接材料成本和直接人工成本。

（2）**加工成本**（conversion costs），包括直接人工成本和制造费用。

加工成本指的是将材料转化为产成品的成本。如图表 18-9 所示，直接人工成本既是主要成本，也是加工成本。

图表 18-9　主要成本和加工成本

例 18-3　主要成本和加工成本

判断棒球手套制造厂以下成本应当归属的类别：主要成本（P）、加工成本（C），还是二者皆是（B）？

a. 用于制造棒球手套的皮革成本；

b. 棒球手套缝纫机器的冷却剂成本；

c. 组装生产线工人的工资；

d. 将棒球手签名印在手套上的油墨成本。

解答：

a. P

b. C

c. B

d. C

产品成本和期间费用

基于财务披露的目的，成本还可以分类为产品成本和期间费用。

（1）**产品成本**（product costs），包括制造成本：直接材料成本、直接人工成本和制造费用。

（2）**期间费用**（period costs），包括销售费用和管理费用。**销售费用**（selling expenses）在推广产品和将产品交付给客户时发生。管理费用在管理公司时发生，而且与产品的生产和销售无直接联系。

传奇吉他公司的产品成本和期间费用如图表 18-10 所示。

为方便控制，销售费用和管理费用可能按照职责范围披露。例如，销售费用可能按照产品、销售人员、车间、销售部门和销售地区披露。类似地，管理费用按发生的领域披露，如人力资源、计算机服务、法律、会计和融资。

产品成本和期间费用对财务报表的影响汇总在图表 18-11 中。随着产品成本的发生，它们被记录和披露在资产负债表的存货项目中。存货出售后，产成品制造成本披露在利润表的销售成本中。期间费用在费用发生当期计入利润表的费用项目，不披露在资产负债表中。

图表 18-10 产品成本和期间费用的例子——传奇吉他公司

产品成本

直接材料成本
- 吉他主体和琴颈使用的原木

直接人工成本
- 切割工人工资
- 组装工人工资

制造费用
- 吉他弦成本
- 保洁人员工资
- 机器运行耗用电费
- 折旧费用——建筑物
- 砂纸和抛光材料成本
- 用于组装吉他的胶水成本
- 生产主管工资

期间费用

销售费用
- 广告费用
- 销售人员工资
- 佣金费用

管理费用
- 行政人员工资
- 办公用品成本
- 折旧费用——办公建筑物和办公设备

图表 18-11 产品成本、期间费用和财务报表

为产生收入而支付的费用

产品成本　　　　期间费用

存货
（资产负债表）

销售成本
（利润表）

销售和管理费用
（利润表）

例 18-4　产品成本和期间费用

判断棒球手套制造厂以下成本应当归属的类别：产品成本还是期间费用？

a. 用于制造棒球手套的皮革成本；

b. 职业棒球手的代言成本；

c. 公司总部的办公用品成本；

d. 将棒球手签名印在手套上的油墨成本。

解答：
a. 产品成本
b. 期间费用
c. 期间费用
d. 产品成本

18.3 可持续性与会计

管理人员必须考虑企业所处的社会环境和自然环境，以制定合理的战略和经营决策。诸如人口增长、资源稀缺、生态系统衰退、城市化进程加快以及气候变化等问题都是直接影响公司成功的潜在因素。因此，管理人员正在使用兼顾这些因素的新管理技术和工具。

可持续性

可持续性是指经营企业实现利润最大化，同时努力满足保护环境、经济和子孙后代的需求。可持续发展实践认为，公司的长期成功需要可持续使用的自然资源和生产性社会环境。可持续发展商业活动的示例如图表 18-12 所示。

图表 18-12　可持续发展商业活动的示例

类别	描述	示例
农业	采用不破坏环境的耕作和牧场技术	混耕、轮作、复种
能源	使用产生少量污染或无污染的能源	风力发电机、太阳能
机械与制造	设计和建造高效利用自然资源同时污染最小化的建筑物	再生建筑材料、高效供暖和制冷系统、可再生能源发电
交通运输	使用造成污染少、对环境影响最小的交通运输方式	扩展公共交通体系、绿色交通工具、新能源汽车
废物减量化	采用回收和再利用的做法，减少垃圾填埋场处置的废物量	路边回收、制肥、可重复使用物品（如水瓶等）

管理会计中的生态效益措施

可持续发展信息可以提供重要的反馈，以指导公司的战略和运营决策。管理人员可以使用这些信息来增加收入、控制成本并有效地分配资源。生态效益措施是一种管理会计信息，可以帮助管理层评估公司运营中消耗更少的自然资源所节省的成本与资源。图表 18-13 提供了生态效益措施的示例。

图表 18-13　生态效益措施的示例

能源效益	通过用节能照明设备替换生产设施中的照明设备来节省能源成本
材料使用效益	通过减少产品包装材料的数量节省材料成本
燃料效益	用混合动力或新能源汽车代替燃油汽车节省燃料成本
废物效益	通过回收和再利用废物及副产品材料节省废物清理成本

可持续发展信息还可以使财务报表外部使用者在做决策时受益。公司面临的风险和机遇与公司的经营环境息息相关，并为潜在的成功提供重要的信息。因此，财务报表外部使用者可能需要可持续发展信息来评估投资和信贷决策。可持续发展会计准则委员会（SASB）于 2011 年成立，旨在制定会计准则，帮助公司向财务报表外部使用者披露对决策有用的可持续发展信息。SASB 的标准不是强制要求的，旨在提供可持续发展信息，以补充所需的财务报表信息。

18.4　制造企业的财务报表

制造企业的留存收益表和现金流量表与之前阐述的服务企业和商业企业的报表相似，只是制造企业的资产负债表和利润表要更为复杂。这是因为制造企业自主生产所销售的产品，因此必须记录和披露相应的产品成本。产品成本的披露主要影响资产负债表和利润表。

制造企业资产负债表

制造企业在资产负债表中披露三类存货，如下所示：

（1）**材料**（material inventory），这类存货包括还没有进入制造过程的直接材料成本和间接材料成本。

以传奇吉他公司为例，包括原木、吉他弦、胶水和砂纸。

（2）**在产品**（work-in-process inventory），这类存货包括已进入制造过程但是还没有制作完成的产品的直接材料成本、直接人工成本和制造费用。

以传奇吉他公司为例，包括还没有制作完成的（部分组装的）吉他。

（3）**产成品**（finished goods inventory），这类存货包括已完成生产但是还未出售的产品。

以传奇吉他公司为例，包括未出售的吉他。

图表 18-14 列示了商业企业和制造企业的资产负债表中存货的披露。乐器零售商音乐国界公司只披露了库存商品，而吉他制造商传奇吉他公司则同时披露了产成品、在产品和材料。在两张资产负债表中，存货都列示在流动资产部分。

图表 18-14　制造企业和商业企业资产负债表中存货的列示

音乐国界公司 资产负债表 20Y8 年 12 月 31 日	
流动资产：	
现金	$ 25 000
应收账款（净值）	85 000
库存商品	142 000
物资	10 000
流动资产总额	$ 262 000

续

传奇吉他公司 资产负债表 20Y8 年 12 月 31 日		
流动资产：		
现金		$　21 000
应收账款（净值）		120 000
存货：		
产成品	**$ 62 500**	
在产品	**24 000**	
材料	**35 000**	121 500
物资		2 000
流动资产总额		$ 264 500

制造企业利润表

制造企业和商业企业利润表的主要差异在于本期可供出售商品（产成品）成本和商品销售成本的披露。该差异列示如下：

图表 18-15　制造企业和商业企业的利润表

商业企业 利润表		
销售收入		$ ×××
期初库存商品成本	$ ×××	
加：本期购入成本	×××	
可供出售商品成本	$ ×××	
减：期末库存商品成本	×××	
商品销售成本		×××
毛利润		$ ×××

制造企业 利润表		
销售收入		$ ×××
期初产成品成本	$ ×××	
加：本期产品制造成本	×××	
可供出售产成品成本	$ ×××	
减：期末产成品成本	×××	
商品销售成本		×××
毛利润		$ ×××

商业企业从外部购入商品以备销售给客户。本期**可供出售商品**（merchandise available for sale）成本的计算如下所示：

期初库存商品成本＋本期购入成本＝本期可供出售商品成本

本期商品**销售成本**（cost of merchandise sold）的计算如下：

本期可供出售商品成本－期末库存商品成本＝本期商品销售成本

制造企业使用直接材料、直接人工和制造费用自主生产所销售的产品。本期可供出售产成品的总成本称作**产品制造成本**（cost of goods manufactured）。

本期可供出售产成品成本的计算如下：

期初产成品成本＋本期产品制造成本＝本期可供出售产成品成本

本期商品销售成本的计算如下：

本期可供出售产成品成本－期末产成品成本＝本期商品销售成本

计算商品销售成本首先要确定产品制造成本，并由此编制利润表。产品制造成本通常通过编制**产成品成本表**（statement of cost of goods manufactured）确定。[①] 该表总结了本期的产品制造成本，列示如下：

产成品成本表		
期初在产品		$ ×××
直接材料成本：		
期初材料	$ ×××	
购入材料	×××	
可供使用的材料	$ ×××	
减：期末材料	×××	
本期使用的直接材料	$ ×××	
直接人工成本	×××	
制造费用	×××	
本期发生的制造成本总额		×××
制造成本总额		$ ×××
减：期末在产品		×××
产品制造成本		$ ×××

以传奇吉他公司为例，相关数据列示如下：

---

① 第 19 章和第 20 章分别介绍和展示分批成本计算法和分步成本计算法。正如将要讨论的那样，这些方法无须用到产成品成本表。

	20Y8 年 1 月 1 日	20Y8 年 12 月 31 日
存货：		
材料	$ 65 000	$ 35 000
在产品	30 000	24 000
产成品	60 000	62 500
存货总额	$ 155 000	$ 121 500
20Y8 年发生的制造成本：		
购入材料		$ 100 000
直接人工成本		110 000
制造费用：		
间接人工费用	$ 24 000	
工厂设备折旧费用	10 000	
工厂物资和公用事业成本	10 000	44 000
制造成本总额		254 000
销售收入		$ 366 000
销售费用		20 000
管理费用		15 000

产成品成本表按照以下三个步骤编制：

步骤 1：计算使用的直接材料成本；

步骤 2：计算本期发生的制造成本总额；

步骤 3：计算产品制造成本。

图表 18-16 汇总了制造成本如何流向制造企业的资产负债表和利润表。

图表 18-16　制造成本的流动

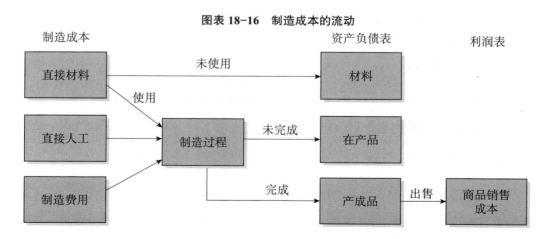

以传奇吉他公司的数据为例，使用的材料成本、本期发生的制造成本总额和产品制造成本的计算

步骤列示如下：

步骤 1：在生产过程中使用的直接材料成本的计算如下所示：

期初材料，20Y8 年 1 月 1 日	$ 65 000
加：购入材料	100 000
可供使用的材料成本	$ 165 000
减：期末材料，20Y8 年 12 月 31 日	35 000
使用的直接材料成本	$ 130 000

20Y8 年 1 月 1 日（期初）的材料成本 65 000 美元加上本期购入的材料成本 100 000 美元得到 20Y8 年可供使用的材料成本总计 165 000 美元，再减去 20Y8 年 12 月 31 日（期末）的材料成本 35 000 美元，得到本期使用的材料成本 130 000 美元。

步骤 2：本期发生的制造成本总额的计算如下所示：

使用的直接材料成本（步骤 1）	$ 130 000
直接人工成本	110 000
制造费用	44 000
本期发生的制造成本总额	$ 284 000

20Y8 年本期发生的制造成本总额 284 000 美元是在使用的直接材料成本的基础上（步骤 1）加上直接人工成本和制造费用得出的。

步骤 3：产品制造成本的计算如下所示：

期初在产品，20Y8 年 1 月 1 日	$ 30 000
本期发生的制造成本总额（步骤 2）	284 000
制造成本总额	$ 314 000
减：在产品，20Y8 年 12 月 31 日	24 000
产品制造成本	$ 290 000

本期发生的制造成本总额（步骤 2）加上 20Y8 年 1 月 1 日（期初）的在产品成本 30 000 美元，得到制造成本总额 314 000 美元，再减去 20Y8 年 12 月 31 日（期末）的在产品成本 24 000 美元，最终得到产品制造成本 290 000 美元。

传奇吉他公司的利润表以及产成品成本表如图表 18-17 所示。

图表 18-17　制造企业——利润表以及产成品成本表

传奇吉他公司 利润表 截至 20Y8 年 12 月 31 日的会计年度		
销售收入		$ 366 000
商品销售成本：		
期初产成品成本，20Y8 年 1 月 1 日	$ 60 000	

续

传奇吉他公司 利润表 截至 20Y8 年 12 月 31 日的会计年度		
本期产品制造成本	290 000 ◄	
可供出售产成品成本	$ 350 000	
减：期末产成品成本，20Y8 年 12 月 31 日	62 500	
商品销售成本		287 500
毛利润		$ 78 500
营业费用：		
销售费用	$ 20 000	
管理费用	15 000	
营业费用总额		35 000
净利润		$ 43 500

传奇吉他公司 产成品成本表 截至 20Y8 年 12 月 31 日的会计年度		
期初在产品，20Y8 年 1 月 1 日		$ 30 000
直接材料成本：		
期初材料，20Y8 年 1 月 1 日	$ 65 000	
购入材料	100 000	
可供使用的材料	$ 165 000	
期末材料，20Y8 年 12 月 31 日	35 000	
使用的直接材料		$ 130 000
直接人工成本		110 000
制造费用：		
间接人工费用	$ 24 000	
工厂设备折旧费用	10 000	
工厂物资和公用事业成本	10 000	
制造费用总额	44 000	
本期发生的制造成本总额		284 000
制造成本总额		$ 314 000
减：期末在产品，20Y8 年 12 月 31 日		24 000
产品制造成本		$ 290 000

例 18-5 商品销售成本和产品制造成本

哥特利特公司 1 月份的生产信息如下：

生产过程中使用的直接材料	$ 25 000
直接人工成本	35 000
制造费用	20 000
期初在产品，1 月 1 日	30 000
期末在产品，1 月 31 日	25 000
期初产成品，1 月 1 日	15 000
期末产成品，1 月 31 日	12 000

计算 1 月份的（a）产品制造成本和（b）商品销售成本。

解答：

a. 期初在产品，1 月 1 日		$ 30 000
使用的直接材料	$ 25 000	
直接人工成本	35 000	
制造费用	20 000	
1 月份发生的制造成本总额		80 000
制造成本总额		$ 110 000
减：期末在产品，1 月 31 日		25 000
产品制造成本		$ 85 000
b. 期初产成品，1 月 1 日	15 000	
产品制造成本	85 000	
可供出售产成品成本	$ 100 000	
减：期末产成品，1 月 31 日	12 000	
商品销售成本	$ 88 000	

练习题

EX 18-1　将成本归类为直接材料、直接人工和制造费用 *

指出某汽车制造商的以下各项成本应当归类为直接材料成本、直接人工成本还是制造费用。

a. 轮胎；

b. 车辆挡风玻璃中使用的玻璃；

c. 组装生产线工人工资；

d. 汽车 V8 发动机；

e. 自动组装线折旧费用；

f. 方向盘；

g. 为在油漆间工作的员工发放喷涂安全面罩；

h. 试车司机工资。

---

* 限于篇幅，本书只保留了章后的部分习题，习题序号未变。——译者

EX 18-3　将成本归类为制造费用

福特汽车公司是一家重型汽车和卡车制造厂商，以下哪些项目可以归类为福特汽车公司的制造费用：

　　a. 纽约州布法罗冲压车间（生产汽车和卡车组件）工厂经理的薪酬；

　　b. 位于密歇根州福拉特洛克装配厂的折旧费用；

　　c. 支付给股东的股利；

　　d. 用于维护肯塔基州路易斯维尔装配厂装配线的机械润滑剂；

　　e. 车辆内饰使用的皮革；

　　f. 装配线上使用的机器人的折旧费用；

　　g. 研究生产线效率的咨询费；

　　h. 给经销商的销售奖励；

　　i. 人力资源副总裁的薪酬；

　　j. 位于密歇根州底特律总部大楼的财产税。

EX 18-5　概念和术语

从括号中选择适当的术语，将以下各个句子补充完整：

a. 广告费用通常被认为是（期间 / 产品）成本。

b. 反馈经常用于（改善 / 指导）经营。

c. 为产生收入而支付的现金或者承诺在未来支付的现金称作（成本 / 费用）。

d. 产品、销售地区、部门和业务活动等成本追溯的终点称作（直接成本 / 成本对象）。

e. 制造商的资产负债表包括（商品销售成本 / 在产品）项目。

f. 制造费用和直接人工成本共同叫作（主要 / 加工）成本。

g. 自动化工厂设备的启用通常会（增加 / 减少）产品成本的直接人工成本部分。

EX 18-7　对服务企业的成本进行分类

从事短途货运的威斯康星州和明尼苏达州铁路公司的部分费用清单如下。将每种成本分为直接成本或间接成本，将火车作为成本对象。

　　a. 租赁火车车厢的费用；

　　b. 更换轨道的费用；

　　c. 柴油费用；

　　d. 租赁火车机车的费用；

　　e. 终点站设备的折旧费用；

　　f. 轨道、桥梁和建筑物的维护费用；

　　g. 调度人员和通信人员的薪酬；

　　h. 总部信息技术支持人员的薪酬；

　　i. 安全培训费用；

　　j. 火车工程师的薪酬；

　　k. 调车场人员的工资；

　　l. 事故清理费用。

EX 18-9　成本归类

以下报告的编制主要用于评估行军蚁公司工厂经理的绩效。评价并修改这份报告。

行军蚁公司 制造成本 截至 6 月 30 日的季度	
生产过程中使用的材料（包括 $56 200 的间接材料）	$　607 500
直接人工成本（包括 $84 400 的维护薪酬）	562 500
制造费用：	
监管人员薪酬	517 500
照明、供热和电力成本	140 650
销售人员薪酬	348 750
推广费用	315 000
保险费用和财产税——工厂	151 900
保险费用和财产税——公司办公室	219 400
折旧费用——厂房和设备	123 750
折旧费用——公司办公室	90 000
总计	$ 3 076 950

EX 18-11　制造企业的资产负债表

截至 8 月 31 日，柴油添加剂公司资产负债表中的部分数据如下所示：

产成品	$　89 400
预付保险费用	9 000
应收账款	348 200
在产品	61 100
物资	$　13 800
材料	26 800
现金	167 500

编制柴油添加剂公司 8 月 31 日资产负债表的流动资产部分。

EX 18-13　制造企业公司的产品制造成本

在以下三列产成品成本表数据中，每列都有两项金额缺失。计算以字母标出的缺失项的金额。

期初在产品，8 月 1 日	$ 19 660	$ 41 650	（e）
8 月份发生的制造成本总额	332 750	（c）	1 075 000
制造成本总额	（a）	$ 515 770	$ 1 240 000
期末在产品，8 月 31 日	23 500	54 000	（f）
产品制造成本	（b）	（d）	$ 1 068 000

EX 18-15　制造企业的利润表

在以下三列制造企业利润表的商品销售成本数据中，每列都有两项金额缺失。计算以字母标出的缺失项的金额。

期初产成品，6月1日	$ 116 600	$ 38 880	（e）
产品制造成本	825 900	（c）	180 000
可供出售的产成品成本	（a）	$ 540 000	$ 1 100 000
期末产成品，6月30日	130 000	70 000	（f）
商品销售成本	（b）	（d）	$ 945 000

EX 18-17　制造企业的商品销售成本、边际利润率和净利润

班德拉制造公司截至1月31日的成本信息如下所示：

产品制造成本	$ 4 490 000
销售费用	530 000
管理费用	340 000
销售收入	6 600 000
期初产成品，1月1日	880 000
期末产成品，1月31日	775 000

计算截至1月31日班德拉制造公司的（a）商品销售成本，（b）毛利润，（c）净利润。

EX 18-19　服务企业的管理会计运用

价格线网站允许客户出价竞标酒店房间。与直接从酒店预订房间相比，这种客户出价的方式可以使客户获得更低的酒店房间价格。酒店还可以在淡季通过这种方式来提高入住率。

娜塔莉出价85美元，想要在8月10日周六在西雅图的摩纳哥酒店住一晚。摩纳哥酒店当晚没有住满，很可能会接受任何合理的出价。摩纳哥酒店如何使用管理会计信息来决定是否接受娜塔莉的出价？

综合题

PR 18-1A　成本分类

以下是大型商用飞机在生产和销售中产生的成本清单：

a. 安装在飞机驾驶舱中的电子制导系统的成本；

b.《航空世界》杂志的特别推广活动；

c. 公司首席合规官的薪酬；

d. 首席财务官的薪酬；

e. 驾驶舱门的贴花，其成本与最终产品的成本无关；

f. 整架飞机的电线成本；

g. 机体生产的正常废料成本；

h. 安装在驾驶舱的仪表盘成本；

i. 工厂设备的折旧费用；

j. 喷涂工人在喷涂机身时使用的面罩；

k. 铺设总部员工停车场的费用；

l. 涡轮增压的飞机发动机；

m. 头等舱预装的皮革座椅；

n. 人力资源部门的年度费用；

o. 组装飞机工人的时薪；

p. 市场部员工的薪酬；

q. 工厂设备的润滑油；

r. 自动设备维护的年度费用；

s. 飞机飞行控制系统中使用的液压泵；

t. 用于推广宣传微型飞机的复制品成本；

u. 用于制造飞机机身的金属；

v. 喷涂设备使用的电力；

w. 支付给首席运营官的年度奖金；

x. 整个飞机机舱使用的内部装饰材料；

y. 工厂经理的薪酬；

z. 名人推广飞机的年度宣传费用。

要求：

将每项成本归类为产品成本或者期间费用。如果为产品成本，请指出成本属于直接材料成本、直接人工成本还是制造费用。如果是期间费用，请指出是销售费用还是管理费用。

用以下表头制表来展示答案，在适当的栏目中标记"√"。

成本 / 费用	产品成本			期间费用	
	直接材料成本	直接人工成本	制造费用	销售费用	管理费用

案例分析题

CP 18-1　道德行为

艾维特制造公司允许员工用公司采购成本价购买金属和木材等材料供个人使用。如果要购买材料，员工必须填写一份材料申请单，然后经员工的直接主管批准，最后由成本会计助理布莱恩·达迪安根据公司的净采购成本向该员工收取一笔费用。布莱恩想更换他家里的地板，因此从公司购买了木材供个人使用，这已经根据公司的政策得到了批准。在计算木材的成本时，布莱恩查看了过去一年所有的采购发票，然后，他用最低的价格来计算应付给公司的木材金额。

管理会计师协会（IMA）是管理会计师的专业组织。IMA 为其成员确立了四项道德行为原则：诚实、公平、客观和责任。

根据 IMA 的四项道德行为原则，评估布莱恩的行为。他的行为合乎职业道德吗？为什么？

第**19**章

分批成本计算法

吉普森吉他公司的销售范围包括低于 500 美元的普通吉他和超过 11 000 美元的吉普森 2015 爵士电吉他。这些吉他销售价格的差异反映了吉他制造工艺与材料的不同。但是，无论在何种情况下，吉他的售价都必须高于生产成本。那么吉普森吉他公司如何确定吉他的生产成本呢？

制造吉他的成本包括木材和琴弦等材料成本、制造吉他工人的工资和工厂制造费用。为确定吉他的售价，吉普森吉他公司需要识别并记录生产流程每个步骤中归入吉他的成本。随着吉他在生产过程中的流动，相应的直接材料成本、直接人工成本和制造费用被登记入账。当吉他完工以后，这些成本被加总起来以确定每把吉普森吉他的成本。接着公司对吉他定价，在成本的基础上有一定的盈利水平。

本章讲述了分批成本计算法，它说明了如何在制造吉他时记录和累计成本。本章还讲述了服务企业如何使用分批成本计算法。

资料来源：www.gibson.com/Gibson/History.aspx.

学习目标

1. 描述制造企业使用的成本会计制度。

2. 描述并举例说明分批成本计算法。

3. 描述分批成本信息在决策中的应用。

4. 描述服务企业使用分批成本计算法。

19.1　成本会计制度概述

成本会计制度（cost accounting system）衡量、记录和披露产品的成本。管理层根据产品成本，制定产品价格，控制日常经营以及编制相应的财务报表。

制造企业两种主要的成本计算法分别是分批成本计算法和分步成本计算法。两种计算方法的不同在于成本归集与记录的方式不同。

分批成本计算法

使用**分批成本计算法**（job order cost system）可计算出所生产的每单产品的成本。制造的每单产品叫作一个批次。分批成本计算法常用于生产定制产品的企业或者批量生产相似产品的企业。例如，服装制造商李维·斯特劳斯公司和吉他制造商吉普森吉他公司。

本章将阐述分批成本计算法，并以传奇吉他公司[①]为例。

分布成本计算法

使用**分步成本计算法**（process cost system）可计算出每个制造部门或者制造流程的产品成本。分步成本计算法常用于不能单独区分单位产品的企业或者以连续生产流程制造产品的企业。例如，炼油厂、造纸厂、化学加工厂和食品加工厂。分步成本计算法将在第 20 章进行详细说明。

19.2　制造企业的分批成本计算法

分批成本计算法根据批次记录和汇总制造成本。在分批成本计算法中，制造成本的流向如图表 19–1 所示。

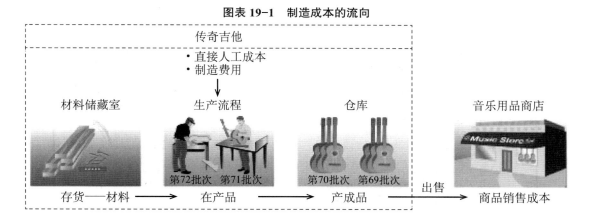

图表 19–1　制造成本的流向

图表 19–1 显示尽管第 71 批次和第 72 批次的材料已经取得，但是两个批次的产品都仍然在生产过程中，因此，第 71 批次和第 72 批次的产品是在产品的一部分。而第 69 批次和第 70 批次的产品已经完工，因此，第 69 批次和第 70 批次的产品是产成品的一部分。图表 19–1 同时指出，当成品吉他被出售至音乐用品商店时，它们的成本将成为商品销售成本的一部分。

如图表 19–2 所示，在分批成本计算法下，需要针对材料、在产品和产成品建立永续盘存控制账

[①]　传奇吉他的制造流程在第 18 章有详细的描述。

户以及相应的明细账。

图表 19-2　存货分类账户

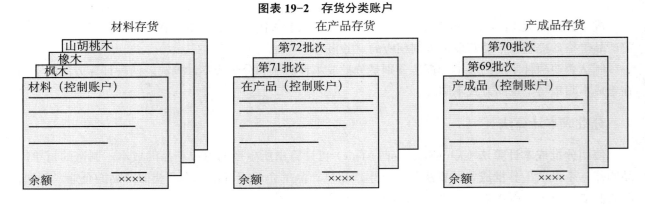

材料

总账中的材料账户是一个控制账户。针对每类材料，还需要在**材料明细账**（material ledger）中记录一个独立账户。

图表 19-3 展示了传奇吉他公司枫木的材料账户。账户的增加（借方）和减少（贷方）如下所示：

图表 19-3　材料信息与成本流向

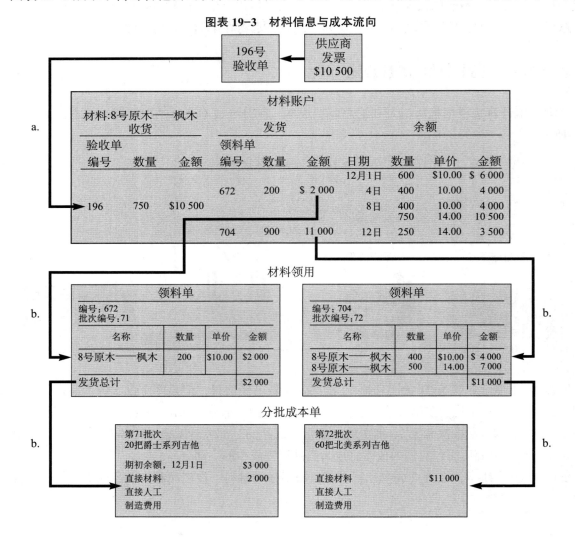

（1）增加（借方）根据验收单编制，例如，附有供应商发票的价值 10 500 美元的 196 号验收单。

（2）减少（贷方）根据领料单编制，例如，第 71 批次价值 2 000 美元的 672 号领料单以及第 72 批次价值 11 000 美元的 704 号领料单。

验收单（receiving report）在收到并检验完所订购的材料时编制，并在验收单上记录收到的材料数量以及状况。然后将供应商开具的发票与验收单进行核对。如果没有差异，则编制会计分录记录采购行为。记录图表 19-3 中 196 号验收单所附供应商发票的会计分录如下所示：

a. 借：材料 　　　　　　　　　　　　　　　　　　　　　　　　　10 500
　　 贷：应付账款 　　　　　　　　　　　　　　　　　　　　　　　　　　10 500
（12 月份购入的材料。）

仓库在收到**领料单**（materials requisition）时发出材料用于生产。材料领用的流程如图表 19-3 所示。

每个批次的领料单是记录已领用材料的依据。对于直接材料，领料单中的数量和金额被直接转入分批成本单。如图表 19-3 所示的**分批成本单**（job cost sheet）是在产品明细账的组成部分。

图表 19-3 显示 2 000 美元的直接材料成本被转入第 71 批次产品，11 000 美元的直接材料成本被转入第 72 批次产品。第 71 批次是 20 把爵士系列吉他的订单，第 72 批次是 60 把北美系列吉他的订单。

材料领用汇总表用于编制本月材料领用的会计分录。对于直接材料，该分录增加（借记）在产品，减少（贷记）材料，如下所示。

b. 借：在产品 　　　　　　　　　　　　　　　　　　　　　　　　　13 000
　　 贷：材料 　　　　　　　　　　　　　　　　　　　　　　　　　　　13 000
（材料领用（$ 2 000+$ 11 000）。）

许多公司使用计算机信息处理系统记录材料的领用。在这种情况下，仓库管理员用计算机记录材料的发出，系统会自动更新材料账户和分批成本单。

例 19-1　材料的发出

3 月 5 日哈奇公司以每单位 14 美元的价格购入 400 单位原材料。在 3 月份，为生产领用的材料如下所示：第 101 批次领用每单位 12 美元的材料 200 单位，第 102 批次领用每单位 14 美元的材料 300 单位。编制 3 月 5 日材料采购和 3 月 31 日材料领用的会计分录。

解答：

3 月 5 日　借：材料 　　　　　　　　　　　　　　　　　　　　　　5 600*
　　　　　　　　贷：应付账款 　　　　　　　　　　　　　　　　　　　　5 600

3 月 31 日　借：在产品 　　　　　　　　　　　　　　　　　　　6 600**
　　　　　　　　贷：材料 　　　　　　　　　　　　　　　　　　　　　6 600

* $ 5 600=400 × $ 14
** 第 101 批次　$ 2 400=200 × $ 12
　　 第 102 批次　4 200=300 × $ 14
　　 总计　　　　$ 6 600

人工费用

当员工报告工作时，他们可能用电子标记、考勤卡以及进出时间卡记录上班时间。当员工从事某项特定批次产品的生产时，他们用**时间卡**（time ticket）记录在某项特定批次上所花费的时间。图表19-4列示了传奇吉他公司第71批次和第72批次产品的时间卡。

图表 19-4　人工信息和成本流向

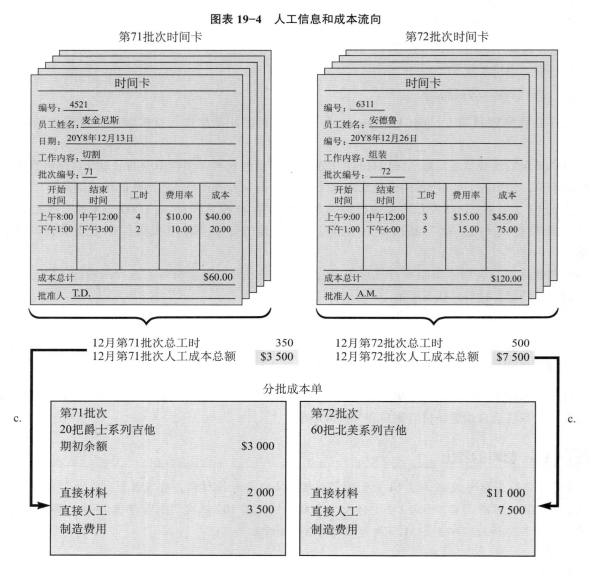

图表19-4显示20Y8年12月13日，麦金尼斯花了6小时在第71批次上，每小时费用率为10美元，成本总计60美元。12月用在第71批次上的员工工时共350小时，成本总计3 500美元。如图表19-4所示，这3 500美元的直接人工成本随后被转入第71批次的分批成本单。

类似地，图表19-4显示20Y8年12月26日，安德鲁花了8小时在第72批次上，每小时费用率为15美元，成本总计120美元。12月用在第72批次上的员工工时共500小时，成本总计7 500美元。如图表19-4所示，这7 500美元的直接人工成本随后被转入第72批次的分批成本单。

时间卡汇总表用于编制本月直接人工成本的会计分录。该分录增加（借记）在产品，减少（贷记）应付职工薪酬，如下所示：

c. 借：在产品		11 000
贷：应付职工薪酬		11 000

（产品生产过程中的人工费用（＄3 500＋＄7 500）。）

与直接材料成本一样，许多公司使用计算机信息处理系统记录直接人工成本。在这种情况下，员工可以直接在其工作站的计算机终端输入工作时间。公司还有可能向员工分发类似信用卡的磁卡，要求员工使用磁卡记录上下班时间。

例 19-2　直接人工成本

3 月份哈奇公司在第 101 批次上累积了 800 工时的直接人工成本，在第 102 批次上累积了 600 工时的直接人工成本。第 101 批次的每小时人工费用率为 16 美元，第 102 批次的每小时人工费用率为 12 美元。编制会计分录记录 3 月份发生的直接人工成本。

解答：

借：在产品	20 000*
贷：应付职工薪酬	20 000

* 第 101 批次	＄12 800	＝800×＄16
第 102 批次	7 200	＝600×＄12
总计	＄20 000	

制造费用

制造费用包括除直接材料成本和直接人工成本以外的所有制造成本。制造费用有一系列来源，包括：

（1）间接材料成本，包括材料领用汇总表中的间接材料；

（2）间接人工成本，包括生产主管的薪酬以及其他员工如保洁人员的工资；

（3）工厂电力消耗；

（4）会计部门计算的折旧费用。

为解释制造费用的记录，假定传奇吉他公司 12 月份共发生 4 600 美元的制造费用，其中间接材料成本 500 美元、间接人工成本 2 000 美元、电力成本 900 美元、工厂折旧费用 1 200 美元。500 美元的间接材料包括 200 美元的胶水和 300 美元的砂纸。记录制造费用的会计分录如下所示：

d. 借：制造费用	4 600
贷：材料	500
应付职工薪酬	2 000
应付公用事业费用	900
累计折旧	1 200

（生产过程中发生的制造费用。）

例 19-3   制造费用

3月份哈奇公司发生的制造费用如下所示：间接材料成本800美元，间接人工成本3 400美元，电力成本1 600美元，工厂折旧费用2 500美元。编制会计分录记录3月份发生的制造费用。

解答：

借：制造费用		8 300
贷：材料		800
应付职工薪酬		3 400
应付公用事业费用		1 600
累计折旧——工厂		2 500

制造费用分配

制造费用与直接人工成本、直接材料成本不同，这是因为制造费用是间接分配到各个批次中的。换言之，制造费用不能被识别或追溯到特定项目中。将制造费用或其他成本分配到成本对象，如产品或批次中的流程叫作**成本分配**（cost allocation）。

制造费用通过与各个批次都相关的公共度量值分配到各个批次中。该度量值被称作**作业基础**（activity base）、分配基础或者作业动因。用于分配制造费用的分配基础必须反映制造费用的使用或消耗。三种常见的制造费用分配基础是直接人工工时、直接人工成本和机器运转时间。

预定制造费用分配率

制造费用通常通过**预定制造费用分配率**（predetermined factory overhead rate）分配给各个批次或产品。预定制造费用分配率的计算如下所示：

$$预定制造费用分配率 = \frac{估计的制造费用总额}{估计的作业基础}$$

例如，假设传奇吉他公司本年度估计的制造费用总额为50 000美元，直接人工工时为10 000小时。预定制造费用分配率计算如下：

$$预定制造费用分配率 = \frac{50\,000}{10\,000} = 5（美元 / 小时）$$

如上所示，预定制造费用分配率根据年初估计金额计算而得。这是因为公司管理层需要产品成本的及时信息。如果一家公司等到年底所有制造费用都已经发生后再分配，那么分配会更为精确但不够及时。只有通过及时的报告，管理层才能够调整生产方法和产品定价。

许多公司使用**作业成本法**（activity-based costing）积累和分配制造费用，对于不同的制造费用业务，如检查、移动和加工，采取不同的分配率。作业成本法将在第25章进一步阐释。

给在产品分配制造费用

传奇吉他公司使用每工时5美元的分配率分配制造费用。如图表19-5所示，分配给每个批次的制造费用记录在相应的分批成本单中。

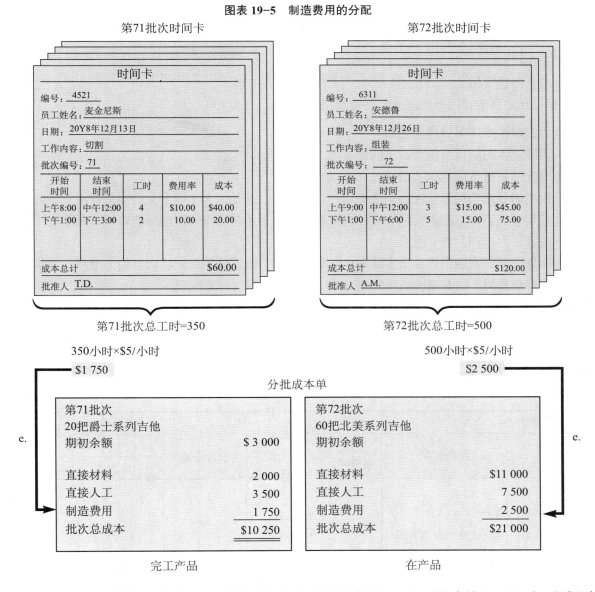

图表 19-5　制造费用的分配

图表 19-5 显示传奇吉他公司 12 月份的业务活动共花费了 850 小时的直接人工工时。根据时间卡，350 小时可追溯至第 71 批次，500 小时可追溯至第 72 批次。

采用每小时 5 美元的制造费用分配率，共分配 4 250 美元的制造费用，如下所示：

	直接人工工时	制造费用分配率	分配的制造费用
第 71 批次	350	$ 5/ 小时	$ 1 750（350 小时 × $ 5/ 小时）
第 72 批次	500	5	2 500（500 小时 × $ 5/ 小时）
总计	850		$ 4 250

如图表 19-5 所示，分配的制造费用转入各批次的分配成本单。1 750 美元的制造费用分配给第 71 批次，使得 20Y8 年 12 月 31 日产品成本总计 10 250 美元。2 500 美元的制造费用分配给第 72 批次，使得 20Y8 年 12 月 31 日产品成本总计 21 000 美元。

分配制造费用的分录应增加（借记）在产品，贷记制造费用。将制造费用分配至第71批次和第72批次的会计分录如下所示：

e. 借：在产品　　　　　　　　　　　　　　　　　　　　　　　　　　　4 250
　　　贷：制造费用　　　　　　　　　　　　　　　　　　　　　　　　　　　4 250

（根据预定制造费用分配率分配制造费用 850 小时 × $ 5/ 小时。）

简言之，制造费用账户的变化如下：

（1）实际发生的制造费用增加（借记），如分录 d 所示。

（2）分配的制造费用减少（贷记），如分录 e 所示。

实际发生的制造费用与分配的制造费用往往不一致，这是因为实际发生的制造费用总额通常与估计的制造费用总额不同。根据实际发生的制造费用是大于还是小于分配的制造费用，制造费用账户可能有借方或者贷方余额，如下所示：

（1）如果分配的制造费用小于实际发生的制造费用，制造费用账户将会有借方余额。该借方余额称为**未分配制造费用**（underapplied factory overhead）或未吸收制造费用。

（2）如果分配的制造费用大于实际发生的制造费用，制造费用账户将会有贷方余额。该贷方余额称为**过度分配制造费用**（overapplied factory overhead）或过度吸收制造费用。

传奇吉他公司的制造费用账户如下所示，该账户同时解释了未分配制造费用和过度分配制造费用。具体而言，20Y8 年 12 月 1 日，制造费用账户 200 美元的贷方余额代表过度分配制造费用。相反，20Y8 年 12 月 31 日，150 美元的借方余额代表未分配制造费用。

账户：制造费用						余额	账户编号
日期		项目	过账备查栏	借方金额	贷方金额	贷方	借方
20Y8 年 12 月	1 日	余额					200
	31 日	实际发生的制造费用		4 600		4 400	
	31 日	分配的制造费用			4 250	150	

未分配制造费用 ⟶
过度分配制造费用 ⟶

如果制造费用账户余额（未分配制造费用或者过度分配制造费用）过大，应当调查账户余额以及制造费用分配率。例如，账户余额过大可能会导致制造方法的变更。在这种情况下，应当调整制造费用分配率。

例 19-4　制造费用的分配

哈奇公司本年度估计的制造费用总额为 100 000 美元，直接人工工时为 25 000 小时。针对哈奇公司，（a）使用直接人工工时作为分配基础计算预定制造费用分配率；（b）使用例 19-2 中的直接人工工时，计算 3 月份分配给第 101 批次和第 102 批次的制造费用；（c）根据预定制造费用分配率，编制分配制造费用的会计分录。

解答：

a.　4 美元 / 小时 ＝100 000 美元 /25 000 直接人工工时

b. 第 101 批次　＄3 200＝800 小时×＄4/ 小时

　　第 102 批次　　2 400＝600 小时×＄4/ 小时

　　总　计　　　＄5 600

c.借：在产品　　　　　　　　　　　　　　　　　　　　　　　　　　　5 600

　　贷：制造费用　　　　　　　　　　　　　　　　　　　　　　　　　　　5 600

制造费用账户余额的处理

年度内制造费用账户余额作为递延借项或递延贷项在月度或者期中资产负债表中结转披露。但是，制造费用账户余额不应结转至下一年，这是因为该余额只与当年的经营活动有关。

如果用于计算预定制造费用分配率的估计金额合理准确，那么制造费用账户的期末余额应当相对较小。正因为如此，制造费用账户的期末余额应按如下方式转入商品销售成本账户处理：

（1）如果制造费用账户有借方余额（未分配制造费用），余额处理的分录如下所示：

　借：商品销售成本

　　贷：制造费用

（将过度分配制造费用转入商品销售成本。）

（2）如果制造费用账户有贷方余额（过度分配制造费用），余额处理的分录如下所示：

　借：制造费用

　　贷：商品销售成本

（将过度分配制造费用转入商品销售成本。）

例如，20Y8 年 12 月 31 日，传奇吉他公司 150 美元未分配制造费用的处理如下所示：

　借：商品销售成本　　　　　　　　　　　　　　　　　　　　　　　150

　　贷：制造费用　　　　　　　　　　　　　　　　　　　　　　　　　　150

（将未分配制造费用转入商品销售成本，结平账户。）

在产品

在生产期间，在产品的增加（借记）由以下因素引起：

（1）直接材料成本；

（2）直接人工成本；

（3）分配的制造费用。

例如，传奇吉他公司的在产品账户如图表 19-6 所示。20Y8 年 1 月 1 日，在产品账户的期初余额是 3 000 美元。该余额与第 71 批次相关，第 71 批次是当天唯一在产的批次。12 月份，在产品账户因以下原因增加：

（1）根据领料单领取 13 000 美元的直接材料成本（分录 b）；

（2）根据时间卡显示耗用 11 000 美元的直接人工成本（分录 c）；

（3）根据每小时 5 美元的预定制造费用分配率，分配到 4 250 美元的制造费用（分录 e）。

如图表 19-6 所示，在产品的增加附有第 71 批次和第 72 批次分批成本单的详细转账记录。

图表 19-6　分批成本单和在产品控制账户

第 71 批次	
20 把爵士系列吉他	
期初余额	$ 3 000
直接材料	2 000
直接人工	3 500
制造费用	1 750
批次总成本	$ 10 250
单位成本	$ 512.50

第 72 批次	
60 把北美系列吉他	
直接材料	$ 11 000
直接人工	7 500
制造费用	2 500
批次总成本	$ 21 000

账户：在产品　　　　　　　　　　　　　　　　　　　　　　　　　　　　账户编号

日期		项目	过账备查栏	借方金额	贷方金额	余额 借方	余额 贷方
20Y8 年 12 月	1 日	期初余额				3 000	
	31 日	直接材料		13 000		16 000	
	31 日	直接人工		11 000		27 000	
	31 日	制造费用		4 250		31 250	
	31 日	完工批次——第 71 批次			10 250	21 000	

g.

在 12 月份，第 71 批次完工。一旦完工，产品成本（直接材料成本、直接人工成本和制造费用）将被汇总。总成本除以生产的产品数量得到单位产品成本。因此，第 71 批次中 20 把爵士系列吉他的单位成本是 512.50 美元（10 250/20）。

完工以后，第 71 批次的成本通过以下分录从在产品账户转入产成品账户：

g. 借：产成品　　　　　　　　　　　　　　　　　　　　　　　　　　　　　　　　10 250
　　　贷：在产品　　　　　　　　　　　　　　　　　　　　　　　　　　　　　　　　　10 250
（第 71 批次在 12 月份完工。）

第 72 批次在 12 月份开工，至 20Y8 年 12 月 31 日还未完工。因此，第 72 批次的成本依旧是 20Y8 年 12 月 31 日在产品成本的一部分。如图表 19-6 所示，第 72 批次分批成本单的余额（21 000 美元）同时也是 20Y8 年 12 月 31 日在产品账户的余额。

例 19-5　批次成本

3 月底哈奇公司第 101 批次和第 102 批次产品完工。第 101 批次包含 500 单位产品，第 102 批次包含 1 000 单位产品。使用例 19-1、例 19-2 和例 19-4 的数据，计算：（a）3 月底第 101 批次和第 102 批次分批成本单的余额；（b）3 月底第 101 批次和第 102 批次的单位成本。

解答：

a.

	第 101 批次	第 102 批次
直接材料	$ 2 400	$ 4 200
直接人工	12 800	7 200
制造费用	3 200	2 400
成本总计	$ 18 400	$ 13 800

b. 第 101 批次　　　$ 36.80＝18 400/500

　　第 102 批次　　　$ 13.80＝13 800/1 000

产成品

产成品账户是**产成品明细账**（finished goods ledger）或存货分类账的控制账户。产成品明细账的每个账户都包含制造、销售和库存的成本数据。

图表 19-7 列示了爵士系列吉他的产成品明细账。

图表 19-7　产成品明细账

项目：爵士系列吉他									
制造			销售			余额			
批次编号	数量	金额	销售编号	数量	金额	日期	数量	金额	单位成本
						12 月 1 日	40	$ 20 000	$ 500.00
			643	40	$ 20 000	9 日	—	—	—
71	20	$ 10 250				31 日	20	10 250	512.50

图表 19-7 显示 20Y8 年 12 月 1 日库存 40 把爵士系列吉他。当月，第 71 批次产品完工，20 把爵士系列吉他转入产成品账户。此外，期初留存的 40 把爵士系列吉他在当期出售。

销售收入与商品销售成本

12 月份，传奇吉他公司以每把 850 美元的价格出售 40 把爵士系列吉他，销售收入总计 34 000 美元（850 × 40）。图表 19-7 显示这些吉他的成本为每把 500 美元或者总计 20 000 美元（500 × 40）。记录销售和相关销售成本的分录如下所示：

h. 借：应收账款　　　　　　　　　　　　　　　　　　　　　　　34 000
　　　贷：销售收入　　　　　　　　　　　　　　　　　　　　　　　　　34 000
（赊销吉他取得的收入。）

i. 借：商品销售成本　　　　　　　　　　　　　　　　　　　　　　20 000
　　　贷：产成品　　　　　　　　　　　　　　　　　　　　　　　　　　20 000
（40 把爵士系列吉他的成本。）

在分批成本计算法下，不需要编制第 18 章提及的产成品成本表。这是因为分批成本计算使用永续盘存制，因此，商品销售成本能够直接从产成品明细账中获得，如图表 19-7 所示。

期间费用

期间费用是为取得本期收入而发生的各项费用，与生产流程无关。如第18章所示，期间费用以销售费用或管理费用的形式计入当期费用。

销售费用在推广产品和给客户配送已销售产品时发生。管理费用在管理公司时发生，但是与制造及销售活动无关。12月份，传奇吉他公司记录的销售费用和管理费用如下所示：

j. 借：销售人员薪酬费用		2 000
办公人员薪酬费用		1 500
贷：应付职工薪酬		3 500

（记录12月份的期间费用。）

传奇吉他公司成本流的汇总

图表19-8显示了传奇吉他公司12月份生产账户的成本流动。此外，几个明细账的详细内容如下所示：

（1）材料明细账——材料的子账户；

（2）分批成本单——在产品的子账户；

（3）产成品明细账——产成品的子账户。

图表19-8中的分录以字母标识。这些字母指代的是本章中提及的各个分录。分录h和分录j没有列示出来，因为这两个分录不涉及生产成本的流动。

如图表19-8所示，材料、在产品和产成品账户的余额附有它们各自的明细账，这些余额如下所示：

控制账户	相关明细账的账户余额
材料	$ 3 500
在产品	21 000
产成品	10 250

传奇吉他公司的利润表如图表19-9所示。

19.3 分批成本计算法在决策中的应用

分批成本计算法按照批次累积记录产品成本。由此得出的总成本和单位成本可以与相同批次产品的成本比较，也可以在不同时间段内比较，还可以与预期成本比较。通过这些方式，管理层可以用分批成本计算法评估和控制成本。

例如，图表19-10列示了用于传奇吉他公司第54批次和第63批次产品的直接材料。用于制造吉他的木材以板英尺衡量。因为第54批次和第63批次生产相同类型和相同数量的吉他，单位产品的直接材料成本应当一致。然而，第54批次每把吉他的材料成本为100美元，而第63批次为125美元，明显高于第54批次。

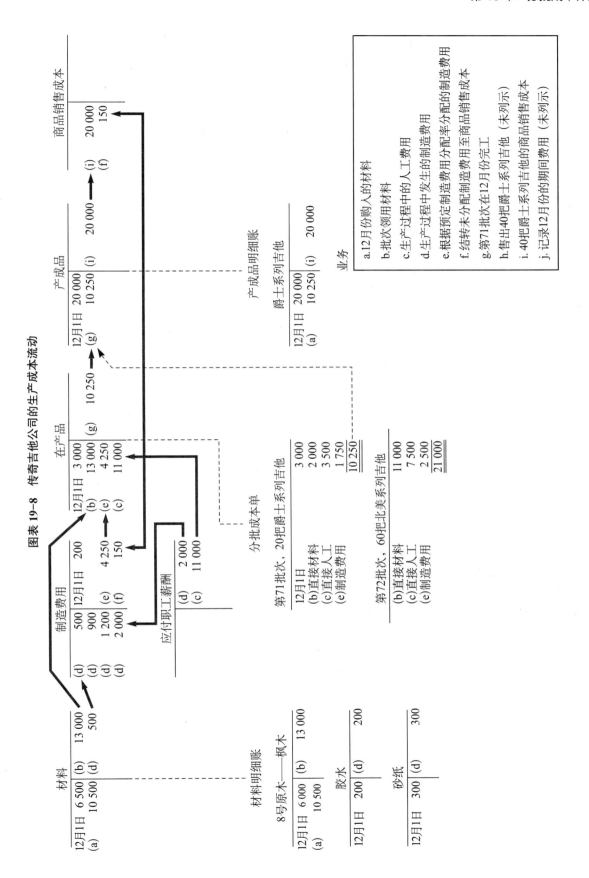

图表 19-8　传奇吉他公司的生产成本流动

图表 19-9　传奇吉他公司的利润表

传奇吉他公司 利润表 截至 20Y8 年 12 月 31 日的会计年度		
销售收入		$ 34 000
商品销售成本		20 150*
毛利润		$ 13 850
销售费用和管理费用：		
销售人员薪酬费用	$ 2 000	
办公人员薪酬费用	1 500	
销售费用和管理费用总计		3 500
营业利润		$ 10 350

＊$ 20 150＝（$ 500/ 把 ×40 把吉他）+$ 150 未分配制造费用

图表 19-10　分批成本单的比较

第 54 批次 项目：40 把爵士系列吉他			
	材料数量（板英尺）	材料价格	材料金额
直接材料： 　8 号原木——枫木	400	$ 10.00	$ 4 000
直接材料单位成本			$ 100（$ 4 000/10）
第 63 批次 项目：40 把爵士系列吉他			
	材料数量（板英尺）	材料价格	材料金额
直接材料： 　8 号原木——枫木	500	$ 10.00	$ 5 000
直接材料单位成本			$ 125（$5 000/40）

　　图表 19-10 中的分批成本单可用于分析第 63 批次材料成本增加的可能原因。因为材料价格没有改变（每板英尺 10 美元），增加的材料成本肯定与木材消耗量有关。

　　比较第 54 批次和第 63 批次消耗的木材，可以发现在第 54 批次中生产 40 把吉他用了 400 板英尺，然而，第 63 批次使用了 500 板英尺。因此，需要对第 63 批次中增加的 100 板英尺木料消耗实施调查以确定其内在原因。一些可能的解释如下所示：

　　（1）由没有经过适当培训的新员工切割第 63 批次的木材，由此出现额外的废料。

　　（2）第 63 批次使用的木材从新供应商处购得。该木材质量低下导致了额外的浪费。

　　（3）切割工具需要修理且没有得到适当维护。因此，木材没有得到合理切割而导致浪费。

　　（4）该批次附带的说明书不准确。木材根据该说明书切割，但是直到组装时才发现切割说明书有问题。员工不得不重新切割木材因而使初次切割的木材作废。

19.4　服务企业的分批成本计算法

　　分批成本计算法也可用于服务企业。但是，服务企业是否采用分批成本计算法还取决于向客户提供的服务的性质。

服务企业的类型

酒店、出租车公司、报社、律师事务所、会计师事务所和医院都可以为客户提供服务。其中的一些企业，如律师事务所、会计师事务所和医院，依靠分批成本计算法来管理和控制成本。但是，并非所有的服务企业都能在实际中应用分批成本计算法来计算成本，如酒店、出租车公司和报社等。

使用分批成本计算法计算成本的服务企业，通常为每个客户提供独特的服务，并且相关成本因客户而异。例如，虽然酒店提供服务，但是在任一服务的夜晚，每位客人所享受的服务都是相同的。

相比之下，律师事务所或医院为每个客户或患者提供独特的服务。此外，每个客户或患者都会产生其独有的费用。基于这个原因，律师事务所和医院通常采用分批成本计算法。[①] 使用分批成本计算法的其他服务企业包括广告公司、活动策划公司和汽车维修店。

服务企业的分批成本计算法下的成本流动

使用分批成本计算法的服务企业将每个消费者、客户或患者视为一个独立的产品批次，并将其成本进行归集与记录。

服务企业的主要产品成本是人工成本和制造费用。在提供服务的过程中消耗的材料和日常用品通常都不重要。因此，材料和物资消耗被归为制造费用。

与制造企业相似，服务企业给客户提供服务时发生的直接人工成本和制造费用累积在在产品账户。在产品账户附有包含每个客户分批成本单的成本明细账。

当一个批次完成向客户开具账单以后，成本转入服务成本账户。服务成本类似于商业企业和制造企业的商品销售成本。服务企业不需要设立产成品账户和产成品明细账。这是因为服务企业的收入在服务提供后确认。

在实践中，可能还需要考虑服务企业独特的事项。例如，服务企业可能每隔一周或者一个月向客户开具账单而不是在服务完成后即时开具。在这种情况下，与账单相关的部分成本应根据服务发生的时间提前从在产品账户转入服务成本账户。服务企业还可能提前向客户开具账单，此时账单所得应当作为递延收益入账直到服务完成为止。

对于使用分批成本计算法的服务企业，成本流动如图表 19-11 所示。

图表 19-11　服务企业的成本流动

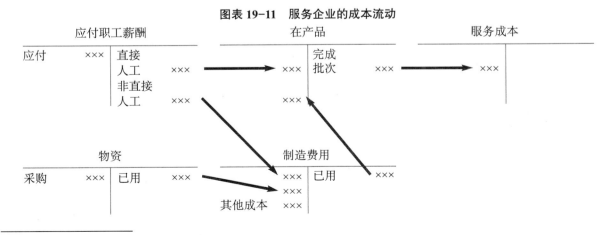

---

① 使用分批成本计算法的服务企业通常要求每个消费者、客户或患者签署一份描述所提供服务性质的合同。

练习题

EX 19-1　分批成本计算法下的交易

本月的五项交易用字母标识在下列分批成本计算法下的 T 形账户中：

材料	
	（a）

在产品	
（a）	（d）
（b）	
（c）	

应付职工薪酬	
	（b）

产成品	
（d）	（e）

制造费用	
（a）	（c）
（b）	

商品销售成本	
（e）	

分别描述这五项交易的内容。

EX 19-3　发放材料的分录

当月材料的发放情况如下所示：

领料单编号	材料	批次编号	金额
103	塑料	400	$ 2 800
104	钢铁	402	24 000
105	胶水	间接	1 620
106	橡胶	403	3 200
107	钛金属	404	31 600

编写记录材料领用的相关分录。

EX 19-5　人工成本的分录

当月的员工时间卡记录的人工成本汇总如下：

批次编号	金额
100	$ 3 500
101	6 650
104	21 900
108	14 440
间接	9 100
111	8 620
115	2 760
117	18 550

编写人工成本的相关分录。

EX 19-7 直接人工和制造费用会计分录

汤森工业公司主营生产休闲房车。该公司采用分批成本计算法来汇总与记录成本。以下是 11 月份公司订单的人工成本汇总记录：

第 201 批次	$ 6 240
第 202 批次	7 000
第 203 批次	5 210
第 204 批次	6 750
工厂监管部门	4 000

制造费用是依据每小时 18 美元的预定制造费用分配率来分配的。直接人工费用率为每小时 40 美元。

a. 编写工厂人工成本的相关分录。

b. 编写 11 月分配制造费用的相关分录。

EX 19-9 预定制造费用分配率

跑酷引擎商店采用分批成本计算法来确定维修引擎的成本。预计未来期间的成本和费用如下所示：

引擎部分	$ 740 000
商店直接人工	500 000
商店和维修设备折旧费用	40 000
商店主管薪酬	133 000
商店财产税	22 000
商店物资	10 000
广告费用	20 000
管理人员薪酬	71 400
管理部门折旧费用	6 000
总成本与费用	$ 1 542 400

商店的平均直接人工费用率为每小时 20 美元。

请计算商店每工时的预定制造费用分配率。

EX 19-11 产成品分录和未完工批次的成本

在确认 1 月份完成的订单之前，以下科目会出现在分类账中：

	在产品
期初余额（1 月 1 日）	$ 72 000
直接材料	390 000
直接人工	500 000
制造费用	250 000

1月份完成的批次如下所示：

| 第210批次 | $ 200 000 | 第224批次 | $ 225 000 |
| 第216批次 | 288 000 | 第230批次 | 436 800 |

a. 编写产成品的相关分录。

b. 确定1月31日未完工批次的成本。

EX 19–13　制造企业的财务报表

福考特公司是一家生产商，从20Y2年7月开始运营，在运营的第1个月发生了下列事项：

（1）购买了320 000美元的材料；

（2）在生产过程中使用了275 000美元的直接材料；

（3）产生236 000美元的直接人工工资；

（4）以直接人工成本的75%确定制造费用；

（5）将652 000美元的在产品制成产成品；

（6）商品销售成本为630 000美元；

（7）以1 120 000美元的价格出售商品；

（8）产生252 800美元的销售费用；

（9）产生100 000美元的管理费用。

a. 编制福考特公司7月份的利润表。假设其采用永续盘存法。

b. 确定第1个月运营结束时的存货余额。

EX 19–15　采用分批成本计算法进行决策

拉内里奖品制造公司采用分批成本计算法来确定制造奖品（奖牌和奖杯）的成本。该公司的产品中有雕刻奖牌，用于颁发给在当地企业完成培训计划的参与者。该公司将这些奖牌以每块80美元的价格出售给当地企业。

每块黄铜制的奖牌上都刻有参与者的姓名。雕刻一个名字大约需要30分钟，若刻错名字必须重做。该奖牌用螺丝钉固定在胡桃木背板上，每块奖牌组装需要大约15分钟，若组装错误必须使用新的背板重新组装。

本年上半年，公司有两个独立的奖牌批次。两个独立批次的成本表信息如下：

第101批次	5月4日		
	单位成本	数量	批次成本
直接材料：			
木头	$ 20/块	40块	$　800
黄铜	15/块	40块	600
雕刻工人薪酬	20/小时	20小时	400
组装工人薪酬	30/小时	10小时	300
制造费用	10/小时	30小时	300
			$ 2 400
销售奖牌			÷ 40
每块奖牌成本			$　60

第 105 批次		6 月 10 日	
	单位成本	单位数量	批次成本
直接材料：			
木头	$ 20/ 块	34 块	$ 680
黄铜	15/ 块	34 块	510
雕刻工人薪酬	20/ 小时	17 小时	340
组装工人薪酬	30/ 小时	8.5 小时	255
制造费用	10/ 小时	25.5 小时	255
			$ 2 040
销售奖牌			÷ 30
每块奖牌成本			$ 68

a. 为什么每块奖牌的成本从 60 美元增加到了 68 美元？

b. 你认为公司什么地方可以有所改进？

EX 19–17　服务企业的分批成本计算法

飞翔公司为全国各地的客户提供广告服务。公司目前正在开展四个项目。每个项目都针对不同的客户。飞翔公司在直接成本和分配的间接成本的基础上为每个账户（客户）累积成本。直接成本包括专业人员的收费时长成本和媒体资源购买（播出时间和广告位）成本。间接成本按照媒体资源购买的百分比分配给每个项目。预定制造费用分配率为媒体资源购买成本的 65%。

8 月 1 日，四个广告项目的累计费用如下所示：

	8 月 1 日余额
金库银行	$ 270 000
起飞航空公司	80 000
昏昏欲睡酒店	210 000
美味饮料	115 000
总计	$ 675 000

8 月，飞翔公司的四个客户账户均发生了与广告工作相关的直接人工和媒体资源购买费用，如下所示：

	直接人工	媒体资源购买
金库银行	$ 190 000	$ 710 000
起飞航空公司	85 000	625 000
昏昏欲睡酒店	372 000	455 000

续

	直接人工	媒体资源购买
美味饮料	421 000	340 000
总计	$ 1 068 000	$ 2 130 000

8 月底，金库银行和起飞航空公司的项目均已完成。已完成的项目成本借记服务成本账户。

编写本月下列活动的分录：

a. 直接人工耗费；

b. 媒体资源购买；

c. 制造费用分配；

d. 金库银行和起飞航空公司的项目完成。

综合题

PR 19-1A 分批成本计算法下的会计分录

木森公司使用分批成本计算法。7 月份与生产有关的所有业务数据如下所示：

a. 赊购价值 225 750 美元的材料。

b. 领用价值 217 600 美元的材料，其中 17 600 美元用于工厂的日常消耗。

c. 人工成本 680 000 美元，其中 72 300 美元是间接人工成本。

d. 其他制造费用 330 000 美元，销售费用 180 000 美元，管理费用 126 000 美元。

e. 到期预付费用中的 27 500 美元计入制造费用，8 100 美元计入销售费用，5 250 美元计入管理费用。

f. 办公建筑物折旧费用 44 500 美元，办公设备折旧费用 16 800 美元，工厂设备折旧费用 55 100 美元。

g. 分配给各批次产品的制造费用为 548 000 美元。

h. 产成品价值为 1 140 000 美元。

i. 商品销售成本为 1 128 000 美元。

要求：

编制以上各项业务的会计分录。

案例分析题

CP 19-1 交流

TAC 工业公司向大型企业以及联邦、州和地方政府销售重型设备。公司产品的销售是竞争性投标的结果，TAC 工业公司根据销售价格与其他公司竞争。然而，该公司给政府的销售价格是在成本的基础上确定的，即销售价格是总批次成本加上固定的加成百分比。

　　坦迪·兰斯是 TAC 工业公司设备部门的成本会计。该部门面临着高级管理层要求提高营业收入的压力。当坦迪审阅部门的分批成本单时，她意识到可以通过将分配到企业客户的分批成本单上的部分直接劳动工时数转移到政府客户的分批成本单上来增加部门的营业收入。她认为，这将为部门创造一个双赢的局面，一方面降低了企业批次的成本；另一方面增加了政府批次的成本，因为政府批次的利润基于批次成本的百分比。坦迪把这个想法告知了部门经理，部门经理对她提高部门盈利能力的创造性解决方案印象深刻。

　　坦迪的计划合乎职业道德吗？请解释。

第 **20** 章

分步成本计算法

在制造冰激凌时，需要一台电动冰激凌机用于搅拌各种原料，如牛奶、奶油、糖和调味品。在加入所有材料后，向搅拌机中加入冰块和盐用于冷却原料，然后启动机器。

搅拌至所需时间的一半时，你能得到冰激凌吗？当然不能，因为冰激凌需要搅拌很长的时间才能凝固。现在，假设你问了以下问题：

到目前为止，制造冰激凌共发生了哪些成本？

回答这个问题需要知道原料和电力的成本。原料在最初的时候投入，因此所有的原料成本已发生。由于只搅拌了一半的时间，所以只发生了50%的电力成本。因此以上问题的答案是：

所有的材料成本和一半的电力成本。

这些成本概念同样适用于大型冰激凌制造公司，例如德莱尔冰激凌和艾迪冰激凌的制造商德莱尔公司（雀巢的一家子公司）。德莱尔公司在3 000加仑的大桶里搅拌原料，但是原理与用小型电动冰激凌搅拌器相似。德莱尔公司同时记录冰激凌制造过程中所需的原料成本以及使用的人工费用和制造费用。管理层能使用这些成本信息做出定价和改善业务流程等决策。

本章描述并阐释了类似德莱尔公司的制造企业使用的分步成本计算法，同时还介绍了生产成本报告在决策中的应用。最后，还讨论了准时制生产流程。

学习目标

1. 描述分步成本计算法。

2. 编制生产成本报告。

3. 使用分步成本计算法为各项交易编制会计分录。

4. 描述并举例说明生产成本报告在决策中的应用。

5. 比较精益生产流程与传统生产流程。

20.1 分步成本计算法

流程生产商（process manufacturer）使用连续的生产流程生产不易相互区分的产品。例如，炼油厂通过一系列步骤处理原油得到一桶汽油。而该产品，即一桶汽油，不容易与另一桶汽油区分。此外，流程生产商还包括造纸厂、化学加工厂、铝冶炼厂和食品加工厂。

流程生产商使用的成本会计制度是**分步成本计算法**（process cost system）。分步成本计算法根据每个制造部门或者制造流程记录产品成本。

相比之下，分批生产商根据客户要求生产产品或者生产大批相似的产品。例如，印刷公司根据每个客户的特定要求印制结婚邀请函、毕业晚会请柬以及其他特定的印刷品。每种定制产品都是独一无二的。分批生产商还包括家具厂、造船厂以及装修公司等。

如第 19 章所介绍的，分批生产商使用的成本会计制度为分批成本计算法。分批成本计算法使用分批成本单记录各个批次产品的成本。

分步生产和分批生产的公司及其产品的举例如图表 20-1 所示。

图表 20-1　分步生产和分批生产的公司举例

分步生产公司		分批生产公司	
公司	产品	公司	产品
百事	软饮料	沃尔特·迪士尼	电影
美铝	铝	耐克	运动鞋
英特尔	电脑芯片	尼克劳斯设计	高尔夫球场
美孚国际	汽油	田纳西州遗产	原木家具
好时	巧克力棒	DDB 广告	广告

分批成本计算法和分步成本计算法的比较

分步成本计算法和分批成本计算法相似，这是因为两种成本会计制度都有以下特征：

（1）记录和汇总产品成本；

（2）将产品成本归类为直接材料成本、直接人工成本和制造费用；

（3）将制造费用分配给产品；

（4）对材料、在产品和产成品使用永续盘存制；

（5）为决策提供有用的产品成本信息。

分步成本计算法和分批成本计算法在某些方面存在差异。本章使用了冰喜公司和传奇吉他公司的成本会计制度来解释这些差异。

图表 20-2 列示了冰激凌制造商冰喜公司的分步成本计算法。作为对照，图表 20-2 还同时列示了传奇吉他公司的分批成本计算法。传奇吉他公司的情况在第 18 章和第 19 章已经做了详细讲述与解释。

图表 20-2 显示冰喜公司使用两个部门制造冰激凌：

（1）配制部门，使用大桶搅拌各种原料。

（2）包装部门，将冰激凌放入包装盒中运送给客户。

　　每加仑的冰激凌都是类似的，产品成本记录在每个部门的在产品账户。如图表 20-2 所示，冰喜公司将制造冰激凌的成本记录在配制部门和包装部门的在产品账户上。

　　生产一加仑冰激凌的产品成本包括：

　　（1）直接材料成本，包括牛奶、奶油、糖以及包装盒。在配制部门和包装部门，所有材料成本都在流程之初投入。

　　（2）直接人工成本，在各部门员工操作生产设备和装卸产品时发生。

　　（3）制造费用，包括电力成本和设备的折旧费用。

　　当配制部门完成配制流程，产品成本转入包装部门。当包装部门完成包装流程，产品成本转入产成品。通过这种方法，产品成本（一加仑冰激凌）在整个生产过程中累积。

　　相比之下，传奇吉他公司使用分批成本单积累每个批次的产品成本。因此，传奇吉他公司仅使用一个在产品账户。当每批订单完成时，其产品成本会转移至产成品。

　　在分批成本计算法下，期末在产品账户余额是分批成本单中部分完工订单的成本总和。在分步成本计算法下，期末在产品账户余额是各个生产部门期末账户余额的合计数。

图表 20-2　分步成本计算法和分批成本计算法

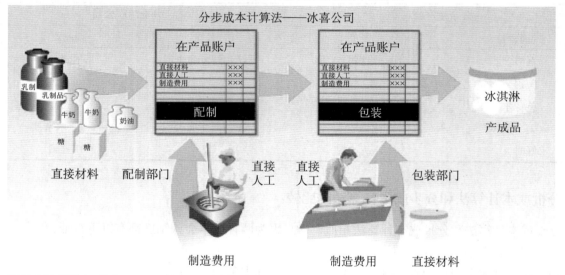

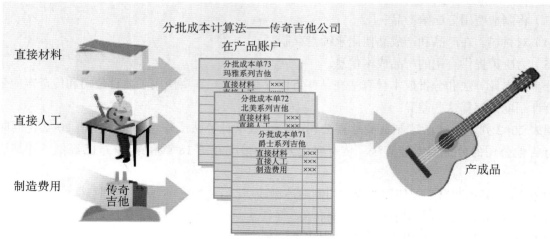

例 20-1 分批成本计算法 vs. 分步成本计算法

以下哪些行业通常使用分批成本计算法，哪些行业通常使用分步成本计算法？

住宅建设	电脑芯片
饮料	曲奇饼干
军用飞机	电玩设计与生产

解答：

住宅建设：分批成本计算法

饮料：分步成本计算法

军用飞机：分批成本计算法

电脑芯片：分步成本计算法

曲奇饼干：分步成本计算法

电玩设计与生产：分批成本计算法

流程生产商的成本流动

图表 20-3 列示了冰喜公司材料的实物流动。冰激凌在一个制造工厂里生产，该工厂除了生产规模更大以外，其他方面与在家里制作冰激凌类似。

图表 20-3 流程生产商的实物流动

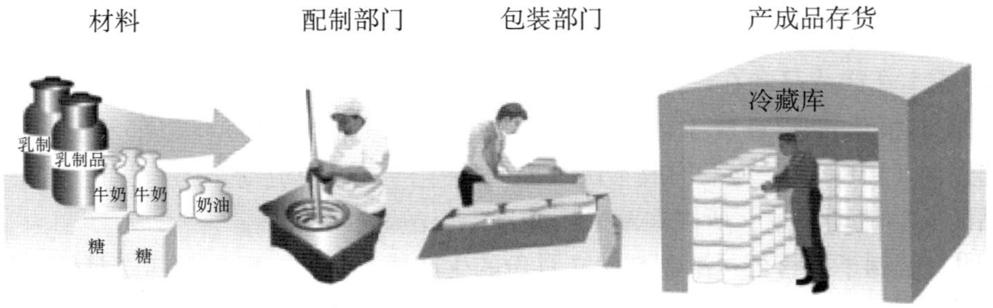

在配制部门，牛奶、奶油和糖等原料等被加入一个大桶中。由一个员工负责装料、设置冷却温度和搅拌速度。随着搅拌器的搅拌，原料桶的温度逐渐下降。制造费用包括设备的折旧费用和间接材料。

在包装部门，从配置部门取得等待包装的冰激凌。包装部门使用直接人工和制造费用将冰激凌放入一加仑的容器中，随后转入产成品，在发送给客户前将其冰冻储存在冷藏库中。

分步成本计算法下的成本流动和图表 20-3 描述的实物流动相似。冰喜公司的成本流动列示在图表 20-4 中，如下所示：

a. 采购的材料成本记录在材料账户；

b. 配制部门和包装部门使用的材料成本记录在各部门的在产品账户；

c. 配制部门和包装部门使用的直接人工成本记录在各部门的在产品账户；

d. 间接材料产生的制造费用和折旧费用等其他制造费用记录在各部门的制造费用账户；

e. 配制部门和包装部门发生的制造费用分配到各部门的在产品账户；

f. 配制部门完工的产品成本转入包装部门；

g. 包装部门完工的产品成本转入产成品账户；

h. 出售的产品成本转入商品销售成本账户。

如图表 20-4 所示，配制部门和包装部门有各自的制造费用账户。间接材料产生的制造费用、折旧费用和其他制造费用在发生时借记各部门的制造费用账户。通过借记各部门的在产品账户，贷记各部门的制造费用账户，将制造费用分配到在产品账户。

图表 20-4 同时列示了配制部门和包装部门各自的在产品账户。每个在产品账户在消耗直接材料、直接人工和分配到制造费用时借记增加。此外，包装部门的在产品账户还因配制部门的半成品转入而借记增加。各个在产品账户都因产品转入下一个生产部门而贷记减少。

最后，图表 20-4 还显示了产成品账户因产品从包装部门转入而借记增加，因产品出售而贷记减少，同时借记商品销售成本账户。

20.2　生产成本报告

在分步成本计算法中，各加工部门的转出产品成本必须与部门内的在产品成本一同考虑。汇总这些成本的报告叫作生产成本报告。

生产成本报告（cost of production report）汇总了以下生产和成本数据：

（1）部门记录的产品数量以及这些产品的状况；

（2）部门内发生的产品成本以及这些成本在产成品和在产品之间的分配。

生产成本报告根据以下四个步骤编制完成：

步骤 1：确定成本计算单位；

步骤 2：计算约当产量；

步骤 3：计算约当单位成本；

步骤 4：将成本在产成品和在产品之间分配。

编制生产成本报告需要对成本流动做出假设。例如，商品存货可以假设成本通过先进先出（FIFO）、后进先出（LIFO）以及平均成本法 ① 在整个生产过程中流动。因为**先进先出**（first-in, first-out）法与产品的实物流动一致，所以本章采用先进先出法。

为举例说明，编制了冰喜公司配制部门 7 月份的生产成本报告。配制部门 7 月份的数据如下所示：

期初未完工存货，7 月 1 日，5 000 加仑：		
5 000 加仑的直接材料成本	$ 5 000	
5 000 加仑的加工成本，完成 70%	1 225	
期初未完工存货总计，7 月 1 日		$ 6 225
7 月份发生的直接材料成本，60 000 加仑		66 000
7 月份发生的直接人工成本		10 500
7 月份分配的制造费用		7 275
记录的生产成本总额		$ 90 000
7 月份转入包装部门的产品成本（包括 7 月 1 日的未完工存货），62 000 加仑		?
期末未完工存货，7 月 31 日，3 000 加仑，加工成本完成 25%		?

通过编制生产成本报告，可以确定 7 月份转入包装部门的产品成本以及配制部门月底留存的在产品成本。这些金额在上表中以 "？" 标志。

_____

① 平均成本法参见本章附录。

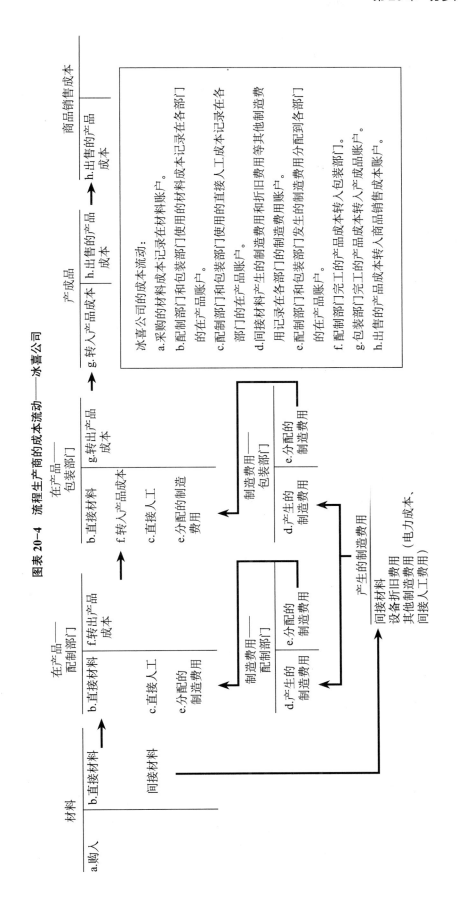

图表 20-4 流程生产商的成本流动——冰喜公司

步骤1：确定成本计算单位

第一个步骤是确定成本计算单位。单位是产成品的衡量指标，例如，吨、加仑、磅、桶或者箱。对于冰喜公司，一单位指的是一加仑的冰激凌。

配制部门在7月份记录了65 000加仑的直接材料，如下所示：

生产记录的总单位（加仑）：	
期初未完工存货，7月1日	5 000 加仑
从仓库取得的材料	60 000
记录的总单位	65 000 加仑 ◀

7月份，以下三组产品单位（加仑）应当分配成本：

组1：7月1日，期初未完工存货的单位（加仑）。
组2：7月份投入生产并完工的产品单位（加仑）。
组3：7月31日，期末未完工存货的单位（加仑）。

图表20-5列示了7月份配制部门三组产品的总单位（加仑）。5 000加仑期初未完工存货在本期完工转入包装部门。7月份，另有60 000加仑材料投入生产（进入搅拌程序）。在7月份开始生产的60 000加仑产品中有3 000加仑在7月底仍未完工。因此，57 000加仑（60 000－3 000）产品在当月开始生产并完工。

7月份应当分配成本的总产品单位汇总如下。

组1：期初未完工存货，7月1日，在7月份完工	5 000 加仑
组2：7月份投入生产并完工的产品	57 000
7月份转入包装部门的产品	62 000 加仑
组3：期末未完工存货，7月31日	3 000
应当分配成本的总产品单位	65 000 加仑 ◀

应当分配成本的总产品单位（65 000加仑）等于配制部门记录的总产品单位（65 000加仑）。

图表20-5　应当分配成本的总产品单位——配制部门

例 20-2　应当分配成本的产品单位

岩泉饮料公司有两个部门——调配部门和装瓶部门。装瓶部门从调配部门收到 57 000 升已调配饮料。在本期，装瓶部门封装完毕 58 000 升饮料，包括 4 000 升期初在装的饮料。期末在装的饮料是 3 000 升。在本期开始封装并完工的饮料有多少升？

解答：

54 000 升饮料在本期开始封装并完工（（58 000 升完工饮料－4 000 升期初在装饮料）或者（57 000 升本期开始封装的饮料－3 000 升期末在装的饮料））。

步骤 2：计算约当产量

总产量（whole units）指的是生产过程中的所有产品数，无论是否完工。**约当产量**（equivalent units of production）指的是就材料成本和加工成本而言（直接人工成本和制造费用），总产量中已经完工的部分。

举例说明，假定一桶 1 000 加仑的冰激凌在 5 月 31 日只完成了 40% 的加工程序，则这桶冰激凌就电力耗费等加工成本而言只完成了 40%。在这种情况下，总产量和约当产量如下所示：

	总产量	约当产量
材料成本	1 000 加仑	1 000 加仑
加工成本	1 000 加仑	400 加仑（1 000×40%）

因为材料在流程之初就全部投入，所以对于这桶 1 000 加仑的冰激凌，材料成本是 100%。因此材料成本的总产量和约当产量都是 1 000 加仑。然而，对于加工成本而言，这桶冰激凌仅完工 40%，所以加工成本的约当产量是 400 加仑。

如前所述，材料成本和加工成本的约当产量通常单独确认。这是因为材料成本和加工成本通常在不同的时间以不同的速度投入生产。相反，直接人工成本和制造费用通常在相同的时间以相同的速度投入生产。正因为如此，直接人工成本和制造费用合并为加工成本一同计算约当产量。

材料约当产量

为计算材料约当产量，需要知道材料何时投入制造流程。在冰喜公司的案例中，所有的材料在配制流程之初投入。因此，7 月份材料的约当产量计算如下：

		总产量	7 月份材料投入比例	直接材料约当产量
组 1	期初未完工存货，7 月 1 日	5 000	0 %	0
组 2	7 月份投入生产并完工的产品（62 000－5 000）	57 000	100 %	57 000
	7 月份转入包装部门的产品	62 000	—	57 000
组 3	期末未完工存货，7 月 31 日	3 000	100 %	3 000
	应当分配成本的总加仑数	65 000		60 000

如上所示，步骤 1 确定的三组产品的总产量列示在第一栏。7 月份材料的投入比例列示在第二栏。约当产量通过将总产量和材料投入比例相乘得到。

例如，期初存货（组 1）共有 5 000 加仑总产量，对于材料而言是彻底完工的。换言之，7 月 1 日所有在产品的材料都已经在6月份投入。因此，7月份材料投入比例为0，7月份的约当产量也为0。

7月份投入生产并完工的57 000加仑产品（组2）就材料而言也是100%完工的，因此7月份投入生产并完工的约当产量为57 000加仑（57 000×100%）。7月31日未完工的3 000加仑产品（组3）就材料而言同样是100%完工的，因此7月31日期末存货的约当产量也是3 000加仑（3 000×100%）。

例 20-3　直接材料约当产量

岩泉饮料公司装瓶部门期初有4 000升在装饮料（完工30%）。在同一报告期间，有58 000升饮料封装完毕。期末在装饮料为3 000升（完工60%）。如果材料在流程之初投入，计算直接材料的约当产量总额。

解答：

直接材料的约当产量总额为57 000升，计算如下：

	总产量	本期材料投入比例	直接材料约当产量
期初在装存货	4 000	0%	0
本期投入生产并完工的产品	54 000*	100%	54 000
从装瓶部门转出的产品	58 000	—	54 000
期末在装存货	3 000	100%	3 000
应当分配成本的总产品单位	61 000		57 000

* 58 000－4 000＝54 000。

直接材料约当产量汇总在图表20-6中。

图表 20-6　直接材料约当产量

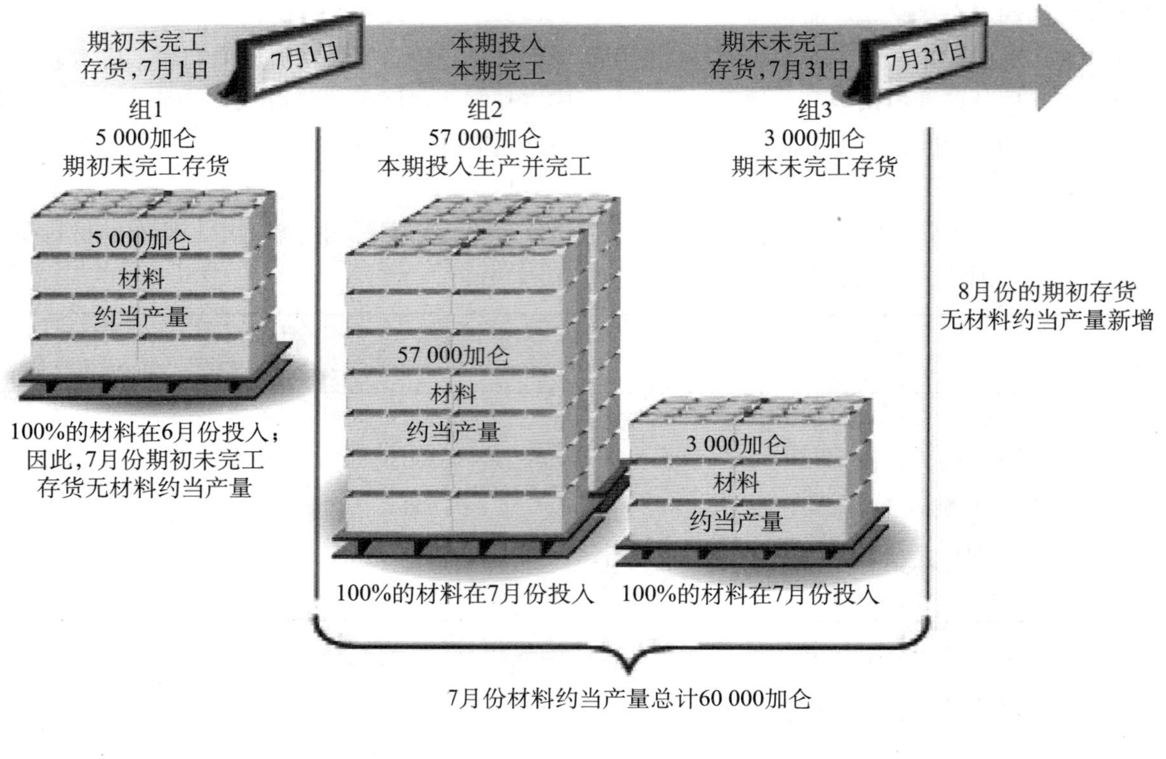

加工成本约当产量

为计算加工成本约当产量，需要知道直接人工成本和制造费用何时投入生产制造过程。直接人工、电力消耗和设备折旧在加工处理过程中通常不同步发生。基于此，我们假定冰喜公司的加工成本在整个生产制造过程中均衡发生。因此 7 月份加工成本的约当产量计算如下：

		总产量	7 月份加工成本投入比例	加工成本约当产量
组 1	期初未完工存货，7 月 1 日（完工 70%）	5 000	30%	1 500
组 2	7 月份投入生产并完工的产品（62 000－5 000）	57 000	100%	57 000
	7 月份转入包装部门的产品	62 000	—	58 500
组 3	期末未完工存货，7 月 31 日（完工 25%）	3 000	25%	750
	应当分配成本的总加仑数	65 000		59 250

如上所示，步骤 1 确定的三组产品的总产量列示在第一栏。7 月份加工成本的投入比例列示在第二栏。约当产量是将总产量和加工成本投入比例相乘得到的。

例如，期初存货（组 1）共有 5 000 加仑总产量，对于加工成本而言完工 70%。7 月份投入剩余的 30%（100%－70%）的加工成本。因此，7 月份投入加工成本的约当产量为 1 500 加仑（5 000×30%）。

7 月份投入生产并完工的 57 000 加仑产品（组 2）就加工成本而言是 100% 完工的。因此，7 月份投入生产并完工的约当产量为 57 000 加仑（57 000×100%）。

7 月 31 日未完工的 3 000 加仑产品（组 3）就加工成本而言完工 25%。因此，7 月 31 日期末存货的约当产量是 750 加仑（3 000×25%）。

加工成本约当产量汇总在图表 20-7 中。

图表 20-7　加工成本约当产量

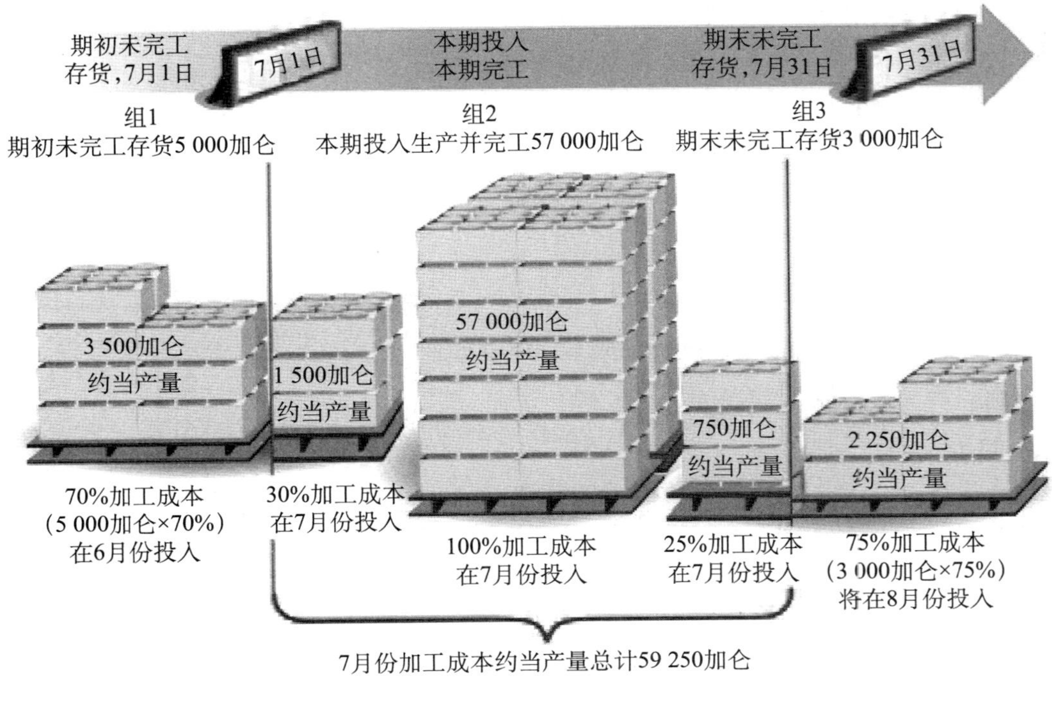

例 20-4　加工成本约当产量

岩泉饮料公司装瓶部门期初有 4 000 升在装饮料（完工 30%）。在同一报告期间，有 58 000 升饮料封装完毕。期末在装饮料为 3 000 升（完工 60%）。计算加工成本约当产量总额。

解答：

	总产量	本期加工成本 投入比例	加工成本 约当产量
期初在装存货	4 000	70%	2 800
本期投入生产并完工的产品	54 000 *	100%	54 000
从装瓶部门转出的产品	58 000	—	56 800
期末在装存货	3 000	60%	1 800
应当分配成本的总产品单位	61 000		58 600

* 58 000−4 000=54 000。

步骤 3：计算约当单位成本

编制生产成本报告的下一步骤是计算直接材料和加工成本的约当单位成本。直接材料和加工成本的**约当单位成本**（cost per equivalent unit）计算如下：

$$直接材料约当单位成本 = \frac{本期发生的直接材料成本总计}{直接材料约当产量总计}$$

$$加工成本约当单位成本 = \frac{本期发生的加工成本总计}{加工成本约当产量总计}$$

根据步骤 2，冰喜公司配制部门 7 月份的直接材料和加工成本的约当产量如下所示：

		约当产量	
		直接材料	加工成本
组 1	期初未完工存货，7 月 1 日	0	1 500
组 2	7 月份投入生产并完工的产品（62 000−5 000）	57 000	57 000
	7 月份转入包装部门的产品	57 000	58 500
组 3	期末未完工存货，7 月 31 日	3 000	750
	应当分配成本的总加仑数	60 000	59 250

冰喜公司 7 月份发生的直接材料和加工成本如下所示：

直接材料		$66 000
加工成本：		
直接人工	$10 500	
制造费用	7 275	17 775
7 月份发生的产品成本总计		$83 775

直接材料和加工成本的约当单位成本分别是每加仑 1.10 美元和每加仑 0.30 美元，计算如下所示：

$$直接材料约当单位成本 = \frac{本期发生的直接材料成本总计}{直接材料约当产量总计} = \frac{66\,000}{60\,000} = 1.10（美元/加仑）$$

$$加工成本约当单位成本 = \frac{本期发生的加工成本总计}{加工成本约当产量总计} = \frac{17\,775}{59\,250} = 0.30（美元/加仑）$$

上述约当单位成本将用于步骤 4 中在产成品和在产品之间分配直接材料成本和加工成本。

例 20-5　约当单位成本

转入岩泉饮料公司装瓶部门的直接材料成本是 22 800 美元。装瓶部门本期发生的加工成本是 8 790 美元。直接材料和加工成本的约当产量总额分别是 57 000 升和 58 600 升。计算直接材料和加工成本的约当单位成本。

解答：

直接材料约当单位成本 = 22 800/57 000 = 0.40（美元/加仑）

加工成本约当单位成本 = 8 790/58 600 = 0.15（美元/加仑）

步骤 4：将成本在产成品和在产品之间分配

产品成本必须在期末产成品和在产品之间分配。产品成本可以根据步骤 3 计算的直接材料和加工成本的约当单位成本分配。

冰喜公司 7 月份应当分配的产品成本总额为 90 000 美元，如下所示：

期初未完工存货，7 月 1 日，5 000 加仑：	
5 000 加仑的直接材料成本	$ 5 000
5 000 加仑的加工成本，完工 70%	1 225
期初未完工存货成本总计，7 月 1 日	$ 6 225
7 月份的直接材料成本，60 000 加仑	66 000
7 月份的直接人工成本	10 500
7 月份分配的制造费用	7 275
记录的产品成本总额	$ 90 000

应当分配这些成本的产量如下所示。具体分配到这些产品单位的成本以 "？" 标志。

		产量	总成本
组 1	期初未完工存货，7 月 1 日，在 7 月份完工	5 000 加仑	？
组 2	7 月份投入生产并完工的产品	57 000	？
	7 月份转入包装部门的产品	62 000 加仑	？
组 3	期末未完工存货，7 月 31 日	3 000	？
	总计	65 000 加仑	$ 90 000

组1：期初未完工存货

7月1日，5 000加仑期初未完工存货（组1）在7月份完工并转入包装部门。这些产品的成本为6 675美元，计算如下：

	直接材料成本	加工成本	总成本
期初未完工存货，7月1日余额			$6 225
为完成7月1日未完工存货的约当产量	0	1 500	
约当单位成本	×$1.10	×$0.30	
为完成7月1日未完工存货的所耗成本	0	$450	450
转入包装部门的期初未完工存货成本			$6 675

如上所示，5 000加仑期初未完工存货成本中的6 225美元在6月份转入。这些成本和7月份为完成这5 000加仑在产品所耗费的成本一同转入包装部门。7月份为完成这5 000加仑在产品所耗费的成本是450美元。这450美元代表了完成剩余30%的处理程序需要的加工成本。7月份没有直接材料成本是因为所有材料都已经在6月份投入。因此，转入包装部门的5 000加仑期初未完工存货（组1）的总成本为6 675美元。

组2：本期投入生产并完工的产品

57 000加仑在7月份投入生产并完工的产品（组2）在当期已发生所有（100%）的直接材料成本和加工成本。因此，这57 000加仑本期投入生产并完工的产品的总成本为79 800美元，如下所示，使用57 000加仑乘以直接材料和加工成本的约当单位成本而得。

	直接材料成本	加工成本	总成本
7月份投入生产并完工的产品	57 000加仑	57 000加仑	
约当单位成本	×$1.10	×$0.30	
7月份投入生产并完工产品的成本	$62 700	$17 100	$79 800

7月份转入包装部门的86 475美元的产品成本是期初未完工存货成本和本期投入生产并完工产品成本的合计数。

组1	期初未完工存货成本	$6 675
组2	本期投入生产并完工产品成本	79 800
	7月份转入包装部门的成本总额	$86 475

组3：期末未完工存货

7月31日3 000加仑未完工存货在7月份已发生所有的直接材料成本和25%的加工成本。这部分未完工存货3 525美元成本的计算如下所示：

	直接材料成本	加工成本	总成本
期末未完工存货约当产量	3 000加仑	750加仑	
约当单位成本	×$1.10	×$0.30	
期末未完工存货成本	$3 300	$225	$3 525

7月31日未完工的3 000加仑产品需要的所有（100%）材料是7月份投入的。因此7月份发生

的直接材料成本为 3 300 美元（3 000 × 1.10）。225 美元的加工成本是 750 加仑的约当产量乘以 0.30 美元的约当单位加工成本而得。直接材料成本（3 300 美元）和加工成本（225 美元）的合计数与 7 月 31 日期末未完工存货的总成本 3 525 美元（3 300+225）一致。

综上所述，7 月份冰喜公司的总制造成本分配如下所示。分配给组 1、组 2 和组 3 产品单位的成本也得以确定。

		产量	总成本
组 1	期初未完工存货，7 月 1 日，在 7 月份完工	5 000 加仑	$ 6 675
组 2	7 月份投入生产并完工的产品	57 000	79 800
	7 月份转入包装部门的产品	62 000 加仑	$ 86 475
组 3	期末未完工存货，7 月 31 日	3 000	3 525
	总计	65 000 加仑	$ 90 000

例 20-6　转出产品成本和期末未完工存货

岩泉饮料公司直接材料和加工成本的约当单位成本分别是 0.40 美元和 0.15 美元。应当分配成本的约当产量如下所示：

	约当产量	
	直接材料	加工成本
期初未完工存货	0	2 800
本期投入生产并完工的产品	54 000	54 000
从装瓶部门转出的产品	54 000	56 800
期末未完工存货	3 000	1 800
应当分配成本的总产量	57 000	58 600

期初在产品的成本为 1 860 美元。计算转出产品成本和期末未完工存货成本。

解答：

	直接材料成本		加工成本	总成本
期初未完工存货				$ 1 860
期初未完工存货（计划完工）	0	+	2 800 × $ 0.15	420
本期投入生产并完工的产品	54 000 × $ 0.40	+	54 000 × $ 0.15	29 700
从装瓶部门转出的产品				$ 31 980
期末未完工存货	3 000 × $ 0.40	+	1 800 × $ 0.15	1 470
装瓶部门应当分配的总成本				$ 33 450
完工并转出的产品成本	$ 31 980			
期末未完工存货成本	$ 1 470			

编制生产成本报告

每个加工部门要定期编制生产成本报告。该报告汇总了以下产品数量和成本数据：

（1）部门记录的产品数量以及这些产品的状况；

（2）部门内发生的产品成本以及这些成本在产成品和在产品之间的分配。

根据步骤1至步骤4，冰喜公司配制部门7月份的生产成本报告如图表20-8所示。在7月份，配制部门记录65 000单位（加仑）的产品。在这些产品中，62 000加仑产品完工并转入包装部门。剩余的3 000加仑产品未完工，它也是7月31日未完工存货的一部分。

配制部门7月份记录90 000美元的生产成本。7月份转入包装部门的成本是86 475美元。剩余的3 525美元成本是7月31日未完工存货成本的一部分。

20.3 分步成本计算法下的会计分录

本节介绍在分步成本计算法下记录成本流动和编制各项交易的会计分录。以冰喜公司7月份的各项交易为例。为简化起见，所有分录以汇总形式列示，尽管绝大多数交易应当每天记录。

a. 材料采购，包括牛奶、奶油、糖、包装品以及间接材料，共88 000美元。

借：材料		88 000
贷：应付账款		88 000

b. 配制部门领用牛奶、奶油和糖，共66 000美元。包装部门领用包装材料8 000美元。配制部门和包装部门的间接材料成本分别是4 125美元和3 000美元。

借：在产品——配制部门		66 000
——包装部门		8 000
制造费用——配制部门		4 125
——包装部门		3 000
贷：材料		81 125

c. 配制部门和包装部门发生的直接人工成本分别是10 500美元和12 000美元。

借：在产品——配制部门		10 500
——包装部门		12 000
贷：应付职工薪酬		22 500

d. 配制部门和包装部门确认的设备折旧费用分别是3 350美元和1 000美元。

借：制造费用——配制部门		3 350
——包装部门		1 000
贷：累计折旧——设备		4 350

e. 配制部门和包装部门分配的制造费用分别是7 275美元和3 500美元。

借：在产品——配制部门		7 275
——包装部门		3 500
贷：制造费用——配制部门		7 275
——包装部门		3 500

f. 根据图表20-8的生产成本报告将86 475美元产品成本从配制部门转入包装部门。

图表 20-8　冰喜公司配制部门生产成本报告——先进先出法

	A	B	C	D	E	
1			冰喜公司			
2			生产成本报告——配制部门			
3			截至 7 月 31 日的月份			步骤 1
4						步骤 2
5			总产量	约当产量		
6	产量			直接材料	加工成本	
7	生产记录的产量：					
8	期初未完工存货，7 月 1 日	5 000				
9	从仓库取得的材料	60 000				
10	配制部门记录的总产量	65 000				
11						
12	应当分配成本的产量：					
13	期初未完工存货，7 月 1 日（完工 70%）	5 000	0	1 500		
14	7 月份投入生产并完工的产品	57 000	57 000	57 000		
15	7 月份转入包装部门的产品	62 000	57 000	58 500		
16	期末未完工存货，7 月 31 日（完工 25%）	3 000	3 000	750		
17	应当分配成本的总产量	65 000	60 000	59 250		
18						
19				成本		
20	成本		直接材料	加工成本	总成本	
21						
22	约当单位成本：					
23	7 月份配制部门的总生产成本		$ 66 000	$ 17 775		
24	总约当产量（依据步骤 2 的结果）		÷ 60 000	÷ 59 250		
25	约当单位成本		$ 1.10	$ 0.30		步骤 3
26						
27	分配给产品的成本：					
28	期初未完工存货，7 月 1 日				$ 6 225	
29	7 月份发生的成本				83 775[a]	
30	配制部门记录的总成本				$ 90 000	
31						
32						
33	在完工产品和未完工产品之间分配成本					
34	完工产品：					
35	期初未完工存货，7 月 1 日余额				$ 6 225	
36	为完成期初未完工存货所耗的成本		$ 0 +	$ 450[b] =	450	
37	期初未完工存货的完工总成本				$ 6 675	步骤 4
38	本期投入生产并完工的产品		62 700[c] +	17 100[d] =	79 800	
39	7 月份转入包装部门的产品				$ 86 475	
40	期末未完工存货，7 月 31 日		$ 3 300[e] +	$ 225[f] =	3 525	
41	配制部门分配的总成本				$ 90 000	
42						

注：a. $ 66 000 + $ 10 500 + $ 7 275 = $ 83 775。

　　b. 1 500 × $ 0.30 = $ 450。

　　c. 57 000 × $ 1.10 = $ 62 700。

　　d. 57 000 × $ 0.30 = $ 17 100。

　　e. 3 000 × $ 1.10 = $ 3 300。

　　f. 750 × $ 0.30 = $ 225。

| 借：在产品——包装部门 | 86 475 | |
| 贷：在产品——配制部门 | | 86 475 |

g. 根据包装部门的生产成本报告（未列示）将106 000美元的产品成本从包装部门转入产成品账户。

| 借：产成品——冰激凌 | 106 000 | |
| 贷：在产品——包装部门 | | 106 000 |

h. 记录销售107 000美元产成品的销售成本。

| 借：商品销售成本 | 107 000 | |
| 贷：产成品——冰激凌 | | 107 000 |

图表20-9列示了各项交易的成本流动。图表20-9中灰底部分显示的金额根据配制部门的成本分配确定。这些金额在图表20-8中配制部门生产成本报告的底部计算列示。类似地，从包装部门转出至产成品账户的金额可以通过包装部门的生产成本报告确定。

图表20-9　冰喜公司的成本流动

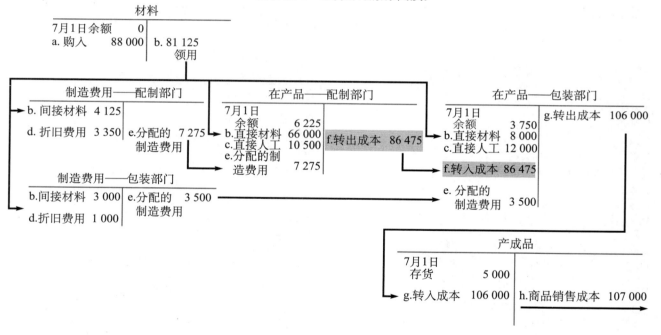

冰喜公司7月31日的期末存货披露如下：

材料	$ 6 875
在产品——配制部门	3 525
——包装部门	7 725
产成品	4 000
存货总计	$ 22 125

配制部门在产品账户余额3 525美元是在图表20-8生产成本报告的底部计算确定的金额。

例 20-7 分步成本计算法下的会计分录

本期转入岩泉饮料公司装瓶部门的材料成本共计 22 800 美元，包括 20 000 美元来自调配部门的成本和 2 800 美元从仓库领取的材料的成本。本期装瓶部门的加工成本共计 8 790 美元（3 790 美元分配的制造费用和 5 000 美元的直接人工成本）。本期转入产成品账户的产品成本总计 31 980 美元。装瓶部门另有期初存货 1 860 美元。

　　a. 为以下成本编制会计分录：（1）转入材料成本；（2）加工成本；（3）转入产成品账户的成本。

　　b. 计算装瓶部门在产品账户的期末余额。

解答：

a. 1. 借：在产品——装瓶部门　　　　　　　　　　　　　　　　　　　22 800

　　　　　贷：在产品——调配部门　　　　　　　　　　　　　　　　　　　20 000

　　　　　　　材料　　　　　　　　　　　　　　　　　　　　　　　　　　2 800

　　2. 借：在产品——装瓶部门　　　　　　　　　　　　　　　　　　　　8 790

　　　　　贷：制造费用——装瓶部门　　　　　　　　　　　　　　　　　　3 790

　　　　　　　应付职工薪酬　　　　　　　　　　　　　　　　　　　　　　5 000

　　3. 借：产成品　　　　　　　　　　　　　　　　　　　　　　　　　31 980

　　　　　贷：在产品——装瓶部门　　　　　　　　　　　　　　　　　　31 980

b. 1 470 美元（1 860+22 800+8 790−31 980）。

20.4　生产成本报告在决策中的应用

管理层经常使用生产成本报告进行经营决策，控制和改善企业的日常活动。本节使用冰喜公司和荷兰饮料公司的生产成本报告来举例说明。最后，讨论产出率的计算和应用。

不同期间的约当单位成本

配制部门的生产成本报告如图表 20-8 所示。6 月份的约当单位成本可以根据期初未完工存货确定。冰喜公司的 6 225 美元期初未完工存货包含以下成本：

直接材料成本，5 000 加仑	$5 000
加工成本，5 000 加仑，完工 70%	1 225
期初未完工存货总计	$6 225

使用上述数据可以确定 6 月份直接材料和加工成本的约当单位成本：

$$直接材料约当单位成本 = \frac{本期发生的直接材料成本总计}{直接材料约当产量总计} = \frac{5\ 000}{5\ 000} = 1.00（美元／加仑）$$

$$加工成本约当单位成本 = \frac{本期发生的加工成本总计}{加工成本约当产量总计} = \frac{1\ 225}{5\ 000 \times 70\%} = 0.35（美元／加仑）$$

7 月份，直接材料约当单位成本每加仑增加了 0.10 美元，而加工成本约当单位成本每加仑减少了 0.05 美元，如下所示：

	7 月	6 月	增加（减少）
直接材料约当单位成本	$ 1.10	$ 1.00	$ 0.10
加工成本约当单位成本	0.30	0.35	（0.05）

冰喜公司管理层可以将上述分析作为调查直接材料约当单位成本上升而加工成本约当单位成本下降的依据。

成本类别分析

生产成本报告还可以列示除直接材料和加工成本以外的其他成本分类。更详细的数据可以帮助管理层找出问题所在，寻求解决问题的机会。

例如，荷兰饮料公司调配部门编制了 4 月份和 5 月份的生产成本报告。为简化起见，假定调配部门在先前的几个月内都没有期初和期末未完工存货。换言之，各月份投入生产的产品都在当月完工。调配部门 4 月份和 5 月份的生产成本报告列示了多项成本类别，如下所示：

	A	B	C
1	生产成本报告		
2	荷兰饮料公司——调配部门		
3	截至 4 月 30 日的月份和 5 月 31 日的月份		
4		4 月	5 月
5	直接材料	$ 20 000	$ 40 600
6	直接人工	15 000	29 400
7	能源	8 000	20 000
8	维修	4 000	8 000
9	洗桶	3 000	8 000
10	成本总计	$ 50 000	$ 106 000
11	产成品数量	÷100 000	÷200 000
12	单位成本	$ 0.50	$ 0.53
13			

数据显示产品单位成本从 4 月份的 0.50 美元增加至 5 月份的 0.53 美元，或者说产品单位成本在 5 月份增长了 6%。为确定该增长可能的原因，用各项成本除以产成品数量将生产成本报告重新表示为单位项目成本形式，列示如下：

	A	B	C	D
1	调配部门			
2	单位费用比较			
3		4 月	5 月	百分比变化
4	直接材料	$ 0.200	$ 0.203	1.50 %
5	直接人工	0.150	0.147	−2.00 %

6	能源	0.080	0.100	25.00 %
7	维修	0.040	0.040	0.00 %
8	洗桶	<u>0.030</u>	<u>0.040</u>	33.33 %
9	成本总计	<u>$ 0.500</u>	<u>$ 0.530</u>	6.00 %

相比 4 月份，单位能源耗费和洗桶费用都在 5 月份显著增长，应当对这些增长做进一步调查。例如，能源耗费的增长可能是因为机器的燃油效率低，这可能导致管理层要求对机器进行维修。洗桶费用也可以通过类似的方式进行调查。

产出率

除单位成本以外，流程生产商的管理层还可能关注产出率。**产出率**（yield）的计算如下所示：

$$产出率 = \frac{产出材料数量}{投入材料数量}$$

例如，假定 1 000 磅糖被转入包装部门，其中只有 980 磅糖被包装，则产出率为 98%，计算如下：

$$产出率 = \frac{产出材料数量}{投入材料数量} = \frac{980}{1\ 000} = 98\%$$

因此，2%（100%−98%）或 20 磅的糖在包装过程中被遗失或者洒出。管理层可以调查产出率在各个会计期间的显著变化或者与行业标准的显著差异。

例 20-8　分步成本计算法在决策中的应用

岩泉饮料公司装瓶部门 3 月份和 4 月份在生产过程中耗费的能源成本分别是 4 200 美元和 3 700 美元。3 月份和 4 月份的约当产量分别是 70 000 升和 74 000 升。评估公司两个月能源成本的变化。

解答：

3 月份每升能源成本 = 4 200/70 000 = 0.06（美元）

4 月份每升能源成本 = 3 700/74 000 = 0.05（美元）

从 3 月份到 4 月份，能源成本每升降低了 1 美分。

20.5　精益生产

很多制造商的目标都是生产高质量、低成本并可即时获取的产品。为实现这个目标，很多制造商采用精益生产。**精益生产**（lean manufacturing）是指生产高质量、低成本、快速响应需求和即时可用的产品。精益生产通过重组传统生产流程提高生产的效率和灵活性。

传统生产流程

家具的传统生产流程如图表 20-10 所示。产品（椅子）经过七个生产步骤。在每个生产步骤，员工被指派完成一项特定的工作任务，随着在产品从上个生产部门的转入而不断重复操作。随着各项职能或者步骤的完工，产品从一道工序转入另一道工序。

图表 20-10　传统生产流程

家具制造商

对于图表 20-10 中的家具制造商而言，产品（椅子）共经过以下几个流程：

（1）切割部门，按设计说明书切割原木；

（2）钻孔部门，按设计说明书钻孔；

（3）抛光部门，给木材抛光；

（4）着色部门，给木材着色；

（5）上漆部门，给木材上漆以及添加其他保护涂层；

（6）装饰部门，加入纤维和其他材料；

（7）组装部门，组装产品（椅子）。

在传统生产流程中，主管会将材料加入生产流程以维持整个生产部门（流程）的运行。然而，有些部门处理材料的速度可能要快于其他部门。此外，如果一个部门因机器故障而停工，为减少闲置时间，上游生产部门还是会继续生产。这种情况会导致一些部门堆积大量的未完工存货。

精益生产流程

在精益生产流程中，工作职能并入工作中心，有时也叫作**制造中心**（manufacturing cell）。例如，图表 20-10 中的七个生产部门可能被重组为以下三个工作中心：

（1）工作中心 1，执行切割、钻孔和抛光职能；

（2）工作中心 2，执行着色和上漆职能；

（3）工作中心 3，执行装饰和组装职能。

上述精益生产流程如图表 20-11 所示。

图表 20-11　精益生产流程

家具制造商

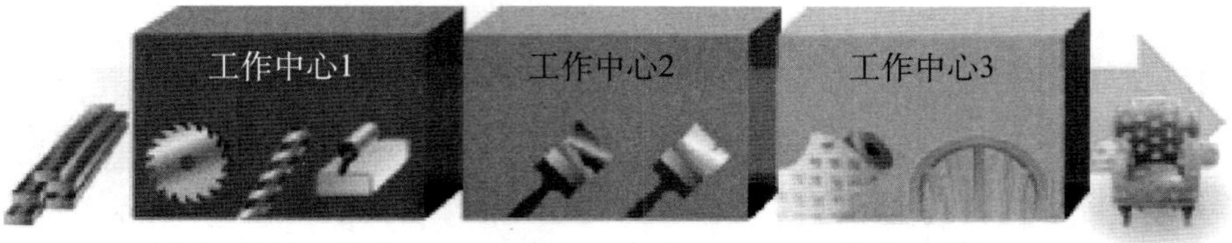

在传统生产流程中，一名员工通常只执行一项工作。然而，在精益生产流程中，工作中心同时完成多项职能。因此，员工通常需要经过全面培训才能执行多项职能。调查显示，执行多项职能的员工随着生产的推进更显优势。这增强了员工对产品的责任心，同时提升了生产效率和产品质量。

支持生产流程的业务活动叫作服务活动。例如，生产设备的修理和维护就属于服务活动。在精益生产流程中，服务活动被分配至每个独立的工作中心，而不是集中的服务部门。例如，每个工作中心都被要求维修自己中心的设备。这为员工更好地了解生产流程和机器设备创造了良好的环境。反过来，员工又可以更好地维护设备，减少维修成本和机器停产时间，提高产品质量。

在精益生产流程中，产品一般被放置在工作中心可移动的载体上。当上一个工作中心的员工完成对产品的任务以后，整个载体随同额外的材料被及时转移至下一个工作中心。从这个层面来说，产品处于被各个部门不断拉动的状态。各个工作中心通过看板上的信息与其他工作中心相联系。

总的来说，精益生产的目标是通过减少浪费和简化生产流程提高运营效率。同时，精益生产还强调不断完善生产流程，提高产品质量。

附录：平均成本法

由于产品成本在制造过程中流动，所以需要一个成本流动假设。在本章中，冰喜公司配制部门使用了先进先出的成本流动法。本附录将介绍 S&W 公司（一家冰激凌公司）的平均成本法。

使用平均成本法计算成本

S&W 公司的业务活动与冰喜公司类似。S&W 公司也在冰镇的大桶中搅拌牛奶、奶油和糖等材料，也有两个生产部门——配制部门和包装部门。

7 月份配制部门的生产数据如下所示：

期初未完工存货，7 月 1 日，5 000 加仑（完工 70%）	$ 6 200
7 月份发生的直接材料成本，60 000 加仑	66 000
7 月份发生的直接人工成本	10 500
7 月份分配的制造费用	6 405
记录的生产成本总额	$ 89 105

7 月份转入包装部门的产品成本（包括 7 月 1 日的未完工存货），62 000 加仑	?
期末未完工存货，7 月 31 日，3 000 加仑，加工成本完工 25%	?

使用平均成本法，将 89 105 美元的总生产成本分配给以下两类产品：

（1）62 000 加仑在本期完工并转入包装部门的产品；

（2）3 000 加仑期末（7 月 31 日）在产品。

上述成本项目列示了两个问号。这些金额根据下列四个步骤编制的生产成本报告确定。

步骤 1：确定成本计算单位；

步骤 2：计算约当产量；

步骤 3：计算约当单位成本；

步骤 4：将成本在产成品和在产品之间分配。

在平均成本法下，所有的成本（包括材料成本和加工成本）被合并在一起确定约当产量和约当单位成本。

步骤 1：确定成本计算单位

第一步是确定成本计算单位。单位可以是任何产成品的计量指标，例如，吨、加仑、磅、桶或者箱。对于 S&W 公司，一单位指的是一加仑的冰激凌。

S&W 公司配制部门 7 月份记录了 65 000 加仑的直接材料，如下所示：

生产记录的总产量：	
期初未完工存货，7 月 1 日	5 000 加仑
从仓库取得的材料	60 000
包装部门记录的总产量	65 000 加仑 ◀

本期共有两组产品需要分配成本。

组 1：完工并转出的存货；

组 2：期末（7 月 31 日）未完工存货。

7 月份，配制部门将 62 000 加仑产品完工并转入包装部门。在 7 月份开始投入生产的 60 000 加仑产品中，有 57 000 加仑（60 000–3 000）在本期完工并转入包装部门。因此，期末未完工存货的数量是 3 000 加仑。

S&W 公司应当分配成本的总产量汇总如下：

组 1：7 月份完工并转入包装部门的产品	62 000 加仑
组 2：期末未完工存货，7 月 31 日	3 000
应当分配成本的总产量	65 000 加仑 ◀

应当分配成本的总产量（65 000 加仑）与记录的总产量（65 000 加仑）一致。

步骤 2：计算约当产量

S&W 公司配制部门 7 月 31 日有未完工存货 3 000 加仑。因为这些产品只完工 25%，所以配制部门 7 月 31 日的约当产量是 750 加仑（3 000×25%）。因为转入包装部门的所有产品都已经完工，所以转出的约当产量与总产量一致，都是 62 000 加仑。

配制部门的总约当产量是将期末未完工存货的约当产量和本期完工并转出的约当产量相加而得，如下所示：

7 月份完工并转入包装部门的约当产量	62 000 加仑
期末未完工存货约当产量，7 月 31 日	750
总约当产量	62 750 加仑

步骤 3：计算约当单位成本

在平均成本法下，直接材料成本和加工成本被合并考虑，所以约当单位成本是总生产成本除以总约当产量：

$$\text{约当单位成本} = \frac{\text{总生产成本}}{\text{总约当产量}} = \frac{89\ 105}{62\ 750} = 1.42（美元）$$

上述约当单位成本将用于步骤 4 中在产成品和在产品之间分配直接材料成本和加工成本。

步骤 4：将成本在产成品和在产品之间分配

产成品和在产品的成本是根据约当单位成本乘以相应的约当产量来确定的。对于配制部门，这些成本的计算如下所示：

组 1：转入包装部门的产品（62 000 × $ 1.42）	$ 88 040
组 2：期末未完工存货，7 月 31 日（3 000 × 25% × $ 1.42）	1 065
分配的总产品成本	$ 89 105

编制生产成本报告

S&W 公司配制部门 7 月份的生产成本报告如图表 20-12 所示。

该生产成本报告汇总了以下信息：

（1）部门记录的产品数量以及这些产品的状况；

（2）部门内发生的产品成本以及这些成本在产成品和在产品之间的分配。

图表 20-12　S&W 公司配制部门的生产成本报告——平均成本法

	A	B	C	
1	S&W 公司			
2	生产成本报告——配制部门			
3	截至 7 月 31 日的月份			
4	**产量**			步骤 1
5		总产量	约当产量	步骤 2
6				
7	生产记录的产量：			
8	期初未完工存货，7 月 1 日	5 000		
9	从仓库取得的材料	60 000		
10	配制部门记录的总产量	65 000		
11				
12	应当分配成本的产量：			
13	7 月份完工并转入包装部门的产品	62 000	62 000	
14	期末未完工存货，7 月 31 日（完工 25%）	3 000	750	
15	应当分配成本的总产量	65 000	62 750	
16				
17	**成本**		成本	
18				

	19	约当单位成本：	
	20	7 月份配制部门的总生产成本	$ 89 105
	21	总约当产量（依据步骤 2 的结果）	÷62 750
	22	约当单位成本	$ 1.42
步骤 3	23		
	24	分配给产品的成本：	
	25	期初未完工存货，7 月 1 日	$ 6 200
	26	7 月份发生的直接材料、直接人工和制造费用	82 905
	27	配制部门记录的总成本	$ 89 105
	28		
	29		
	30	在完工产品和未完工产品之间分配成本：	
	31	7 月份转入包装部门的产品（62 000 × $ 1.42）	$ 88 040
步骤 4	32	期末未完工存货，7 月 31 日（3 000 × 25% × $ 1.42）	1 065
	33	配制部门分配的总成本	$ 89 105
	34		

练习题

EX 20-1 分步成本计算法下材料成本流动的会计分录

好时公司生产制造巧克力糖果。三类主要的材料是可可粉、糖和乳粉。这些材料最先投入配制部门。配制后的产品被送入定型部门生产巧克力。这些巧克力随后转入包装部门进行包裹并装盒。包装后的巧克力被运往配送中心，最终出售给食品经销商和零售商。

对于下列企业业务，列示出借方账户和贷方账户：

a. 配制部门使用材料。

b. 配制后的产品转入定型部门。

c. 巧克力转入包装部门。

d. 包装后的巧克力转入配送中心。

e. 出售包装后的巧克力。

EX 20-3 分步成本计算法下生产成本流动的分录

多米诺食品公司通过三个生产部门（精炼、筛选和包装）的连续生产过程来生产糖果。假设第一个生产部门——精炼部门的直接材料、直接人工和分配的制造费用分别是 400 000 美元、150 000 美元和 100 000 美元。此外，精炼部门期初在产品总额为 40 000 美元，期末在产品总额为 35 000 美元。

请编写下列活动的相关分录：

a. 直接材料、直接人工和制造费用流入精炼部门。

b. 生产成本转移至第二个生产部门——筛选部门。

EX 20-5 约当产量

软触毛巾和纸巾制造公司的加工部门期初有 1 200 单位在产品，完工 25%。在当期有 16 000 单位的产品完工并转入包装部门。公司期末有 2 000 单位在产品，完工 40%。直接材料在生产之初投入制造流程。计算直接材料和加工成本的约当产量。

EX 20-7 约当产量

以下是煅烧部门 3 月份的生产情况。所有直接材料在生产之初投入制造流程。

账户：在产品——煅烧部门				账户编号	
日期	项目	借方金额	贷方金额	余额	
				借方	贷方
3 月 1 日	期初余额，18 000 单位，完工 1/4			14 760	
31 日	直接材料，336 000 单位	252 000		266 760	
31 日	直接人工	40 000		306 760	
31 日	制造费用	60 530		367 290	
31 日	产成品，330 000 单位		346 410	20 880	
31 日	期末余额，? 单位，完工 2/5			20 880	

a. 计算 3 月底未完工的产品数量。

b. 计算 3 月份直接材料和加工成本的约当产量。

EX 20-9 约当产量

家乐氏公司生产谷物类食品，如麦片。假定包装部门 3 月 1 日的未完工存货包括包装机器料斗中的 1 200 磅谷物（足够装入 800 个 24 盎司盒）以及包装机器圆盘传送带上的 800 个 24 盎司空盒。3 月份，共有 65 400 个 24 盎司盒谷物包装完毕。加工成本在将谷物装入包装盒时发生。3 月 31 日，料斗中含有 900 磅谷物，圆盘传送带上有 600 个 24 盎司空盒。假设一旦包装盒被装入谷物，就立即转送产成品仓库。

计算 3 月份谷物、包装盒和加工成本的约当产量。谷物的约当产量以磅为单位，包装盒和加工成本以盒（24 盎司盒）为单位。

EX 20-11 约当产量和相关成本

本期组装部门在产品账户记录的成本以及其他与产品相关的信息如下所示。所有直接材料在生产之初投入制造流程。

在产品——组装部门			
期初余额，1 600 单位，完工 35%	17 440	转入产成品，29 600 单位	?
直接材料，29 000 单位 × $9.50	275 500		
直接人工	84 600		
制造费用	39 258		
期末余额，? 单位，完工 45%	?		

计算下列各项数额：

a. 期末未完工存货数量；

b. 直接材料和加工成本的约当产量；

c. 直接材料和加工成本的约当单位成本；

d. 本期投入生产并完工的产品的成本。

EX 20-13 约当产量计算中的错误

耐普克炼油公司加工汽油。当年 6 月 1 日，调配部门有完工 3/5 的产品 6 400 单位。6 月份，55 000 单位产品从炼制部门转入调配部门。此外，月初在产品在本月完工。转入的 55 000 单位产品中，除了 5 200 单位产品完工 1/5 以外，其余都在当月完工。6 月份调配部门加工成本的约当产量计算如下：

6 月份约当产量：	
期初未完工存货，6 月 1 日：6 400 × 3/5	3 840
6 月份投入生产并完工的产品：55 000 − 6 400	48 600
期末未完工存货，6 月 30 日：5 200 × 1/5	1 040
总约当产量	53 480

列举出调配部门 6 月份加工成本约当产量计算过程中的错误。

EX 20-17 生产成本报告

卡拉奇地毯公司的裁剪部门提供了以下 1 月份的数据。假设所有材料都在生产之初投入制造流程。

期初未完工存货，1 月 1 日，1 400 单位，完工 75%		$ 22 960*
*直接材料（1 400 × $ 12.65）	$ 17 710	
加工成本（1 400 × 75% × $ 5.00）	5 250	
	$ 22 960	
1 月份织造部投入材料 58 000 单位		$ 742 400
1 月份直接人工		134 550
1 月份制造费用		151 611
1 月份产成品（包括 1 月 1 日未完工存货），56 200 单位		—
期末未完工存货，1 月 31 日，3 200 单位，完工 30%		—

a. 编制裁剪部门的生产成本报告。

b. 计算和评估上个月（12 月份）直接材料和加工成本的约当单位成本。

EX 20-19 生产成本和会计分录

灯塔纸业公司主要生产新闻纸。该产品的生产涉及造纸和加工两个部门。在造纸流程，首先将纸浆放入容器中。以下是造纸部门 3 月份的相关生产信息：

账户：在产品——造纸部门				账户编号	
日期	项目	借方 金额	贷方 金额	余额	
				借方	贷方
3 月 1 日	期初余额，2 600 单位，完工 35%			9 139	
31 日	直接材料，105 000 单位	330 750		339 889	
31 日	直接人工	40 560		380 449	
31 日	制造费用	54 795		435 244	
31 日	产品转移，103 900 单位		?	?	
31 日	期末余额，3 700 单位，完工 80%			?	

a. 编制造纸部门 3 月份以下活动的会计分录：

（1）投入生产的材料；

（2）生产的加工成本；

（3）完成生产转移至加工部门。

b. 计算在产品——造纸部门账户 3 月 31 日的余额。

综合题

PR 20-1A　分步成本计算法下的相关分录

波特奥蒙德地毯公司主要生产地毯。纺纱部门将纤维加工成纱线，之后再将其转移至栽绒部门添加地毯的背衬，从而完成整个工序。1 月 1 日，公司的存货信息如下：

产成品	$ 62 000
在产品——纺织部门	35 000
在产品——栽绒部门	28 500
材料	17 000

部门账户主要包括制造费用，两个部门在 1 月 1 日的制造费用账户余额均为 0。1 月份的制造业务总结如下：

a. 赊购材料	$ 500 000
b. 申请使用的材料：	
纤维——纺织部门	$ 275 000
地毯背衬——栽绒部门	110 000
间接材料——纺织部门	46 000
间接材料——栽绒部门	39 500
c. 人工成本：	
直接人工——纺织部门	$ 185 000
直接人工——栽绒部门	98 000
间接人工——纺织部门	18 500

间接人工——裁绒部门	9 000

d. 固定资产折旧费用：

纺织部门	$ 12 500
裁绒部门	8 500

e. 到期的预付工厂保险费用：

纺织部门	$ 2 000
裁绒部门	1 000

f. 分配的工厂制造费用：

纺织部门	$ 80 000
裁绒部门	55 000
g. 生产成本从纺织部门转移至裁绒部门	$ 547 000
h. 生产成本从裁绒部门转移至产成品	$ 807 200
i. 当期商品销售成本	$ 795 200

要求：

1. 编制上述业务的会计分录，以字母标识每个业务的分录。
2. 计算 1 月 31 日存货账户的余额。
3. 计算 1 月 31 日制造费用账户的余额。

案例分析题

CP 20-1　道德行为

假设你是 M 阿姨饼干公司的部门主管。公司新推出了一种巧克力饼干，叫薯片满满。这款产品在市场上很受欢迎，因此，负责推出这种饼干的产品经理被提升为部门副总裁，并成为你的上司。一位新的产品经理毕肖普上任接替被提升的经理。毕肖普注意到薯片满满饼干使用了大量的薯片，这增加了饼干的成本。因此，毕肖普下令将饼干中使用的薯片量减少 10%。他认为薯片量减少 10% 不会对销售产生不利影响，还能降低成本，从而提高利润率。利润率的提高将有助于毕肖普实现第二季度的利润目标。你正在查看一些按饼干生产线划分的生产成本报告，注意到薯片满满的材料成本有所下降。通过进一步调查，你发现薯片成本下降了（使用更少的薯片）。你和毕肖普都向部门副总裁汇报工作，他是薯片满满最初的产品经理。如果可以，你想努力做些事情。

讨论你可能会考虑的选择。

第21章

本量利分析

对福特汽车公司这样的美国汽车制造商来说，盈利并不容易。因为材料、人工、设备和广告的成本会使汽车和卡车的生产成本非常高。

福特汽车公司需要生产和销售多少辆车才能实现收支平衡？答案取决于福特汽车公司的销售收入和成本之间的关系。福特汽车公司的一些成本，如直接人工和材料与制造的车辆数量成正比。其他成本，如制造设备的成本是固定的，不会因生产的车辆数量而变化。当福特汽车公司产生足够的销售收入来覆盖其固定成本和变动成本时，才能实现收支平衡。

在 2009 年经济衰退最严重的时期，福特汽车公司与员工重新签订了劳动合同。新签订的劳动合同降低了制造每辆车所需的直接人工成本，从而使公司实现收支平衡所需销售的车辆数量减少了 45%。

与福特汽车公司一样，了解成本性态以及成本、利润、数量之间的关系对所有企业都至关重要。本章讨论如何根据成本性态对成本进行分类，并说明如何计算公司实现收支平衡所需出售的商品数量，同时还介绍了管理层可以用来评估成本从而做出合理决策的技巧。

资料来源：J. Booton, "Moody's Upgrades Ford's Credit Rating, Returns Blue Oval Trademark," *Fox Business*, May 22, 2012.

学习目标

1. 将成本归类为变动成本、固定成本和混合成本。
2. 计算边际收益、边际收益率和单位边际收益。
3. 计算盈亏平衡点，以及实现目标利润所需的销售收入。
4. 使用本量利图和利量图计算盈亏平衡点以及实现目标利润所需的销售收入。
5. 计算销售多种产品的公司的盈亏平衡点、经营杠杆和安全边际。

21.1 成本性态

成本性态（cost behavior）指的是成本随相关活动的变化而变化的方式。成本性态对于管理层而言十分重要。例如，了解成本性态可以帮助管理层在销售收入和产量变化时预测利润；还能帮助管理层评估成本，从而影响一系列决策，如是否需要更换设备。

了解成本性态需要：

（1）识别引起成本变动的活动。这些活动称为**作业基础**（activity bases）或者作业动因。

（2）判断相关成本变动的作业范围。该作业范围称为**相关范围**（relevant range）。

例如，假设一家医院正在考虑计划和控制病人的食品成本，那么住院的病人数量就是很好的作业基础。所有的病人数量则不是一个好的作业基础，这是因为有些病人是不住院的门诊病人，不需要消费食品。一旦确认作业基础，就可以在住院病人的数量范围（相关范围）内分析食品成本。

成本通常可以分类为变动成本、固定成本和混合成本。

变动成本

变动成本（variable cost）是指与作业基础成比例变动的成本。当作业基础是产品数量时，直接材料和直接人工通常都被认作变动成本。

例如，杰森音响公司生产立体音响系统。立体音响的部件以每单位 10 美元的价格从供应商处购得，再由杰森音响公司组装。对于型号为 JS-12 的立体音响，产量在 5 000～30 000 台范围内的直接材料成本如下所示：

JS-12 型号的立体音响产量	直接材料单位成本	直接材料总成本
5 000 台	$10	$50 000
10 000	10	100 000
15 000	10	150 000
20 000	10	200 000
25 000	10	250 000
30 000	10	300 000

如上所示，变动成本有以下几个特征：

（1）无论作业基础如何变化，单位成本始终不变。对于杰森音响公司，作业基础是产量。JS-12 型号的立体音响的单位成本始终是 10 美元。

（2）总成本与作业基础成比例变动。对于 JS-12 型号的立体音响，10 000 台的直接材料成本是 5 000 台直接材料成本的两倍。

图表 21-1 列示了作为变动成本，立体音响直接材料总成本和单位成本随产量变化的情况。

各类企业的变动成本和相关作业基础举例如图表 21-2 所示。

图表 21-1　变动成本图

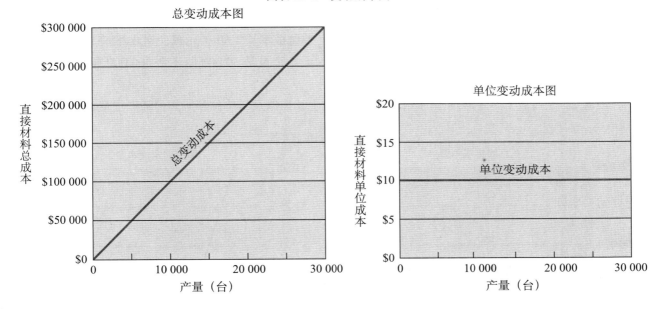

图表 21-2　变动成本和作业基础举例

企业类型	成本	作业基础
大学	教师薪酬	课时
航空公司	燃油	飞行里程
制造企业	直接材料	产量
医院	护士工资	病人数量
酒店	服务人员工资	顾客数量
银行	柜员工资	银行交易数量

固定成本

固定成本（fixed cost）指的是当作业基础发生变化时仍然保持不变的成本。当作业基础是产量时，许多制造费用，如直线折旧费用可看作固定成本。

例如，明顿公司生产、灌装并分销香水。生产主管简·索维西每年的薪酬是 75 000 美元。在 50 000～300 000 瓶香水的相关范围内，固定成本 75 000 美元不随产量的变化而变化。因此，每瓶香水分摊的固定成本随着产量的增加而减少。这是因为固定成本在一大批产品中分配，如下所示：

生产的香水数量	简·索维西的总薪酬	每瓶香水分摊的薪酬
50 000 瓶	$ 75 000	$ 1.500
100 000	75 000	0.750
150 000	75 000	0.500
200 000	75 000	0.375
250 000	75 000	0.300
300 000	75 000	0.250

如上所示，固定成本有以下特征：

（1）单位成本随着作业水平的上升而减少，随着作业水平的降低而增加。对于简·索维西的薪酬，当香水的产量从 50 000 瓶上升到 300 000 瓶时，单位成本从 1.50 美元减少到 0.25 美元。

（2）无论作业基础如何变化，总成本保持不变。无论产量是 50 000 瓶还是 300 000 瓶，简·索维西的薪酬 75 000 美元保持不变。

图表 21-3 列示了简·索维西的薪酬（固定成本）总额以及每单位薪酬如何随产量变化。

图表 21-3　固定成本图

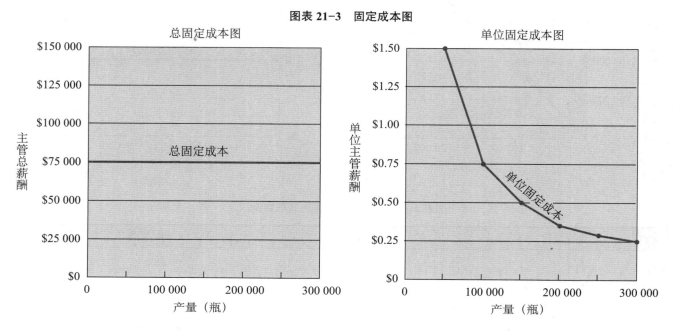

各类企业的固定成本和相关作业基础举例如图表 21-4 所示。

图表 21-4　固定成本与作业基础举例

企业类型	成本	作业基础
大学	建筑物折旧（直线法）	学生人数
航空公司	飞机折旧（直线法）	飞行里程
制造企业	工厂经理薪酬	产量
医院	财产保险费用	病人数量
酒店	财产税	顾客数量
银行	分行经理薪酬	客户账户的数量

混合成本

混合成本（mixed cost）兼有固定成本和变动成本的特征。混合成本有时也叫半变动成本或者半固定成本。

例如，辛普森公司用租赁的机器设备制造帆船。租赁费用如下所示：

租赁费用＝15 000 美元 / 年＋1.00 美元 / 小时（超过 10 000 小时的额外时间）

在 8 000～40 000 小时相关范围内的租赁费用如下所示：

使用的时间	租赁费用
8 000 小时	$ 15 000
12 000	$ 17 000（$ 15 000+[（12 000−10 000）× $ 1]）
20 000	$ 25 000（$ 15 000+[（20 000−10 000）× $ 1]）
40 000	$ 45 000（$ 15 000+[（40 000−10 000）× $ 1]）

图表 21-5 列示了上述混合成本的性态。

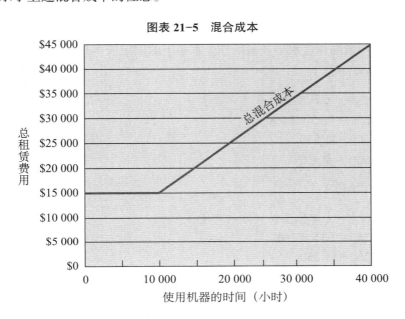

图表 21-5 混合成本

为了便于分析，混合成本经常分为固定部分和变动部分。**高低点法**（high-low method）就是可用于该目的的一种成本评估方法。高低点法用最高和最低作业水平及相应的成本评估单位变动成本和固定成本。

例如，凯森公司维修部门在过去的五个月发生了下列成本：

	产量	总成本
6 月	1 000 单位	$ 45 550
7 月	1 500	52 000
8 月	2 100	61 500
9 月	1 800	57 500
10 月	750	41 250

产量是作业基础，相关范围是 6 月份至 10 月份的产量变动区间。最高和最低作业水平及其成本的差异如下所示：

	产量	总成本
最高水平	2 100 单位	$ 61 500
最低水平	750	41 250
差异	1 350 单位	$ 20 250

总固定成本不随产量而变动。因此，总成本 20 250 美元的差异是总变动成本引起的。将 20 250 美元的总成本差异除以产量的差异就是单位变动成本的估计值。对于凯森公司，该估计值是 15 美元，计算如下：

$$单位变动成本 = \frac{总成本的差异}{产量的差异} = \frac{20\ 250}{1\ 350} = 15（美元）$$

如下所示，固定成本通过从总成本中减去总变动成本而得。

$$固定成本 = 总成本 - （单位变动成本 \times 产量）$$

如下所示，凯森公司最高作业水平和最低作业水平下的固定成本是一致的。

最高作业水平（2 100 单位）：

$$
\begin{aligned}
固定成本 &= 总成本 - （单位变动成本 \times 产量） \\
&= 61\ 500 - （15 \times 2\ 100） \\
&= 61\ 500 - 31\ 500 \\
&= 30\ 000（美元）
\end{aligned}
$$

最低作业水平（750 单位）：

$$
\begin{aligned}
固定成本 &= 总成本 - （单位变动成本 \times 产量） \\
&= 41\ 250 - （15 \times 750） \\
&= 41\ 250 - 11\ 250 \\
&= 30\ 000（美元）
\end{aligned}
$$

使用单位变动成本和固定成本，可以确定不同产量下凯森公司的设备维修费用：

$$
\begin{aligned}
总成本 &= （单位变动成本 \times 产量）+ 固定成本 \\
&= （15 \times 产量）+ 30\ 000
\end{aligned}
$$

例如，产量为 2 000 单位时的估计总成本为 60 000 美元，计算如下：

$$
\begin{aligned}
总成本 &= （15 \times 产量）+ 30\ 000 \\
&= （15 \times 2\ 000）+ 30\ 000 \\
&= 60\ 000（美元）
\end{aligned}
$$

例 21-1　高低点法

亚历克斯工业公司本年度前三个月的制造费用如下所示：

	总成本	产量
1 月	$ 80 000	1 000 单位
2 月	125 000	2 500
3 月	100 000	1 800

使用高低点法，计算（a）单位变动成本和（b）总固定成本。

解答：

a. 单位变动成本 =（125 000 - 80 000）/（2 500 - 1 000）= 30（美元）

b.　总固定成本 = 125 000 -（30 × 2 500）

$$= 50\ 000（美元）$$

或者

$$= 80\ 000 -（30 × 1\ 000）$$

$$= 50\ 000（美元）$$

成本性态概念总结

变动成本和固定成本的成本性态汇总如图表 21-6 所示。

图表 21-6　变动成本和固定成本性态

成本	作业水平变动的影响	
	总金额	单位金额
变动	与作业水平成比例增加或减少	不随作业水平的变动而变动
固定	不随作业水平的变动而变动	与作业水平反向增加或减少

混合成本包含即使不生产也仍然存在的固定成本部分。为便于分析，通常使用高低点法将混合成本中的固定部分和变动部分分开。

将产量作为作业基础的变动成本，固定成本和混合成本举例如图表 21-7 所示。

图表 21-7　变动成本、固定成本和混合成本举例

变动成本	固定成本	混合成本
直接材料	直线折旧费用	质量控制部门薪酬
直接人工	财产税	采购部门薪酬
电力耗费	生产主管薪酬	维修费用
物资	保险费用	仓储费用

报告变动成本和固定成本的其中一种方法叫作**变动成本法**（variable costing），也称直接成本法。在变动成本法下，只有变动成本（直接材料成本、直接人工成本和变动制造费用）包含在产品成本中。固定制造费用作为当期的期间费用。变动成本法将在本章的附录中具体讲解。

21.2　本量利关系

本量利分析（cost-volume-profit analysis）是对销售价格、销售收入、产量、成本、费用和利润等相互关系的检测。本量利分析有助于管理层的经营决策。它有以下用途：

（1）分析销售价格变化对利润的影响；

（2）分析成本变化对利润的影响；

（3）分析产量变化对利润的影响；

（4）设定销售价格；

（5）选择出售的产品组合；

（6）选择营销战略。

边际收益

边际收益可以显示公司的潜在获利能力，因此对管理层的决策十分有用。**边际收益**（contribution margin）是销售收入超过变动成本的部分，计算如下：

边际收益＝销售收入－变动成本

例如，朗伯公司的数据如下所示：

销售数量	50 000 单位
单位销售价格	$ 20
单位变动成本	$ 12
固定成本	$ 300 000

图表 21–8 是以边际收益的形式列示的朗伯公司利润表。

图表 21–8　边际收益利润表

销售收入（50 000 × $ 20）	$ 1 000 000
变动成本（50 000 × $ 12）	600 000
边际收益（50 000 × $ 8）	$ 400 000
固定成本	300 000
营业利润	$ 100 000

朗伯公司 400 000 美元的边际收益足以覆盖 300 000 美元的固定成本。一旦固定成本得到覆盖，额外的边际收益就能够增加营业利润。

边际收益率

边际收益也可以用百分数的形式表示。**边际收益率**（contribution margin ratio）有时也称利润产量比，指的是销售收入中可用于覆盖固定成本和增加营业利润的比例。边际收益率的计算如下所示：

$$边际收益率 = \frac{边际收益}{销售收入}$$

朗伯公司的边际收益率是 40%，计算如下：

$$边际收益率 = \frac{400\ 000}{1\ 000\ 000} = 40\%$$

边际收益率在销售收入的增减变动以金额表示时尤其有用。在这种情况下，销售收入的变动金额乘以边际收益率就是营业利润的变动金额，如下所示。

营业利润的变动金额＝销售收入的变动金额×边际收益率

例如，如果朗伯公司通过额外销售 4 000 单位产品增加 80 000 美元销售收入，那么营业利润就会增加 32 000 美元，计算如下所示：

$$营业利润的变化金额=销售收入的变化金额×边际收益率$$
$$=80\,000×40\%=32\,000（美元）$$

以上分析可以通过朗伯公司的边际收益利润表得采证。

销售收入（54 000×$20）	$1 080 000
变动成本（54 000×$12）	648 000*
边际收益（54 000×$8）	$432 000**
固定成本	300 000
营业利润	$132 000

　＊$1 080 000×60%。
　＊＊$1 080 000×40%。

　　当销售收入从 1 000 000 美元上升到 1 080 000 美元时，营业利润从 100 000 美元增加到 132 000 美元。变动成本占销售收入的比例等于 100% 减去边际收益率。因此，在上述利润表中，变动成本是销售收入的 60%（100%−40%），或者说变动成本是 648 000 美元（1 080 000×60%）。432 000 美元的总边际收益也可以直接通过销售收入乘以边际收益率得到（1 080 000×40%）。

　　在上述分析中，假定除销售数量以外的项目，如单位变动成本和销售价格等都保持不变。如果这些项目发生变化，还需要考虑这些变动的额外影响。

　　边际收益率有助于企业确定经营战略。例如，公司有较高的边际收益率而且未进行满负荷生产时，增加销售数量往往能够大幅提升营业利润。因此，公司可以考虑实施特殊的促销活动以增加销售数量。相反，边际收益率低的公司可能更关注如何降低生产成本。

单位边际收益

　　单位边际收益有助于管理层分析决策的潜在获利能力。**单位边际收益**（unit contribution margin）的计算如下所示：

$$单位边际收益=单位销售价格−单位变动成本$$

　　例如，朗伯公司产品的单位销售价格是 20 美元，单位变动成本是 12 美元，单位边际收益为 8 美元，列示如下：

$$单位边际收益=单位销售价格−单位变动成本$$
$$=20−12=8（美元）$$

　　单位边际收益在销售收入的增减变动以销售数量表示时尤其有用。在这种情况下，销售数量的变动量乘以单位边际收益就是营业利润的变动金额，如下所示。

$$营业利润的变动金额=销售数量的变动量×单位边际收益$$

　　例如，假定朗伯公司的产品销售数量从 50 000 单位增加到 65 000 单位，增加了 15 000 单位，那么营业利润将增加 120 000 美元（15 000×8），如下所示。

$$营业利润的变动金额=销售数量的变动量×单位边际收益$$
$$=15\,000×8=120\,000（美元）$$

以上分析可以通过朗伯公司的边际收益利润表来佐证。利润表显示当销售数量增加到 65 000 单位时，营业利润增加到 220 000 美元。图表 21-8 显示出售 50 000 单位产品时的营业利润为 100 000 美元。因此，额外出售的 15 000 单位产品使得营业利润增加了 120 000 美元（220 000-100 000）。

销售收入（65 000×$20）	$1 300 000
变动成本（65 000×$12）	780 000
边际收益（65 000×$8）	$520 000
固定成本	300 000
营业利润	$220 000

边际收益分析同样可以给管理层提供有用的信息。例如，如前所述，朗伯公司最多可以花费 120 000 美元用于广告宣传或者其他产品促销活动，使销售数量增加 15 000 单位，同时增加营业利润。

例 21-2　边际收益

莫里公司以每单位 12 美元的价格出售 20 000 单位产品。单位变动成本为 9 美元，固定成本为 25 000 美元。计算：（a）边际收益率；（b）单位边际收益；（c）营业利润。

解答：

a.　边际收益率＝（12-9）/12=25%
　　　　　　　＝（240 000-180 000）/240 000=25%

b.　单位边际收益=12-9=3（美元）

c.

销售收入	$240 000	（20 000×$12）
变动成本	180 000	（20 000×$9）
边际收益	60 000	[20 000×（$12-$9）]
固定成本	25 000	
营业利润	$35 000	

21.3　本量利分析的数学方法

本量利分析的数学方法是通过公式确定以下项目：
（1）实现盈亏平衡所需的销售收入；
（2）实现目标利润所需的销售收入。

盈亏平衡点

盈亏平衡点（break-even point）指的是公司的收入和费用相等的运营水平，如图表 21-9 所示。在盈亏平衡点，公司的经营活动不产生利润或损失。

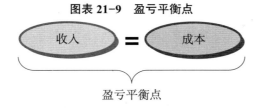

图表 21-9 盈亏平衡点

以销售数量表示的盈亏平衡点的计算如下所示：

$$盈亏平衡点（数量）= \frac{固定成本}{单位边际收益}$$

例如，贝克公司的数据如下所示：

固定成本	$ 90 000
单位销售价格	$ 25
单位变动成本	15
单位边际收益	$ 10

如下所示，盈亏平衡点是 9 000 单位。

$$盈亏平衡点（数量）= \frac{固定成本}{单位边际收益} = \frac{90\,000}{10} = 9\,000（单位）$$

下列利润表数据证实了贝克公司的盈亏平衡点是 9 000 单位。

销售收入（9 000 × $ 25）	$ 225 000
变动成本（9 000 × $ 15）	135 000
边际收益（9 000 × $ 10）	$ 90 000
固定成本	90 000
营业利润	$ 0

如上所示，盈亏平衡点是 225 000 美元（9 000 × 25）的销售收入。以销售金额表示的盈亏平衡点可以通过以下方式直接确定：

$$盈亏平衡点（金额）= \frac{固定成本}{边际收益率}$$

边际收益率可以通过单位边际收益和单位销售价格确定：

$$边际收益率 = \frac{单位边际收益}{单位销售价格}$$

贝克公司的边际收益率是 40%，如下所示：

$$边际收益率 = \frac{单位边际收益}{单位销售价格} = \frac{10}{25} = 40\%$$

因此，贝克公司以销售金额表示的盈亏平衡点为 225 000 美元，计算如下：

$$盈亏平衡点（金额）= \frac{固定成本}{边际收益率} = \frac{90\ 000}{40\%} = 225\ 000（美元）$$

盈亏平衡点受固定成本、单位变动成本和单位销售价格变动的影响。

固定成本变动的影响

固定成本不随作业水平的变动而变动。但是固定成本可能受其他因素影响而发生变动，如促销活动、财产税税率变化或者生产主管薪酬变化等。

固定成本的变动通过以下两种方式影响盈亏平衡点：

（1）固定成本的增加将提高盈亏平衡点；

（2）固定成本的减少将降低盈亏平衡点。

固定成本与盈亏平衡点的关系如图表21-10所示。

图表21-10　固定成本变动对盈亏平衡点的影响

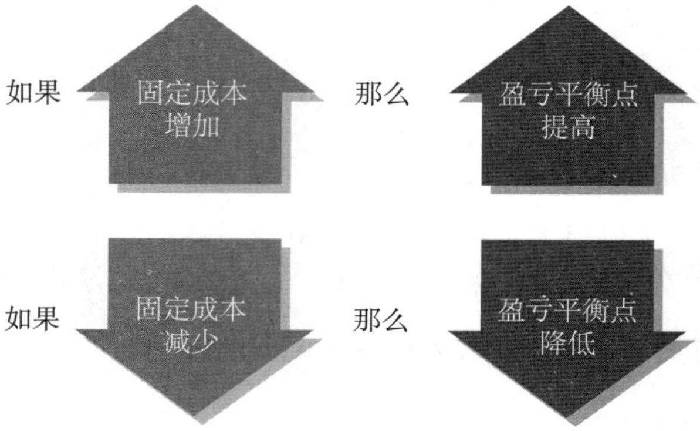

如果　固定成本增加　那么　盈亏平衡点提高

如果　固定成本减少　那么　盈亏平衡点降低

例如，比肖公司正在评估一项价值100 000美元的广告宣传提案。该公司的数据如下所示：

	当期	提案后
单位销售价格	$90	$90
单位变动成本	70	70
单位边际收益	$20	$20
固定成本	$600 000	$700 000

在增加100 000美元的广告宣传费用前，比肖公司的盈亏平衡点是30 000单位，如下所示：

$$盈亏平衡点（数量）= \frac{固定成本}{单位边际收益} = \frac{600\ 000}{20} = 30\ 000（单位）$$

在增加广告宣传费用后，比肖公司的盈亏平衡点是35 000单位，如下所示：

$$盈亏平衡点（数量）= \frac{固定成本}{单位边际收益} = \frac{700\ 000}{20} = 35\ 000（单位）$$

如上所述，增加100 000美元的广告宣传费用（固定成本）需要额外增加5 000单位（35 000－30 000）的销售数量才能实现盈亏平衡。换言之，为产生100 000美元（5 000×20）额外边际收益来覆盖增加的固定成本，至少需要增加 5 000 单位的销售数量。

单位变动成本变动的影响

单位变动成本不随作业水平的变动而变动。但是单位变动成本可能受其他因素影响而发生变动，如直接材料单位成本发生变化或者支付给销售人员的销售佣金发生变化等。

单位变动成本的变动通过以下两种方式影响盈亏平衡点：

（1）单位变动成本的增加将提高盈亏平衡点；

（2）单位变动成本的减少将降低盈亏平衡点。

单位变动成本与盈亏平衡点的关系如图表 21-11 所示。

图表 21-11　单位变动成本变动对盈亏平衡点的影响

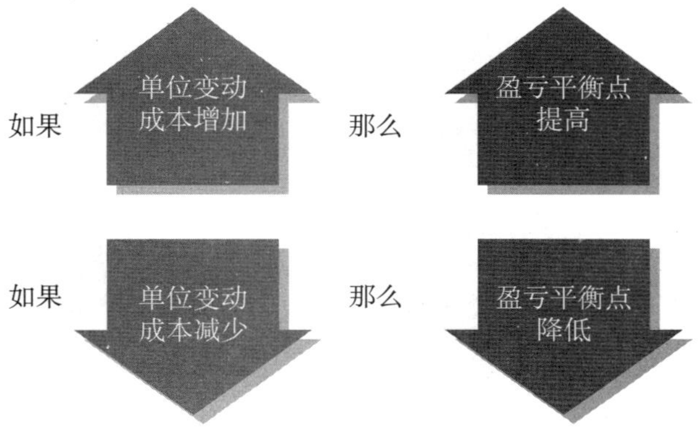

如果　单位变动成本增加　那么　盈亏平衡点提高

如果　单位变动成本减少　那么　盈亏平衡点降低

例如，帕克公司正在评估将支付给销售人员的销售佣金提高 2% 作为鼓励以促进销售的提案。帕克公司的数据如下所示：

	当期	提案后
单位销售价格	$ 250	$ 250
单位变动成本	145	150*
单位边际收益	$ 105	$ 100
固定成本	$ 840 000	$ 840 000

* $ 150 = $ 145 + （2% × $ 250）。

在将销售佣金提高 2% 之前，帕克公司的盈亏平衡点是 8 000 单位，如下所示：

$$盈亏平衡点（数量）= \frac{固定成本}{单位边际收益} = \frac{840\ 000}{105} = 8\ 000（单位）$$

如果将销售佣金提高 2%，单位变动成本就会增加 5 美元（250 × 2%），即从每单位 145 美元增加到 150 美元。单位变动成本的增加将使单位边际收益从 105 美元减少到 100 美元（250 - 150）。因此，在将销售佣金提高 2% 以后，帕克公司的盈亏平衡点提高到 8 400 单位，如下所示：

$$盈亏平衡点（数量）= \frac{固定成本}{单位边际收益} = \frac{840\ 000}{10} = 8\ 400（单位）$$

如上所述，需要额外增加 400 单位销售数量才能实现盈亏平衡。这是因为出售 8 000 单位产品只能提供 800 000 美元（8 000×100）的总边际收益，覆盖 840 000 美元的固定成本还需要 40 000 美元的额外边际收益。这 40 000 美元（400×100）的额外边际收益通过多出售 400 单位产品实现。

单位销售价格变动的影响

单位销售价格的变动影响单位边际收益，进而影响盈亏平衡点。单位销售价格的变动通过以下两种方式影响盈亏平衡点：

（1）单位销售价格的上涨将降低盈亏平衡点；

（2）单位销售价格的下降将提高盈亏平衡点。

单位销售价格与盈亏平衡点的关系如图表 21–12 所示。

图表 21–12　单位销售价格变动对盈亏平衡点的影响

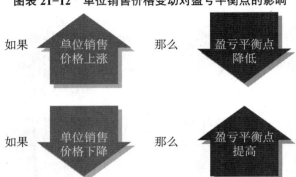

例如，格林汉姆公司正在评估将单位销售价格从 50 美元上涨到 60 美元的提案。格林汉姆公司的数据如下所示：

	当期	提案后
单位销售价格	$ 50	$ 60
单位变动成本	30	30
单位边际收益	$ 20	$ 30
固定成本	$ 600 000	$ 600 000

在单位销售价格上涨前，格林汉姆公司的盈亏平衡点是 30 000 单位，如下所示：

$$盈亏平衡点（数量）=\frac{固定成本}{单位边际收益}=\frac{600\,000}{20}=30\,000（单位）$$

单位销售价格上涨 10 美元将使单位边际收益同时提高 10 美元。因此，单位销售价格上涨后，格林汉姆公司的盈亏平衡点是 20 000 单位，如下所示：

$$盈亏平衡点（数量）=\frac{固定成本}{单位边际收益}=\frac{600\,000}{30}=20\,000（单位）$$

如上所述，盈亏平衡点降低了 10 000 单位（30 000−20 000）。

各项变动对盈亏平衡点影响的汇总

盈亏平衡点的变动方向与单位变动成本和固定成本的变动方向一致，与单位销售价格的变动方向相反。这些变动对盈亏平衡点的影响汇总如图表 21–13 所示。

图表 21-13　销售价格和成本变化对盈亏平衡点的影响

变动类型	变动方向	对盈亏平衡点变动的影响
固定成本	增加 减少	提高 降低
单位变动成本	增加 减少	提高 降低
单位销售价格	上涨 下降	降低 提高

例 21-3　盈亏平衡点

尼古拉斯公司以每单位 60 美元的价格出售产品。该产品的单位变动成本为 35 美元，固定成本为 80 000 美元。计算：（a）以销售数量表示的盈亏平衡点；（b）将单位销售价格提高到每单位 67 美元时，以销售数量表示的盈亏平衡点。

解答：

a.　盈亏平衡点 = 80 000/（60 − 35）= 3 200（单位）

b.　盈亏平衡点 = 80 000/（67 − 35）= 2 500（单位）

目标利润

在盈亏平衡点，公司的收入和成本完全相等。但是，绝大多数公司的目标是获取利润。

通过修改盈亏平衡公式，可以计算实现目标利润所需的销售收入。基于这个目的，在盈亏平衡公式中加入目标利润，如下所示：

$$销售（数量）= \frac{固定成本 + 目标利润}{单位边际收益}$$

例如，沃尔瑟姆公司的数据如下所示：

固定成本	$ 200 000
目标利润	100 000
单位销售价格	$ 75
单位变动成本	45
单位边际收益	$ 30

如下所示，为实现 100 000 美元的目标利润所需的销售数量是 10 000 单位：

$$销售（数量）= \frac{固定成本 + 目标利润}{单位边际收益}$$

$$= （200 000 + 100 000）/30$$

$$= 10 000（单位）$$

下列沃尔瑟姆公司的利润表数据证实了该计算过程。

销售收入（10 000 × $ 75）	$ 750 000
变动成本（10 000 × $ 45）	450 000
边际收益（10 000 × $ 30）	$ 300 000
固定成本	200 000
营业利润	（目标利润）$ 100 000

如上所示，为实现 100 000 美元的目标利润需要 750 000 美元的销售收入（10 000 × 75）。如下所示，这 750 000 美元的销售收入也可以通过边际收益率直接计算而得。

$$边际收益率 = \frac{单位边际收益}{单位销售价格} = \frac{30}{75} = 40\%$$

$$销售（收入）= \frac{固定成本 + 目标利润}{边际收益率}$$

$$= \frac{200\,000 + 100\,000}{40\%}$$

$$= \frac{300\,000}{40\%} = 750\,000（美元）$$

例 21-4 **目标利润**

森林公司以每单位 140 美元的价格出售产品。该产品的单位变动成本为 60 美元，固定成本为 240 000 美元。计算：（a）以销售数量表示的盈亏平衡点；（b）为实现 50 000 美元的目标利润所需的销售（数量）。

解答：

a. 盈亏平衡点 = 240 000/（140 - 60）= 3 000（单位）

b. 销售（数量）=（240 000 + 50 000）/（140 - 60）= 3 625（单位）

21.4 本量利分析的图表方法

本量利分析既可以用公式表示，也可以用图表表示。许多管理层更喜欢图表的形式，因为图表可以清楚地显示不同水平的营业利润或损失。

本量利（盈亏平衡）图

本量利图（cost-volume-profit chart），有时也叫盈亏平衡图，以图表的形式展现了不同销售数量下的销售收入、成本以及相应的利润或损失。它能够帮助管理层了解销售收入、成本和营业利润或损失之间的关系。

例如，图表 21-14 所示的本量利图基于以下穆尼奥斯公司的数据。

固定成本	$ 100 000
单位销售价格	$ 50

单位变动成本	30
单位边际收益	$ 20

图表 21-14　本量利图

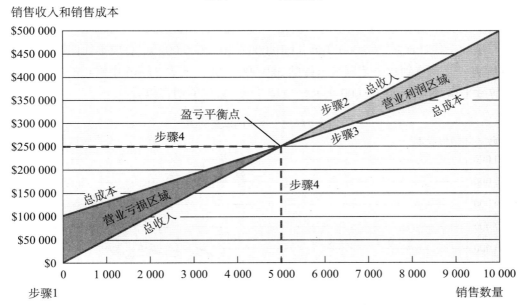

图表 21-14 所示的本量利图使用以下步骤绘制：

步骤 1：横轴表示销售数量。图中显示的销售区间是公司预期的相关范围。纵轴表示销售收入和销售成本。

步骤 2：总收入线通过将原点和图中的另一点相连绘得。另一点根据相关范围内的最大销售数量乘以单位销售价格确定，通常在横轴的较右边。经过这两个点确定的直线即总收入线。对穆尼奥斯公司来说，相关范围内的最大销售数量是 10 000 单位。总收入线上的第二点根据 10 000 单位乘以 50 美元的单位销售价格确定，该点对应的销售收入是 500 000 美元（10 000×50）。总收入线向右上方倾斜，从 0 开始直到相关范围最末端的 500 000 美元。

步骤 3：总成本线通过连接纵轴上的固定成本和图中的另一点绘得。另一点根据相关范围内的最大销售数量乘以单位变动成本再加上固定成本确定，通常在横轴的较右边。经过这两个点确定的直线即总成本线。对穆尼奥斯公司来说，相关范围内的最大销售数量是 10 000 单位。总成本线上的第二个点根据 10 000 单位乘以 30 美元的单位变动成本再加上 100 000 美元的总固定成本确定，该点对应的总成本是 400 000 美元（（10 000×30）+100 000）。总成本线向右上方倾斜，从纵轴上的 100 000 美元开始直到相关范围最末端的 400 000 美元。

步骤 4：盈亏平衡点是总收入线和总成本线的交点。过该交点做横轴的垂线，得到的交点对应的数值即盈亏平衡点的销售数量。过交点做纵轴的垂线，得到的交点对应的金额即盈亏平衡点的销售金额和成本。

在图表 21-14 中，穆尼奥斯公司的盈亏平衡点是 250 000 美元的销售金额，也即 5 000 单位的销售数量。当销售水平在盈亏平衡点的右边（营业利润区域），就能获得营业利润。当销售水平在盈亏平衡点的左边（营业亏损区域），就会出现营业亏损。

单位销售价格、总固定成本以及单位变动成本的变化都可以通过本量利图进行分析。使用图表

21–14 中的数据，假定穆尼奥斯公司正在评估一个减少 20 000 美元固定成本的提案，那么总固定成本将变为 80 000 美元（100 000–20 000）。

在这种情形下，总收入线保持不变，总成本线发生变化。如图表 21–15 所示，以纵轴上的 80 000 美元（固定成本）为出发点，总成本线整体下移。总成本线上的第二个点同样根据相关范围内的最大销售数量乘以单位变动成本再加上固定成本确定，通常在横轴的较右边。对穆尼奥斯公司来说，也即 10 000 单位产品的总估计成本 380 000 美元（（10 000×30）+80 000）。总成本线向右上方倾斜，从纵轴上的 80 000 美元开始直到相关范围最末端的 380 000 美元。图表 21–15 中修正的本量利图显示穆尼奥斯公司的盈亏平衡点降低到 200 000 美元，也即 4 000 单位的销售数量。

图表 21–15　修正的本量利图

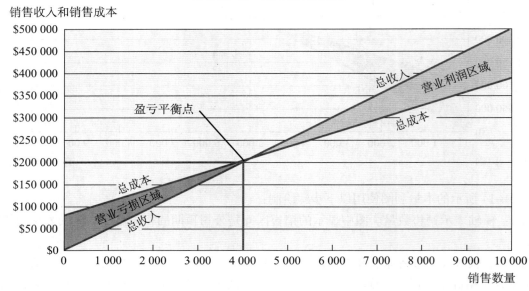

利量图

本量利的另一种图表分析方法是使用利量图。**利量图**（profit-volume chart）只绘制总收入和总成本的差异（或者说利润）。利量图可以帮助管理层确定各种销量水平下的营业利润或损失。

例如，图表 21–16 所示的利量图依据的数据与图表 21–14 一致，如下所示：

固定成本	$ 100 000
单位销售价格	$ 50
单位变动成本	30
单位边际收益	$ 20

最大营业损失金额是固定成本总额，为 100 000 美元。假设相关范围内的最大销售数量是 10 000 单位，那么最大营业利润就是 100 000 美元，如下所示：

销售收入（10 000×$ 50）	$ 500 000
变动成本（10 000×$ 30）	300 000
边际收益（10 000×$ 20）	$ 200 000

固定成本	<u>100 000</u>
营业利润	（最大营业利润）<u>$ 100 000</u>

图表 21-16 所示的利量图使用以下步骤绘制：

步骤 1：横轴表示销售数量。图中显示的销售区间是公司预期的相关范围。图表 21-16 中最大销售数量为 10 000 单位。纵轴表示营业利润或损失。

步骤 2：在图左侧的纵轴上绘制出代表最大营业损失的点。该损失等同于零销售数量时的固定成本金额。因此，最大营业损失等同于固定成本金额 100 000 美元。

步骤 3：在图右侧的相关范围内绘制出代表最大营业利润的点。假定相关范围内的最大销售数量是 10 000 单位，那么最大营业利润就是 100 000 美元。

步骤 4：通过连接最大营业损失点（左下角）和最大营业利润点（右上角）绘制出倾斜的利润线。

步骤 5：利润线与水平的零利润线交于盈亏平衡点。交点的右侧（浅色）为营业利润区域，交点的左侧（深色）为营业亏损区域。

在图表 21-16 中，盈亏平衡点是 5 000 单位的销售数量，也即 250 000 美元的销售收入（5 000×50）。当销售水平在盈亏平衡点的右边（营业利润区域），就能获得营业利润；当销售水平在盈亏平衡点的左边（营业亏损区域），就会出现营业损失。例如，如图表 21-16 所示，当销售数量为 8 000 单位时，公司能获得 60 000 美元的营业利润。

图表 21-16　利量图

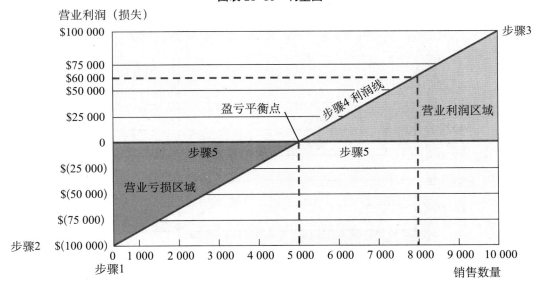

单位销售价格、总固定成本以及单位变动成本的变化也可以用利量图进行分析。使用图表 21-16 中的数据，考虑固定成本增加 20 000 美元对利润的影响。在这种情况下，总固定成本增加到 120 000 美元（100 000+20 000），最大营业损失也增加到 120 000 美元。在最大销售数量水平下（10 000 单位），最大营业利润为 80 000 美元，如下所示：

销售收入（10 000×$ 50）	$ 500 000
变动成本（10 000×$ 30）	<u>300 000</u>

边际收益（10 000 × $ 20）	$ 200 000
固定成本	120 000
营业利润	（修正的最大营业利润）$ 80 000

通过连接最大营业损失点和最大营业利润点，并绘制修正的利润线，构建了修正的利量图。原始和修正的利量图如图表 21-17 所示。

图表 21-17　原始和修正的利量图

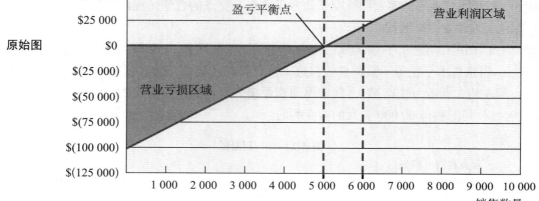

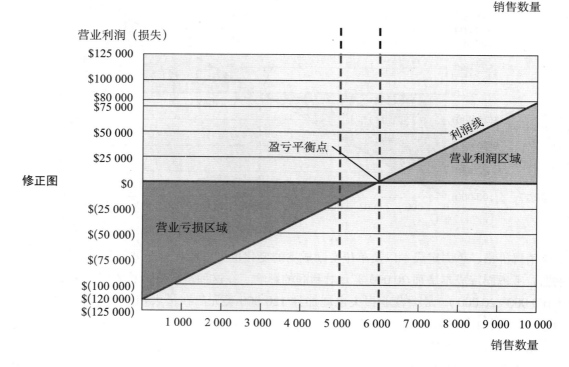

修正的利量图显示盈亏平衡点提高到 6 000 单位的销售数量，也即 300 000 美元（6 000 × 50）的

销售金额。营业亏损区域增大而营业利润区域缩小。

在本量利分析中计算机的使用

在计算机的帮助下，本量利分析的数学方法和图表方法都变得更容易使用。管理者可以对销售价格、成本和销售数量进行各项假设，并观察这些变动对盈亏平衡点以及利润的影响。这种分析方法称作"假设"分析或者敏感性分析。

本量利分析的假设

本量利分析取决于一系列假设。几项主要假设如下所示：
（1）总收入和总成本可以通过直线表示；
（2）在相关范围内的经营活动、经营效率不发生变化；
（3）成本可以分为变动成本和固定成本；
（4）销售组合是固定的；
（5）本期存货数量不发生变化。

这些假设简化了本量利分析。由于这些假设在经营活动的相关范围内是有效的，因此本量利分析有助于经营决策。[①]

21.5　特殊的本量利关系

当公司销售多种成本不同、价格不同的产品时，同样可以使用本量利分析。此外，在分析本量利关系时经营杠杆和安全边际也非常重要。

销售组合的考虑因素

许多公司销售多种不同价格的产品。此外，这些产品通常有不同的单位变动成本和单位边际收益。在这种情况下，仍然可以通过考虑销售组合进行盈亏平衡分析。**销售组合**（sales mix）指的是销售收入在各种产品之间的分配。

例如，凯斯卡德公司在上年销售 A 和 B 两种产品，如下所示：

固定成本	$ 200 000	
	产品 A	产品 B
单位销售价格	$ 90	$ 140
单位变动成本	70	95
单位边际收益	$ 20	$ 45
销售数量	8 000	2 000
销售比重	80%	20%

---

①　这些假设的变动对本量利分析的影响可以参考高级会计学相关内容。

产品 A 和 B 的销售比重以各自的销售数量占总销售数量的百分比表示。凯斯卡德公司一年共销售产品 10 000 单位（8 000+2 000）。因此，产品 A 的销售比重是 80%（8 000/10 000），产品 B 的销售比重是 20%（2 000/10 000）。销售比重也可以使用 80：20 的比例形式表示，如图表 21-18 所示。

图表 21-18　多种产品的销售组合

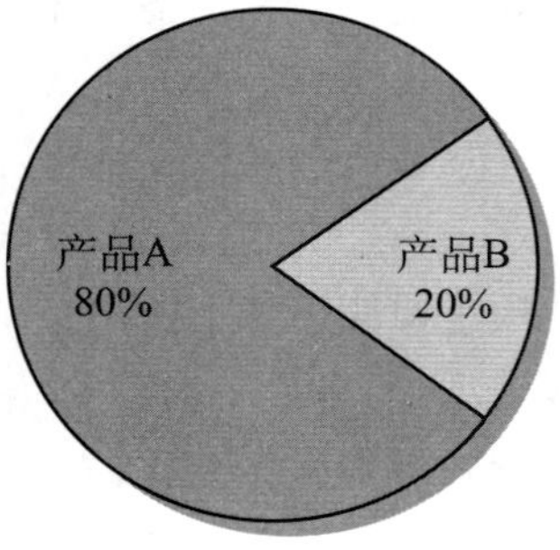

销售组合

为进行盈亏平衡分析，可以将产品 A 和产品 B 作为公司总体产品 E 的组成部分。产品 E 的单位销售价格等于各类产品的单位销售价格乘以各自的销售比重后的合计数。类似地，产品 E 的单位变动成本和单位边际收益等于各类产品的单位变动成本和单位边际收益乘以各自的销售比重后的合计数。

对于凯斯卡德公司，产品 E 的单位销售价格、单位变动成本和单位边际收益的计算如下所示：

产品 E		产品 A		产品 B
产品 E 的单位销售价格	$100=	（$90×0.8）	+	（$140×0.2）
产品 E 的单位变动成本	75=	（$70×0.8）	+	（$95×0.2）
产品 E 的单位边际收益	$ 25=	（$20×0.8）	+	（$45×0.2）

凯斯卡德公司的固定成本总计 200 000 美元。产品 E 的盈亏平衡点 8 000 单位可以根据上述单位销售价格、单位变动成本和单位边际收益计算而得，如下所示。

$$产品\ E\ 的盈亏平衡点（销量）=\frac{总固定成本}{单位边际收益}$$

$$=200\ 000/25=8\ 000（单位）$$

因为产品 A 和产品 B 的销售比重分别是 80% 和 20%，所以盈亏平衡点是 6 400 单位（8 000×80%）产品 A 和 1 600 单位（8 000×20%）产品 B。

上述盈亏平衡分析可以通过图表 21-19 得到佐证。

图表 21-19　多种产品的盈亏平衡销售

	产品 A	产品 B	合计
销售收入：			
6 400 单位×$90	$ 576 000		$ 576 000
1 600 单位×$140		$ 224 000	224 000
销售收入总计	$ 576 000	$ 224 000	$ 800 000

续

	产品 A	产品 B	合计
变动成本：			
6 400 单位 × $ 70	$ 448 000		$ 448 000
1 600 单位 × $ 95		$ 152 000	152 000
变动成本总计	$ 448 000	$ 152 000	$ 600 000
边际收益	$ 128 000	$ 72 000	$ 200 000
固定成本			200 000
营业利润		（盈亏平衡点）$	0

在考虑销售组合的变化对盈亏平衡点的影响时，可以将销售组合看作一个新产品，因此需要重新计算产品 E 的盈亏平衡点。

例 21-5 销售组合和盈亏平衡分析

梅根公司的固定成本总额为 180 000 美元。两种产品的单位销售价格、单位变动成本和单位边际收益如下所示：

产品	单位销售价格	单位变动成本	单位边际收益
Q	$ 160	$ 100	$ 60
Z	100	80	20

产品 Q 和产品 Z 的销售比重分别是 75% 和 25%。计算产品 Q 和产品 Z 的盈亏平衡点。

解答：

产品 E 的单位销售价格： $ 160×0.75+$ 100×0.25=$ 145
产品 E 的单位变动成本： $ 100×0.75+$ 80×0.25=$ 95
产品 E 的单位边际收益： $ 50
产品 E 的盈亏平衡点（销量）=180 000/50=3 600（单位）
产品 Q 的盈亏平衡点（销量）=3 600×75%=2 700（单位）
产品 Z 的盈亏平衡点（销量）=3 600×25%=900（单位）

经营杠杆

公司边际收益和营业利润之间的关系用**经营杠杆**（operating leverage）来表示。经营杠杆的计算如下所示：

$$经营杠杆 = \frac{边际收益}{营业利润}$$

边际收益和营业利润之间的差额是固定成本。因此，固定成本高的公司通常会有较高的经营杠杆。这类企业包括航空公司和汽车公司。经营杠杆低的企业则往往是劳动密集型的公司，如专业服务公司，其固定成本也很低。

为解释经营杠杆，假设琼斯公司和威尔森公司的数据如下所示：

	琼斯公司	威尔森公司
销售收入	$ 400 000	$ 400 000
变动成本	300 000	300 000
边际收益	$ 100 000	$ 100 000
固定成本	80 000	50 000
营业利润	$ 20 000	$ 50 000

如上所示，琼斯公司和威尔森公司有相同的销售收入、变动成本和边际收益。但是，琼斯公司的固定成本比威尔森公司高，因此经营杠杆也更高。两家公司经营杠杆的计算如下所示：

琼斯公司：

$$\text{经营杠杆} = \frac{\text{边际收益}}{\text{营业利润}} = \frac{100\,000}{20\,000} = 5$$

威尔森公司：

$$\text{经营杠杆} = \frac{\text{边际收益}}{\text{营业利润}} = \frac{100\,000}{50\,000} = 2$$

经营杠杆可用来衡量销售收入变化对营业利润的影响，计算如下：

$$\text{营业利润的变动百分比} = \text{销售收入的变动百分比} \times \text{经营杠杆}$$

例如，琼斯公司和威尔森公司的销售收入增长了 10%，也即增长 40 000 美元（400 000 × 10%）。琼斯公司和威尔森公司的营业利润的变动百分比计算如下：

琼斯公司：

$$\text{营业利润的变动百分比} = \text{销售收入的变动百分比} \times \text{经营杠杆}$$
$$= 10\% \times 5 = 50\%$$

威尔森公司：

$$\text{营业利润的变动百分比} = \text{销售收入的变动百分比} \times \text{经营杠杆}$$
$$= 10\% \times 2 = 20\%$$

如上所示，琼斯公司的营业利润增长了 50%，威尔森公司的营业利润只增长了 20%。以下是琼斯公司和威尔森公司基于 10% 的销售收入增长编制的利润表中的数据，可佐证上述分析的有效性。

	琼斯公司	威尔森公司
销售收入	$ 440 000	$ 440 000
变动成本	330 000	330 000
边际收益	$ 110 000	$ 110 000

续

	琼斯公司	威尔森公司
固定成本	80 000	50 000
营业利润	$ 30 000	$ 60 000

　　上述显示琼斯公司的营业利润从 20 000 美元增长到 30 000 美元，增长了 50%（10 000/20 000）。威尔森公司的营业利润从 50 000 美元增加到 60 000 美元，仅增长了 20%（10 000/50 000）。

　　对于琼斯公司而言，即使是销售收入的小幅增长也可以带来营业利润的大幅增长，所以公司可能采取各种方式提高销售收入，包括特殊的广告宣传和其他促销活动。而威尔森公司可以通过降低变动成本来提高经营杠杆。

　　在不同水平的经营杠杆下，销售收入的变化对营业利润的影响总结如图表 21-20 所示。

图表 21-20　经营杠杆对营业利润的影响

经营杠杆	销售收入变化对营业利润的影响
高	大
低	小

例 21-6　经营杠杆

　　塔克公司披露了以下信息：

销售收入	$ 750 000
变动成本	500 000
边际收益	$ 250 000
固定成本	187 500
营业利润	$ 62 500

计算塔克公司的经营杠杆。

解答：

　　经营杠杆＝边际收益 / 营业利润＝250 000/62 500＝4.0

安全边际

　　安全边际（margin of safety）指的是在出现营业损失前销售收入可以下降的幅度。因此，如果安全边际低，那么销售收入的小幅下降都可能导致产生营业损失。

　　安全边际有以下几种表现形式：

　　（1）销售收入；

　　（2）销售数量；

　　（3）当前销售收入百分比。

　　例如，有以下数据：

销售收入	$ 250 000
盈亏平衡点上的销售收入	200 000
单位销售价格	25

以销售金额表示的安全边际是 50 000 美元（250 000－200 000）。以销售数量表示的安全边际是 2 000 单位（50 000/25）。以当前销售收入百分比表示的安全边际是 20%，计算如下：

$$安全边际 = \frac{当前销售收入 - 盈亏平衡点上的销售收入}{当前销售收入}$$

$$= \frac{250\,000 - 200\,000}{250\,000} = 20\%$$

因此，当销售收入低于 50 000 美元、销售数量低于 2 000 单位或者销售收入降低超过 20% 时，就会产生营业损失。

例 21-7　安全边际

雷切尔公司当前销售收入为 400 000 美元，盈亏平衡点上的销售收入为 300 000 美元。计算公司用当前销售收入百分比表示的安全边际。

解答：

安全边际 =（当前销售收入－盈亏平衡点上的销售收入）/ 当前销售收入

　　　　　=（400 000－300 000）/400 000 = 25%

附录：变动成本法

产品的制造成本包括直接材料成本、直接人工成本和制造费用。财务报表中对这些成本的披露称为**吸收成本法**（absorption costing）。吸收成本法是一般公认会计原则规定财务报表披露成本的方法，主要针对外部使用者。然而，为满足管理层和其他内部使用者决策的需要，公司还可能使用其他备选披露方法。其中一种备选方法就是**变动成本法**（variable costing）或称直接成本法。

在变动成本法下，产品成本只包含变动成本。因此，产品的制造成本包括直接材料成本、直接人工成本和变动制造费用。

在变动成本利润表中，固定制造费用不作为产品制造成本的一部分，而是作为期间费用。吸收成本法和变动成本法的差异总结如图表 21-21 所示。

图表 21-21　吸收成本法与变动成本法

产品制造成本	
吸收成本法	**变动成本法**
直接材料	
直接人工	直接材料
变动制造费用	直接人工
固定制造费用	变动制造费用

变动成本利润表形式如下所示：

销售收入		$ ×××
销售产品的变动成本		×××
制造边际		$ ×××
变动销售和管理费用		×××
边际收益		$ ×××
固定成本：		
固定制造成本	$ ×××	
固定销售和管理费用	×××	×××
营业利润		$ ×××

制造边际是销售收入与销售产品的变动成本之间的差额。

制造边际＝销售收入－销售产品的变动成本

销售产品的变动成本包括直接材料成本、直接人工成本和变动制造费用。边际收益是制造边际减去变动销售和管理费用的差额。

边际收益＝制造边际－变动销售和管理费用

边际收益再减去固定成本就得到营业利润。

营业利润＝边际收益－固定成本

因为变动成本利润表直接披露制造边际和边际收益，所以该报表能够帮助管理层做出有效的决策。如本章所述，边际收益可用于盈亏平衡分析及其他分析。

为阐释变动成本利润表，假设马丁内斯公司生产了 15 000 单位产品并以每单位 50 美元的价格对外出售。相关成本费用如下所示：

	总成本	产量	单位成本
制造成本：			
变动成本	$ 375 000	15 000	$ 25
固定成本	150 000	15 000	10
成本总计	$ 525 000		$ 35
销售和管理费用：			
变动费用	$ 75 000		
固定费用	50 000		
费用总计	$ 125 000		

图表 21-22 是根据马丁内斯公司的数据编制的变动成本利润表。计算过程显示在括号中。

图表 21-22　变动成本利润表

销售收入（15 000 × $ 50）		$ 750 000
销售产品的变动成本（15 000 × $ 25）		375 000
制造边际		$ 375 000
变动销售和管理费用（15 000 × $ 5）		75 000
边际收益		$ 300 000
固定成本：		
固定制造成本	$ 150 000	
固定销售和管理费用	50 000	200 000
营业利润		$ 100 000

图表 21-23 是根据马丁内斯公司的数据编制的吸收成本利润表。吸收成本利润表不区分变动成本和固定成本。所有的制造成本都包括在商品销售成本中。销售收入减去商品销售成本得到毛利润。再从毛利润中减去销售和管理费用得到营业利润。

图表 21-23　吸收成本利润表

销售收入（15 000 × $ 50）	$ 750 000
商品销售成本（15 000 × $ 35）	525 000
毛利润	$ 225 000
销售和管理费用（$ 75 000 + $ 50 000）	125 000
营业利润	$ 100 000

吸收成本法下的营业利润与变动成本法下的营业利润之间的关系如图表 21-24 所示。

图表 21-24　吸收成本法下的营业利润与变动成本法下的营业利润的关系

如果出售的产品数量＜生产的产品数量，那么变动成本利润＜吸收成本利润	如果出售的产品数量＞生产的产品数量，那么变动成本利润＞吸收成本利润

图表 21-22 和图表 21-23 显示公司生产并出售了 15 000 单位产品。因此，吸收成本利润表和变动成本利润表披露的营业利润一致，都是 100 000 美元。然而，如果上述例子中生产的 15 000 单位产品中只有 12 000 单位对外出售，那么变动成本利润表和吸收成本利润表如图表 21-25 所示。

图表 21-25　产量超过销量

变动成本利润表		
销售收入（12 000 × $ 50）		$ 600 000
销售产品的变动成本：		
变动制造成本（15 000 × $ 25）	$ 375 000	
减：期末存货（3 000 × $ 25）	75 000	
销售产品的变动成本		300 000
制造边际		$ 300 000

续

变动销售和管理费用（12 000 × $ 5）		60 000
边际收益		$ 240 000
固定成本：		
固定制造成本	$ 150 000	
固定销售和管理费用	50 000	200 000
营业利润		$ 40 000
吸收成本利润表		
销售收入（12 000 × $ 50）		$ 600 000
商品销售成本：		
变动制造成本（15 000 × $ 35）	$ 525 000	
减：期末存货（3 000 × $ 35）	105 000	
商品销售成本		420 000
毛利润		$ 180 000
销售和管理费用（（12 000 × $ 5）+ $ 50 000）		110 000
营业利润		$ 70 000

图表 21-25 显示营业利润有 30 000 美元（70 000 - 40 000）的差异。该差异是固定制造成本引起的。在变动成本利润表中，150 000 美元的固定制造成本都作为期间费用。然而在吸收成本利润表中，3 000 单位期末存货中包含了 30 000 美元（3 000 × 10）的固定制造成本。作为期末存货成本的一部分，这 30 000 美元不包含在当期的商品销售成本内。因此，吸收成本营业利润要比变动成本营业利润多 30 000 美元。

当产量小于销量时，可以使用类似的分析方法阐释变动成本营业利润高于吸收成本营业利润的现象。

在吸收成本法下，营业利润的增减变动可能是存货水平引起的。例如，在上例中，3 000 单位的期末存货使得吸收成本法下的营业利润增加 30 000 美元。这部分增加额（减少额）可能被使用吸收成本法的管理层误认为是有效（无效）经营。这是变动成本法常被用于成本控制、产品定价和生产计划的原因之一。变动成本法的这些用途将在高级会计教材中进一步讨论。

练习题

EX 21-1　成本分类

将汽车零部件的生产和销售过程中发生的以下成本分类为变动成本、固定成本或者混合成本。

1. 小时工的人工成本；

2. 每月 6 000 美元的清理成本；

3. 机器操作人员的小时工资；

4. 计算机芯片（从供应商处购入）；

5. 每千瓦时 0.20 美元的电力成本；

6. 金属成本；

7. 工厂经理薪酬；

8. 针对工厂建筑物和设备每年缴纳的 165 000 美元的财产税；

9. 塑料成本；

10. 制造设备使用的燃油；

11. 每月 10 000 美元仓库租金外加每平方尺 25 美元的仓储费用；

12. 每月 3 600 美元的财产保险费用（超过 1 200 000 美元的财产，每 1 美元财产再外加 0.01 美元）；

13. 生产设备的直线折旧费用；

14. 每位员工每小时 0.70 美元津贴；

15. 包装成本。

EX 21-3　识别作业基础

将一个大学的各项成本与以下适当的作业基础进行匹配。一项作业基础可能被使用多次，也有可能完全不被使用。

成本：

1. 教师薪酬
2. 招生办人员薪酬
3. 学生档案馆人员薪酬
4. 助学金办公室人员薪酬
5. 宿管人员薪酬
6. 办公室消耗品

作业基础：

a. 学生学分
b. 住校人数
c. 报名申请人数
d. 学生数量
e. 在校生数量和校友数量
f. 助学金申请人数

EX 21-5　识别固定成本和变动成本

财捷集团研发销售个人财务领域的软件产品，包括著名的 Quickbooks 和 TurboTax。将公司生产和销售过程中发生的下列成本归类为固定成本或变动成本：

a. 包装成本；

b. 销售佣金；

c. 办公室财产税；

d. 配送费用；

e. 计算机设备的折旧费用；

f. 董事长薪酬；

g. 软件研发人员薪酬；

h. 人力资源部人员薪酬;

i. 接线员和其他助理的工资;

j. 用户指导费用。

EX 21-7 高低点法

兹格勒公司使用高低点法估计总成本以及总成本中的固定成本部分和变动成本部分。各种产量下的数据如下所示:

产量	总成本
80 000	$ 25 100 000
92 000	27 206 000
120 000	32 120 000

a. 计算单位变动成本和总固定成本;

b. 根据 a 中的数据,计算产量为 115 000 单位时的总成本。

EX 21-9 边际收益率

a. 尤恩茨公司预计本期的销售收入为 2 400 000 美元,固定成本为 525 000 美元,变动成本为 1 560 000 美元。计算尤恩茨公司的边际收益率。

b. 如果维拉公司的边际收益率为 40%,销售收入为 3 400 000 美元,固定成本为 800 000 美元,那么营业利润是多少?

EX 21-11 盈亏平衡销售及其营业利润

截至本年度 10 月 31 日,耶太灵公司预计固定成本为 14 000 000 美元,单位变动成本为 200 美元,单位销售价格为 300 美元。

a. 计算预期的盈亏平衡点(数量)。

b. 计算实现 1 400 000 美元营业利润所需的销售(数量)。

EX 21-13 盈亏平衡销售

目前,某公司产品的单位销售价格为 1 500 美元,单位变动成本为 1 200 美元,总固定成本为 4 500 000 美元。该公司正在评估将单位销售价格提高到 1 600 美元的方案。

a. 计算当前的盈亏平衡点(数量)。

b. 假设单位销售价格增加到 1 600 美元,并保持所有成本不变,计算预期的盈亏平衡点(数量)。

EX 21-15 盈亏平衡分析

像娱乐体育电视网和福克斯体育这样的媒体经常在网站上深度报道新闻和事件。这些网站的部分内容仅限于每月付费订阅的会员查看,会员可获得独家新闻和评论。这些网站通常提供免费试用期以吸引用户。假设在最近的一个会计年度,娱乐体育电视网花了 4 200 000 美元用于网站的推广,并为新用户提供两个月的免费服务。此外,假设存在以下信息:

平均每个新用户使用服务的月份数（含免费的2个月）	14个月
来自每个用户每月的订阅收入	$ 10.00
每个用户每月的订阅可变成本	$ 5.00

在（1）将推广活动的成本视为固定成本，（2）将订阅期间来自每个用户的收入减去可变成本作为单位边际收益的条件下，计算需要多少新用户才能实现推广活动的盈亏平衡。

EX 21-17 本量利图

劳德牛奶公司预计下年度的总固定成本为600 000美元，单位变动成本为75美元，单位销售价格为125美元。相关范围内的最大销售收入为2 500 000美元。

a. 绘制本量利图。

b. 使用a中绘制的本量利图确定盈亏平衡时的销售收入。

c. 相比公式，使用图表方法进行本量利分析有什么优点？

EX 21-19 盈亏平衡图

写出下列图表的名称，以及字母a～f代表的项目名称。

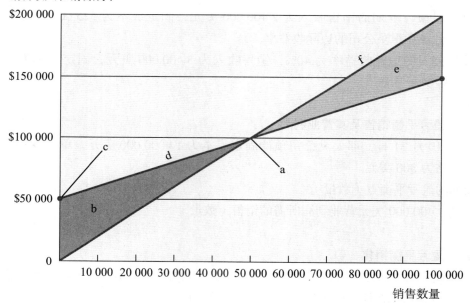

综合题

PR 21-1A 成本分类

西莫成衣公司生产多种类型的服装，分销给几家主要的零售连锁店。蓝色牛仔裤的生产和销售会产生以下成本：

a. 运送订单的运货箱；

b. 咨询营销策略而支付给专家的 200 000 美元咨询费；

c. 缝纫机的折旧费用；

d. 销售人员的薪酬，10 000 美元薪酬外加 2% 的销售提成；

e. 织物；

f. 染料；

g. 线；

h. 设计师薪酬；

i. 黄铜纽扣；

j. 支付给公司专利侵权诉讼辩护律师的律师费（50 000 美元外加每小时 87 美元）；

k. 不动产、厂房和设备的保险费用（每年 70 000 美元，价值超过 8 000 000 美元的部分，每 30 000 美元多加 5 美元）；

l. 每月 5 000 美元仓库租金外加每平方英尺 4 美元的仓储费用；

m. 日常消耗用品；

n. 用于每件服装上品牌标识的皮革用料；

o. 每年 50 000 美元工厂设备租金；

p. 生产部门副总裁薪酬；

q. 每月 2 200 美元清洁服务；

r. 机器操作工人工资；

s. 每千瓦时 0.10 美元的电费；

t. 不动产、厂房和设备的财产税。

要求：

将上述成本分为固定成本、变动成本或混合成本。使用下列表头制表并在相应的栏目下画"√"。成本项列中用字母表示每项成本。

成本项	固定成本	变动成本	混合成本

案例分析题

CP 21–1　道德行为

爱德华·西摩是康沃尔公司（一家房地产公司）的财务顾问。康沃尔公司投资和开发商业房地产（办公楼）项目，然后将完成的项目作为有限合伙企业权益出售给个人投资者。该公司通过出售这些合伙企业权益获利。爱德华在一份名为《招股说明书》的文件中向潜在投资者提供了财务信息。该文件列示了有限合伙企业投资的财务和法律细节。该公司目前开发的一个项目名为 JEDI 2，该项目要求合伙企业向当地一家银行贷款，建造一座商业办公楼。前 4 年的贷款利率是 6.5%。4 年后，剩余 20 年的贷款利率跃升至 15%。利息费用是该项目的主要成本之一，并显著影响项目盈亏平衡所需的租客数量。在《招股说明书》中，爱德华突出地报告了前 4 年的盈亏平衡入住率为 65%。这是前 4 年必须出租的办公面积的比例，以支付利息和一般维护费用。与类似项目相比，65% 的盈亏平衡入住率非常低，因此对潜在投资者来说风险也较低。爱德华将 65% 的盈亏平衡入住率作为销售有限合伙企业权益的主要营销工具。在《招股说明书》的细则中隐藏着一些额外的信息，这些信息可以让精明的投资者得知，当贷款利率提高到 15% 时，第 4 年后的盈亏平衡入住率将跃升至 95%。爱德华相信潜在投资者已经充分了解投资的风险。

　　爱德华的行为合乎职业道德吗？请解释。

第**22**章

预　算

你可能有很多财务目标。为了实现这些目标，你需要为将来的花费做安排。例如，你有可能考虑做一份兼职来支付下一学年的学费。你需要节省或者挣多少钱才足够支付这些费用呢？回答这一问题的方法之一就是编制预算表。预算表中可以清晰地显示与下一学年有关的各项费用，如学费和书费。此外，你还需要一定的资金用于日常开销，如房租、餐食和衣服饰品。除此之外，可能还有交通费和休闲娱乐费。开学以后，你就可以将该预算表作为日常花销的指南。

类似地，预算也常用于企业的经营活动。例如，拥有赛车手戴尔·厄恩哈特、杰夫·戈登和吉米·约翰逊的亨德里克车队，采用预算使其成为纳斯卡车赛中最具价值的一支车队。亨德里克车队通过预算保持收入大于支出，例如，车队规划从赛车赞助与奖金中获取收入。一支普通车队多达 70% 的收入都可以通过主要赞助和次要赞助（汽车贴花）获得。其运营成本包括工资、发动机、轮胎、赛车、出行以及咨询规划等方面。此外，像戴尔·厄恩哈特这样的明星赛车手可以获得高达 2 800 万美元的薪水、奖金和代言费等。总之，亨德里克车队旗下四支车队估计可以带来 1.79 亿美元的收入和 1 660 万美元的营业利润。预算为公司提供了年度"战术规划"。本章将会介绍如何将预算用于财务规划与控制。

资料来源：Kurt Badenhausen, "Hendrick Motorsports Tops List of Nascar's Most Valuable Teams," *Forbes*, March 13, 2013; Bob Pockrass, "NASCAR's Highest Paid Drivers Make Their Money from a Variety of Sources," *Sporting News*, December 4, 2012; and Ed Hilton, "Under the Hood at Hendrick Motorsports", *Chicago Tribune*, July 13, 2007.

学习目标

1. 描述预算及其目标，以及预算对员工行为的影响。

2. 描述预算制定过程的基本要素、两种主要的预算类型以及计算机在预算中的使用。

3. 描述制造企业的总预算。

4. 编制制造企业的经营预算。

5. 编制制造企业的财务预算。

22.1 预算的本质和目标

预算（budget）对于任何规模和形式的组织都尤为重要。例如，预算可用于政府机构、教堂、医院以及其他非营利组织的运营管理。个人和家庭也可以使用预算管理个人财务事项。本章将重点描述和阐释制造企业的预算。

预算的目标

预算包括：确定具体的目标；执行计划实现目标；周期性地比较实际结果与设定的目标。通过这样做，预算将影响下列管理职能：

（1）计划；

（2）指导；

（3）控制。

这三项管理活动的相互关系如图表 22–1 所示。

图表 22–1　计划、指导和控制的相互关系

计划包括设定具体的目标以指导管理层决策和激励员工。在计划环节，管理层通常需要识别有待改善的经营活动。

指导包括为了实现预算目标而做出的决策和采取的措施。公司中的预算单位称为**责任中心**（responsibility center）。各个责任中心分别由一个负责实现中心预算目标的经理领导。

控制包括比较实际业绩与预算目标的差异。这种比较能够给员工和管理层提供他们工作业绩的反馈。如果有需要，责任中心还可以使用该反馈调整其将来的经营活动。

员工行为和预算

在下列情形下，员工行为可能会出现问题：

（1）预算目标过高；

（2）预算目标过低；

（3）预算目标与公司和员工的其他目标相冲突。

这些行为问题如图表 22–2 所示。

预算目标过高

如果预算目标设定得过高，员工和管理层可能会灰心丧气。也就是说，如果预算目标无法实现或

图表 22-2 预算中的员工行为问题

预算目标过高　　　预算目标过低　　　与预算目标冲突

者难以实现，预算就有可能对公司实现目标的能力起负面作用。

可实现的合理目标更能够激励员工和管理层。因此，员工和管理层都应参与预算制定。让员工参与预算制定能够使他们有控制意识，从而为实现预算目标做出承诺。

预算目标过低

尽管公司有必要设定能够实现的预算目标，但是设定太容易实现的目标也是不合理的。这样的预算情况称为**预算松弛**（budgetary slack）。管理层可能会为了给突发事件提供一定的缓冲而做出适当松弛的预算。但是预算松弛很有可能会降低效率，减弱预算对控制支出的激励作用。

预算目标与公司和员工的其他目标相冲突

当员工和管理层的自身利益与公司的目标不一致时就会发生**目标冲突**（goal conflict）。例如，公司要求销售部门提高销售额，那么销售经理就有可能接受低信誉的客户。如此一来，销售部门虽能实现销售目标，整个公司却可能面临因坏账而使收益下降的局面。

22.2 预算系统

不同的行业和公司有不同的预算系统。例如，福特汽车公司使用的预算系统和达美航空公司使用的预算系统必然存在差异。但是本节讨论的基本预算概念适用于所有的企业和组织。

经营活动的预算期通常是一家公司的某一会计年度。一年的时间不长不短，既能够相对准确地对公司未来的经营活动做出估计，还能够以相对广阔的视角展望公司的未来。但是为了便于控制，年度预算往往被细分为更短期限的预算，如季度预算、月度预算和周预算。

滚动预算（continuous budgeting）是会计年度预算的一种变形，即始终维持对未来 12 个月的规划。通过使用下一年度同期数据替代当下刚结束月份的数据，12 个月的预算被不断修正。滚动预算的举例如图表 22-3 所示。

制定下一年的年度预算通常是在本年度结束前几个月开始的。该事项通常由预算委员会负责，预算委员会由预算主管、财务总监、财务主管、生产总监和销售总监组成。预算过程由会计部门监督和汇总，并向预算委员会报告。

制定预算的方法有多种。其中一种是**零基预算**（zero-based budgeting），要求管理层将公司视作首次经营，在此基础上对销量、产量和其他经营数据做出估计。该方法的优点是每年都可以重新审视公司的运营状况。但是更常见的方法往往是基于上一年度的预算，根据本年的实际情况和未来的预期情形做出适当的修改。使用该方法的两种主要预算系统为静态预算和弹性预算。

图表 22-3　滚动预算

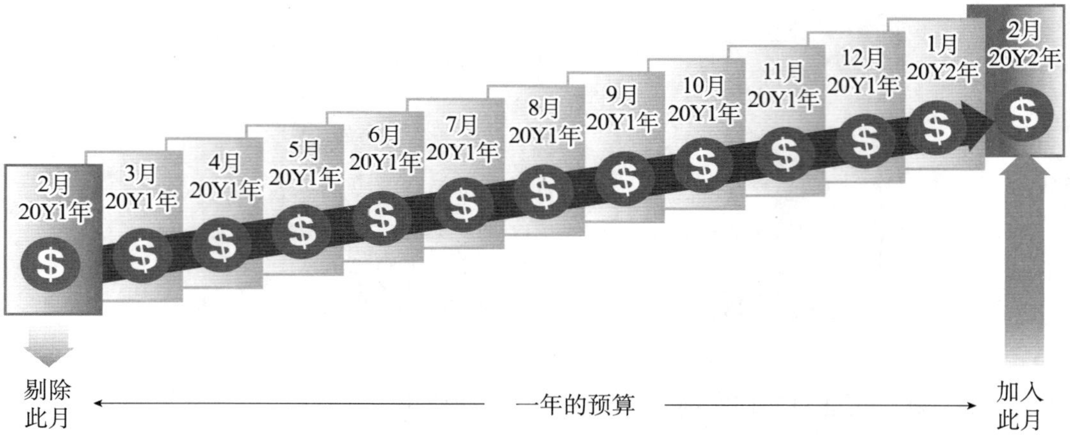

剔除
此月　　　　　　　　　　　———— 一年的预算 ————　　　　　　　　　　　加入
此月

静态预算

静态预算（static budget）只显示责任中心一个业务层面上的预期结果。预算一经确定，即使业务活动发生变化，也不做出改动。静态预算适用于服务企业、政府机构以及制造企业的部分职能部门，如采购、工程和会计部门。

图表 22-4 所示的是一家切割机制造公司组装部门的静态预算表。

图表 22-4　静态预算表

	A	B
1	切割机制造公司	
2	组装部门预算表	
3	截至 20Y8 年 7 月 31 日的会计年度	
4	直接人工	$ 40 000
5	电力成本	5 000
6	主管薪酬	15 000
7	部门总成本	$ 60 000

静态预算的一个缺点就是无法根据业务活动进行调整。例如，假设切割机制造公司的组装部门在截至 20Y8 年 7 月 31 日的会计年度共花费 70 800 美元，比预算多花费 10 800 美元（70 800－60 000），或者 18%（10 800/60 000）。这是好消息还是坏消息呢？

人们的第一反应往往是：这是一个坏消息，组装部门的支出缺乏效率。但是，如果组装部门的预算是基于组装 8 000 单位产品制定的，而当年实际组装了 10 000 单位产品，那么超支 10 800 美元就是一个好消息。换言之，组装部门比计划多组装了 25% 的产品（2 000/8 000），却只多支出 18% 的费用。在这种情况下，静态预算就不适用于成本控制。

弹性预算

与静态预算不同，**弹性预算**（flexible budget）显示了责任中心不同作业水平下的预期结果。事实上，可将弹性预算看作不同作业水平下的一系列静态预算。

图表 22-5 列示了切割机制造公司组装部门的弹性预算表。

图表 22-5　弹性预算表

	A	B	C	D
1	切割机制造公司			
2	组装部门			
3	截至 20Y8 年 7 月 31 日的会计年度			
4		水平 1	水平 2	水平 3
5	产量	8 000	9 000	10 000
6	变动成本：			
7	直接人工（每单位 $ 5）	$ 40 000	$ 45 000	$ 50 000
8	电力成本（每单位 $ 0.50）	4 000	4 500	5 000
9	变动成本总计	$ 44 000	$ 49 500	$ 55 000
10	固定成本：			
11	电力成本	$ 1 000	$ 1 000	$ 1 000
12	主管薪酬	15 000	15 000	15 000
13	固定成本总计	$ 16 000	$ 16 000	$ 16 000
14	部门总成本	$ 60 000	$ 65 500	$ 71 000

← 步骤 1

步骤 2

步骤 3

弹性预算按照以下步骤编制：

步骤 1：识别相关的作业水平。相关的作业水平可以用产量、机器运转时间、人工工时或者其他作业基础表示。图表 22-5 中的三个作业水平分别是 8 000，9 000 和 10 000 单位的产量。

步骤 2：识别预算成本中的固定成本部分和变动成本部分。例如，图表 22-5 中的电力成本就被分割为固定成本部分（每年 1 000 美元）和变动成本部分（每单位 0.50 美元）。直接人工成本为变动成本，而主管薪酬是固定成本。

步骤 3：通过将单位变动成本乘以作业水平再加上月度固定成本编制每个作业水平下的预算表。

在弹性预算下，可以将实际成本与实际作业水平下的预算成本进行比较。例如，组装部门为生产 10 000 单位产品支出了 70 800 美元。图表 22-5 显示该支出比预算低了 200 美元（71 000 - 70 800）。在图表 22-4 的静态预算下，组装部门超支了 10 800 美元。该比较如图表 22-6 所示。

图表 22-6　静态和弹性预算

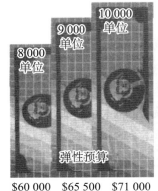

由此可见，组装部门的弹性预算比静态预算更精确、更为有用。这是因为弹性预算能够根据作业水平做出调整。当变动成本与作业水平相关时，如病房费用与患者人数有关或者交通燃料费与里程数相关时，弹性预算可以用于服务公司。

例 22-1　弹性预算

期初，组装部门预计 5 000 个生产工时需要耗费直接人工成本 45 000 美元，主管薪酬 30 000 美元。而事实上，本期该部门共运作了 6 000 个生产工时。使用弹性预算，确定该部门的预算成本。

解答：

变动成本：	
直接人工（6 000×$9*）	$54 000
固定成本：	
主管薪酬	30 000
部门总成本	$84 000

* $45 000/5 000＝$9。

计算机预算系统

公司经常使用计算机编制预算。最常用的两种方法是：

（1）使用电子数据表软件，如微软的 Excel；

（2）使用综合预算和计划软件系统。

电子数据表可以通过汇总组织内各个链接表中的预算信息来减轻编制预算的工作量。此外，还可以在电子数据表中分析各种备选经营方案以及提议变更的影响。

预算和计划软件系统在预算编制过程中通过网络将数千名员工联系在一起。员工可以通过网页输入预算数据，这些数据最终汇总整合到公司的总体预算中。通过这种方法，公司可以快速整合高层战略和低层经营目标。

22.3　总预算

总预算（master budget）是集一段时间内的经营、财务预算于一体的综合性预算。大多数公司按年编制总预算。如图表 22-7 所示，经营预算可用于编制预算利润表，而财务预算可用于编制预算资产负债表。

图表 22-7　制造企业的总预算

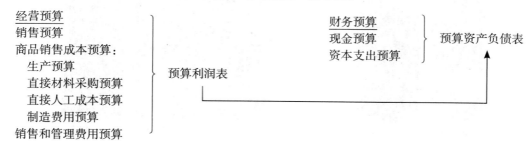

总预算始于经营预算的编制，并形成预算利润表。图表 22-8 展示了如何根据经营预算编制预算利润表。

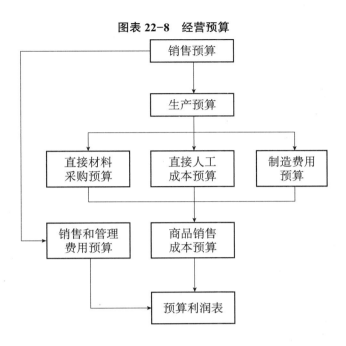

图表 22-8　经营预算

22.4　经营预算

为具体阐释支持预算利润表的各个预算项目，本节以一家小型制造企业——精英饰品公司为例进行解释。

销售预算

销售预算（sales budget）始于估计销量。常将上年度的销量作为估计的基础。接着，根据规划的广告与促销活动、预计的价格变化、预计的行业和总体经济状况等因素对销量进行调整。

预期销量一旦确定，就可以与预期销售单价相乘确定预算收入。

预算收入＝预期销量×预期销售单价

例如，精英饰品公司生产钱包和手提包，并在东部和西部两个地区销售。精英饰品公司对 20Y1 年的销量和产品价格的估计如下：

	东部销量	西部销量	销售单价
钱包	287 000 只	241 000 只	$ 12
手提包	156 400	123 600	25

图表 22-9 列示的是精英饰品公司基于以上数据编制的销售预算表。

图表 22-9　销售预算表

	A	B	C	D
1	精英饰品公司			
2	销售预算表			
3	截至 20Y1 年 12 月 31 日的会计年度			
4	产品和销售地区	销量	销售单价	总销售额
5	钱包：			
6	东部	287 000	$ 12.00	$ 3 444 000
7	西部	241 000	12.00	2 892 000
8	总计	528 000		$ 6 336 000
9				
10	手提包：			
11	东部	156 400	$ 25.00	$ 3 910 000
12	西部	123 600	25.00	3 090 000
13	总计	280 000		$ 7 000 000
14				
15	销售收入总计			$ 13 336 000

生产预算

生产预算必须与销售预算相结合以确保该年度的产销平衡。**生产预算**（production budget）估计为实现销售预算而需要生产制造的产品数量以及应达到的存货水平。

预算产量的确定如下所示：

预期销量	××× 单位
加：所需的期末存货	+×××
减：估计的期初存货	−×××
所需生产的总产量	××× 单位

精英饰品公司预计钱包和手提包的存货水平如下所示：

	估计的存货 20Y1 年 1 月 1 日	所需的存货 20Y1 年 12 月 31 日
钱包	88 000 只	80 000 只
手提包	48 000	60 000

图表 22-10 所示的是精英饰品公司的生产预算表。

图表 22-10 生产预算表

	A	B	C
1	精英饰品公司		
2	生产预算表		
3	截至 20Y1 年 12 月 31 日的会计年度		
4		产量	
5		钱包	手提包
6	预期销量（见图表 22-9）	528 000	280 000
7	加：所需的期末存货，20Y1 年 12 月 31 日	80 000	60 000
8	总计	608 000	340 000
9	减：估计的期初存货，20Y1 年 1 月 1 日	88 000	48 000
10	所需生产的总产量	520 000	292 000

例 22-2 生产预算

兰登奖牌制作公司计划 20Y5 年销售黄铜饰板 45 000 块。估计的 20Y5 年 1 月 1 日期初存货为 3 000 块，20Y5 年 12 月 31 日所需的存货为 5 000 块。20Y5 年的预算产量是多少？

解答：

预期销量	45 000
加：所需的期末存货，20Y5 年 12 月 31 日	5 000
总计	50 000
减：估计的期初存货，20Y5 年 1 月 1 日	3 000
所需生产的总产量	47 000

直接材料采购预算

直接材料采购预算必须与生产预算相结合，以确保预算期的生产不中断。**直接材料采购预算**（direct material purchases budget）估计需要采购的直接材料数量以支持生产预算和所需的存货水平。直接材料采购预算可以通过三个步骤确定。

步骤 1

确定需要采购的直接材料数量，如下所示：

$$\frac{生产所需的}{直接材料预算} = \frac{产量预算}{（见图表 22-10）} \times \frac{每单位产品所需的}{直接材料数量}$$

精英饰品公司使用皮革和衬料生产钱包和手提包。生产每单位产品所需的直接材料估计如下：

钱包	手提包
皮革：每只 0.30 平方码	皮革：每只 1.25 平方码
衬料：每只 0.10 平方码	衬料：每只 0.50 平方码

生产钱包所需的直接材料计算如下：

皮革：520 000 只×0.30 平方码 / 只＝156 000 平方码；

衬料：520 000 只×0.10 平方码 / 只＝52 000 平方码。

生产手提包所需的直接材料计算如下：

皮革：292 000 只×1.25 平方码 / 只＝365 000 平方码；

衬料：292 000 只×0.50 平方码 / 只＝146 000 平方码。

步骤 2

生产所需的材料预算要根据期初和期末的库存量进行调整，以确定所需采购的直接材料数量，如下所示：

生产所需的材料总量（步骤 1）	×××
加：所需的期末材料存货	＋×××
减：估计的期初材料存货	－×××
需要采购的直接材料	×××

步骤 3

直接材料的采购预算计算如下：

$$直接材料采购预算 = \frac{直接材料采购数量}{（步骤 2）} \times 单位价格$$

完成直接材料采购预算

精英饰品公司对皮革、衬料的存货估计如下：

	估计直接材料存货 20Y1 年 1 月 1 日	所需的直接材料存货 20Y1 年 12 月 31 日
皮革	18 000 平方码	20 000 平方码
衬料	15 000 平方码	12 000 平方码

20Y1 年每平方码的皮革和衬料的预计价格如下所示：

	每平方码售价
皮革	$ 4.50
衬料	1.20

图表 22-11 所示的是通过三个步骤编制的精英饰品公司的直接材料采购预算表。

直接材料的采购时间需要采购部门和生产部门的协调以确保生产不会中断。

例 22-3　直接材料采购预算

兰登奖牌制作公司预计在 20Y5 年生产 47 000 块黄铜饰板。生产黄铜饰板需要黄铜皮。假定每块黄铜饰板需要 96 平方英寸的黄铜皮。20Y5 年 1 月 1 日，估计的期初黄铜皮存货为 240 000 平方英寸。20Y5 年 12 月 31 日所需的黄铜皮存货为 200 000 平方英寸。如果每平方英寸黄铜皮的成本为 0.12 美元，确定 20Y5 年的直接材料采购预算。

解答：

生产所需的黄铜皮（47 000×96）	4 512 000
加：所需的期末存货，20Y5 年 12 月 31 日	200 000
所需的黄铜皮	4 712 000
减：估计的期初存货，20Y5 年 1 月 1 日	240 000
需要采购的黄铜皮	4 472 000
单价（每平方英寸）	× $ 0.12
需要采购的总直接材料成本	$ 536 640

图表 22-11　直接材料采购预算表

	A	B	C	D
1		精英饰品公司		
2		直接材料采购预算表		
3		截至 20Y1 年 12 月 31 日的会计年度		
4		直接材料		总计
5		皮革	衬料	
6	生产所需的平方码：			
7	钱包（附注 A）	156 000	52 000	
8	手提包（附注 B）	365 000	146 000	
9	加：所需的期末存货，20Y1 年 12 月 31 日	20 000	12 000	
10	所需的总平方码	541 000	210 000	
11	减：估计的期初存货，20Y1 年 1 月 1 日	18 000	15 000	
12	需要采购的总平方码	523 000	195 000	
13	单价（每平方码）	× $ 4.50	× $ 1.20	
14	需要采购的总直接材料成本	$ 2 353 500	$ 234 000	$ 2 587 500
15	附注 A：	皮革：520 000 只×0.30 平方码 / 只＝156 000 平方码 衬料：520 000 只×0.10 平方码 / 只＝52 000 平方码		
16	附注 B：	皮革：292 000 只×1.25 平方码 / 只＝365 000 平方码 衬料：292 000 只×0.50 平方码 / 只＝146 000 平方码		

直接人工成本预算

直接人工成本预算（direct labor cost budget）估计为支持生产预算所需的直接人工工时以及其他相关成本。生产总监研究确定成本的方法，为编制直接人工成本预算提供预计值。

各部门的直接人工成本预算分两步确定，具体如下：

步骤 1

确定生产所需的直接人工工时预算，计算如下：

$$\text{生产所需的直接人工工时预算} = \text{产量预算（见图表 22-10）} \times \text{每单位产品所需的直接人工工时}$$

精英饰品公司生产总监估计生产钱包和手提包所需的直接人工工时如下所示：

钱包	手提包
裁剪部门：每只 0.10 小时	裁剪部门：每只 0.15 小时
缝纫部门：每只 0.25 小时	缝纫部门：每只 0.40 小时

生产钱包所需的直接人工工时计算如下：

裁剪部门：520 000 只×0.10 小时 / 只=52 000 小时；

缝纫部门：520 000 只×0.25 小时 / 只=130 000 小时。

生产手提包所需的直接人工工时计算如下：

裁剪部门：292 000 只×0.15 小时 / 只=43 800 小时；

缝纫部门：292 000 只×0.40 小时 / 只=116 800 小时。

步骤 2

确定直接人工成本，计算如下：

$$直接人工成本 = \frac{生产所需直接人工工时}{（步骤 1）} \times \frac{直接人工}{每小时费用率}$$

20Y1 年精英饰品公司裁剪部门和缝纫部门估计的直接人工每小时费用率如下所示：

	每小时费用率
裁剪部门	$ 12
缝纫部门	15

完成直接人工成本预算

图表 22-12 所示的是通过两个步骤编制的精英饰品公司的直接人工成本预算表。

图表 22-12　直接人工成本预算表

	A	B	C	D
1	精英饰品公司			
2	直接人工成本预算表			
3	截至 20Y1 年 12 月 31 日的会计年度			
4		直接人工		总计
5		裁剪	缝纫	
6	生产所需的工时：			
7	钱包（附注 A）	52 000	130 000	
8	手提包（附注 B）	43 800	116 800	
9	所需的总工时	95 800	246 800	
10	每小时费用率	×$ 12.00	×$ 15.00	
11	直接人工成本总计	$ 1 149 600	$ 3 702 000	$ 4 851 600
12	附注 A： 裁剪部门：520 000 只×0.10 小时 / 只=52 000 小时 缝纫部门：520 000 只×0.25 小时 / 只=130 000 小时			
13	附注 B： 裁剪部门：292 000 只×0.15 小时 / 只=43 800 小时 缝纫部门：292 000 只×0.40 小时 / 只=116 800 小时			

直接人工的安排需要生产部门和人事部门的协调以确保有足够的人员能进行生产。

例 22-24　直接人工成本预算

兰登奖牌制作公司预计在 20Y5 年生产 47 000 块黄铜饰板。假定雕刻每块饰板需要 12 分钟。每个雕刻工人的工资为每小时 11 美元，确定 20Y5 年的直接人工成本预算。

解答：

雕刻所需的工时：	
黄铜饰板（47 000×12 分钟）	564 000 分钟
将分钟转化为小时	÷60 分钟
雕刻总工时	9 400 小时
小时工资率	×\$ 11.00
直接人工成本总计	\$ 103 400

制造费用预算

制造费用预算（factory overhead cost budget）估计为支持生产预算所需的每个制造费用项目的成本。图表 22-13 所示的是精英饰品公司的制造费用预算表。

图表 22-13　制造费用预算表

	A	B
1	精英饰品公司	
2	制造费用预算表	
3	截至 20Y1 年 12 月 31 日的会计年度	
4	间接人工薪酬	\$ 732 800
5	主管薪酬	360 000
6	电力成本	306 000
7	厂房和设备折旧	288 000
8	间接材料	182 800
9	维护费用	140 280
10	保险和财产税	79 200
11	制造费用总计	\$ 2 089 080

图表 22-13 所示的制造费用预算表有时还附带各部门的成本明细表。这些明细表通常将制造费用分解为固定成本部分和变动成本部分，以帮助部门经理监控和评估当年的成本。

制造费用预算同样需要与生产预算相结合以确保预算期的生产不中断。

商品销售成本预算

商品销售成本预算（cost of goods sold budget）通过整合下列几项预算编制：

（1）直接材料采购预算（见图表 22-11）。

（2）直接人工成本预算（见图表22-12）。

（3）制造费用预算（见图表22-13）。

此外，估计的和所需的直接材料、在产品和产成品存货也要整合在商品销售成本预算中。

精英饰品公司预计的直接材料、在产品和产成品存货如下所示：

	估计的期初存货 20Y1 年 1 月 1 日	所需的期末存货 20Y1 年 12 月 31 日
直接材料：		
皮革	$ 81 000（18 000×$ 4.50）	$ 90 000（20 000×$ 4.50）
衬料	18 000（15 000×$ 1.20）	14 400（12 000×$ 1.20）
直接材料总计	$ 99 000	$ 104 400
在产品	$ 214 400	$ 220 000
产成品	$ 1 095 600	$ 1 565 000

图表 22-14 所示的是精英饰品公司的商品销售成本预算表。该表显示 20Y1 年预计的总制造成本为 9 522 780 美元。总成本中的 2 582 100 美元为直接材料成本，4 851 600 美元为直接人工成本，2 089 080 美元为制造费用。在考虑了在产品之后，20Y1 年制造完工并转入产成品账户的预算成本为 9 517 180 美元。最后，基于预算销量得出的商品销售成本预算为 9 047 780 美元。

图表 22-14　商品销售成本预算表

	A	B	C	D
1	精英饰品公司			
2	商品销售成本预算表			
3	截至 20Y1 年 12 月 31 日的会计年度			
4	产成品期初存货，20Y1 年 1 月 1 日			$ 1 095 600
5	在产品期初存货，20Y1 年 1 月 1 日		$ 214 400	
6	直接材料：			
7	直接材料期初存货，20Y1 年 1 月 1 日	$ 99 000		
8	直接材料采购（见图表 22-11）	2 587 500 ◀		
9	可供使用的直接材料成本	$ 2 686 500		
10	减：直接材料期末存货，20Y1 年 12 月 31 日	104 400		
11	用于生产的直接材料成本	$ 2 582 100		
12	直接人工成本（见图表 22-12）	4 851 600 ◀		
13	制造费用（见图表 22-13）	2 089 080 ◀		
14	本期发生的制造成本总计		9 522 780	
15	本期在产品总计		$ 9 737 180	
16	减：在产品期末存货，20Y1 年 12 月 31 日		220 000	
17	产品制造成本总计			9 517 180
18	可供出售的产成品成本			$ 10 612 780
19	减：产成品期末存货，20Y1 年 12 月 31 日			1 565 000
20	商品销售成本			$ 9 047 780

直接材料采购预算

直接人工成本预算

制造费用预算

例 22-5　商品销售成本预算

使用例 22-3 和例 22-4 中的数据，编制兰登奖牌制作公司的商品销售成本预算表。假定 20Y5 年 1 月 1 日，预计的产成品和在产品存货分别是 54 000 美元和 47 000 美元。另外，假定 20Y5 年 12 月 31 日，所需的产成品和在产品存货分别是 50 000 美元和 49 000 美元。制造费用预算为 126 000 美元。

解答：

产成品期初存货，20Y5 年 1 月 1 日			$ 54 000
在产品期初存货，20Y5 年 1 月 1 日		$ 47 000	
直接材料：			
直接材料期初存货，20Y5 年 1 月 1 日	$ 28 800		
（240 000×$ 0.12，源自例 22-3）			
直接材料采购（源自例 22-3）	536 640		
可供使用的直接材料成本	$ 565 440		
减：直接材料期末存货，20Y5 年 12 月 31 日	24 000		
（200 000×$ 0.12，源自例 22-3）			
用于生产的直接材料成本	$ 541 440		
直接人工成本（源自例 22-4）	103 400		
制造费用	126 000		
本期发生的制造成本总计		770 840	
本期在产品总计		$ 817 840	
减：在产品期末存货，20Y5 年 12 月 31 日		49 000	
产品制造成本总计			768 840
可供出售的产成品成本			$ 822 840
减：产成品期末存货，20Y5 年 12 月 31 日			50 000
商品销售成本			$ 722 840

销售和管理费用预算

销售预算经常作为编制销售和管理费用预算的基础。例如，销售预算的增加可能需要更多的广告费用支持。

图表 22-15 所示的是精英饰品公司的销售和管理费用预算表。

销售和管理费用预算表通常附带各部门的费用明细表。例如，营销部门的广告费用明细表可能包含使用的宣传媒体（报纸、直接邮寄、电视广告）、数量（版面尺寸、份数、分钟数）以及每单位的相关成本。

预算利润表

图表 22-16 所示的精英饰品公司的预算利润表通过整合以下几个预算项目编制：

（1）销售预算（见图表 22-9）；

（2）商品销售成本预算（见图表 22-14）；

（3）销售和管理费用预算（见图表 22-15）。

图表 22-15　销售和管理费用预算表

	A	B	C
1	精英饰品公司		
2	销售和管理费用预算表		
3	截至 20Y1 年 12 月 31 日的会计年度		
4	销售费用：		
5	销售人员薪酬	$ 715 000	
6	广告费用	360 000	
7	差旅费	115 000	
8	销售费用总计		$ 1 190 000
9	管理费用：		
10	办公主管薪酬	$ 360 000	
11	办公人员薪酬	258 000	
12	办公室租赁费用	34 500	
13	办公室日用品耗用	17 500	
14	其他管理费用	25 000	
15	管理费用总计		695 000
16	销售和管理费用总计		$ 1 885 000

图表 22-16　预算利润表

	A	B	C	
1	精英饰品公司			
2	预算利润表			
3	截至 20Y1 年 12 月 31 日的会计年度			
4	销售收入（见图表 22-9）		$ 13 336 000	◀ 销售预算
5	商品销售成本（见图表 22-14）		9 047 780	◀ 商品销售成本预算
6	毛利润		$ 4 288 220	
7	销售和管理费用：			
8	销售费用（见图表 22-15）	$ 1 190 000		销售和管理费用预算
9	管理费用（见图表 22-15）	695 000		
10	销售和管理费用总计		1 885 000	
11	营业利润		$ 2 403 220	
12	其他收入和费用：			
13	利息收入	$ 98 000		
14	利息费用	（90 000）	8 000	
15	税前利润		$ 2 411 220	
16	所得税费用		600 000	
17	净利润		$ 1 811 220	

此外，其他收入、其他费用和所得税的估计值也需要整合在预算利润表中。

因为预算利润表汇总了公司的经营活动预算，所以它可以帮助管理层评估预计销量、成本和费用对当年利润的影响。

22.5 财务预算

经营预算反映了公司的经营活动，而财务预算反映了公司的投融资活动。本节将讨论以下财务预算项目：

（1）现金预算（融资活动）；

（2）资本支出预算（投资活动）。

现金预算

现金预算（cash budget）估计一段时间内的预计现金收入（流入）与支出（流出）。现金预算应当结合各项经营活动预算。此外，资本支出预算、股利、公司的权益或者长期负债融资计划也会影响现金预算。

为举例说明，编制精英饰品公司 20Y1 年 1 月、2 月、3 月的月度现金预算。现金预算的编制始于估计的现金收入。

估计的现金收入

估计的现金收入的主要来源是现金销售以及赊销账款收回。此外，也可以通过发行股票或债券以及其他来源如利息收入获得现金收入。

为估计来自现金销售和赊销账款收回的现金收入，需要编制销售账款收回明细表。为举例说明，用精英饰品公司的以下数据做简要分析：

	1 月	2 月	3 月
销售收入：			
预算现金销售收入	$ 1 080 000	$ 1 240 000	$ 970 000
应收账款：			
应收账款，20Y1 年 1 月 1 日	$ 480 000		
赊销账款收回：			
来自上月的赊销交易	40%		
来自当月的赊销交易	60		
	100%		

任一月份的预算现金销售收入是来自上月现金销售收入和来自当月现金销售收入之和。举例来说，2 月份收取的现金是 1 月份现金销售收入的 40%（1 080 000×40%）加上 2 月份现金销售收入的 60%（1 240 000×60%），如下所示：

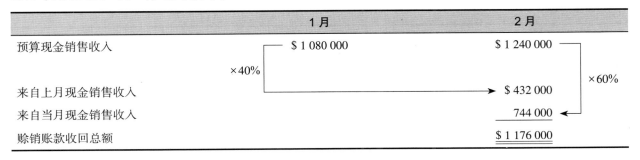

	1 月	2 月
预算现金销售收入	$ 1 080 000	$ 1 240 000
来自上月现金销售收入		$ 432 000
来自当月现金销售收入		744 000
赊销账款收回总额		$ 1 176 000

根据上述数据，图表 22–17 所示的是精英饰品公司 3 个月的销售账款收回明细表。为了简便计算，假设所有应收账款均已收回且无现金销售。

图表 22-17　销售账款收回明细表

	A	B	C	D
1	精英饰品公司			
2	销售账款收回明细表			
3	截至 20Y1 年 3 月 31 日的 3 个月			
4		1 月	2 月	3 月
5	来自上月现金销售收入——附注 A	$ 480 000	$ 432 000	$ 496 000
6	来自当月现金销售收入——附注 B	648 000	744 000	582 000
7	赊销账款收回总额	$ 1 128 000	$ 1 176 000	$ 1 078 000
8	附注 A：	$ 480 000，20Y1 年 1 月 1 日应收账款账户余额 $ 432 000＝$ 1 080 000×40% $ 97 000＝$ 1 240 000×40%		
9	附注 B：	$ 648 000＝$ 1 080 000×60% $ 744 000＝$ 1 240 000×60% $ 582 000＝$ 970 000×60%		

估计的现金支出

估计的现金支出必须根据经营活动成本以及各项费用，包括制造成本、销售和管理费用等做出预计。此外，估计的现金支出还需要考虑计划的资本支出、股利和利息的支付以及长期负债的偿还。

为估计与制造成本相关的现金支出，需要编制制造成本现金支出明细表。为举例说明，用精英公司的以下数据做简要分析：

	1 月	2 月	3 月
制造成本：			
预算制造成本	$ 840 000	$ 780 000	$ 812 000
制造成本中包含的机器折旧费用	24 000	24 000	24 000
应付账款：			
应付账款，20Y1 年 1 月 1 日	$ 190 000		
制造成本的现金支出：			
为上月的制造成本	25%		
为当月的制造成本	75		
	100%		

任一月份的预算现金支出是为上月制造成本（减去折旧）的现金支出和为当月制造成本（减去折旧）的现金支出之和。例如，2 月份支出的现金是为 1 月份制造成本（减去折旧）支付的现金的 25%（（840 000－24 000）×25%）加上为当月制造成本（减去折旧）支付的现金的 75%（（780 000－24 000）×75%），计算如下：

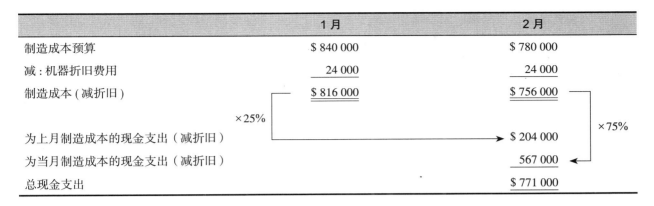

	1 月	2 月
制造成本预算	$ 840 000	$ 780 000
减：机器折旧费用	24 000	24 000
制造成本（减折旧）	$ 816 000	$ 756 000
为上月制造成本的现金支出（减折旧）		$ 204 000
为当月制造成本的现金支出（减折旧）		567 000
总现金支出		$ 771 000

根据上述数据，图表 22-18 列示的是精英饰品公司 3 个月的制造成本现金支出明细表。

图表 22-18　制造成本现金支出明细表

	A	B	C	D
1	精英饰品公司			
2	制造成本现金支出明细表			
3	截至 20Y1 年 3 月 31 日的 3 个月			
4		1 月	2 月	3 月
5	为上月制造成本的现金支出（25%×以前月份制造成本（减折旧）——附注 A）	$ 190 000	$ 204 000	$ 189 000
5	为当月制造成本的现金支出（75%×当月制造成本（减折旧）——附注 B）	612 000	567 000	591 000
6	支出总计	$ 802 000	$ 771 000	$ 780 000
7	附注 A：	$ 190 000，20Y1 年 1 月 1 日的应付账款账户余额 $ 204 000＝（ $ 840 000－$ 24 000）×25% $ 189 000＝（ $ 780 000－$ 24 000）×25%		
8	附注 B：	$ 612 000＝（ $ 840 000－$ 24 000）×75% $ 567 000＝（ $ 780 000－$ 24 000）×75% $ 591 000＝（ $ 812 000－$ 24 000）×75%		

完成现金预算

现金预算是为一个预算期构建的，如下所示：

　　预算期（budget period）：

　　　　估计的现金收入

　　－ 估计的现金支出

　　　　现金增加（减少）

　　＋ 月初现金余额

　　　　月末现金余额（下一预算期的期初余额）

　　－ 最低现金余额

　　　　现金过剩（短缺）

期末预算余额是根据该期的净增加（减少）额加上期初现金余额来确定的。将期末现金余额与管理层设定的支持运营的最低现金余额进行比较，二者之间的任何差异都意味着出现了需要管理层关注的现金过剩或短缺。

假定精英饰品公司的数据如下所示：

20Y1年1月1日的现金余额	$ 225 000
20Y1年3月31日支付的季度税费	150 000
20Y1年1月10日支付的季度利息费用	22 500
20Y1年3月21日收到的季度利息收入	24 500
20Y1年2月购入的缝纫设备	274 000

销售和管理费用（在发生的当月支付）：

1月	2月	3月
$ 160 000	$ 165 000	$ 145 000

使用上述数据编制的现金预算表如图表22–19所示。

估计的现金收入包括赊销账款收回的现金收入（见图表22–17）和利息收入，估计的现金支出包括制造成本支出（见图表22–18）、销售和管理费用、资本支出、利息费用和所得税的现金支付。此外，假设最低现金余额为340 000美元。

图表22–19显示精英饰品公司预计在1月底有28 500美元的现金过剩。它可用于投资短期证券如中短期的国库券，以获得额外收入。而2月底预计的5 500美元的现金短缺则可能导致精英饰品公司向银行借款。

例22–6　现金预算

兰登奖牌制作公司25%的赊销收入在当月收回，另外75%的赊销收入于下个月收回。如果3月份和4月份预计的赊销收入分别为100 000美元和126 000美元，那么4月份预计从赊销账户收回的现金是多少？

解答：

	4月
从3月份销售中收回的现金（75%×$ 100 000）	$ 75 000
从4月份销售中收回的现金（25%×$ 126 000）	31 500
从赊销账户收回的现金总计	$ 106 500

资本支出预算

资本支出预算（capital expenditure budget）汇总了公司的固定资产购置计划。随着机器设备以及其他固定资产的报废和过时，这些支出是公司持续生产经营所必需的。此外，为了满足不断增长的产品需求，购置额外的固定资产有时也是必需的。

例如，精英饰品公司5个会计年度的资本支出预算表如图表22–20所示。

图表 22-19 现金预算表

	A	B	C	D	
1	精英饰品公司				
2	现金预算表				
3	截至 20Y1 年 3 月 31 日的 3 个月				
4		1 月	2 月	3 月	
5	估计的现金收入：				
6	赊销账款收回（见图表 22-17）	$ 1 128 000	$ 1 176 000	$ 1 078 000	← 销售账款收回明细表
7	利息收入			24 500	
8	现金总收入	$ 1 128 000	$ 1 176 000	$ 1 102 500	
9	估计的现金支出：				
10	制造成本（见图表 22-18）	$ 802 000	$ 771 000	$ 780 000	← 制造成本现金支出明细表
11	销售和管理费用	160 000	165 000	145 000	
12	资本支出（缝纫设备）		274 000		
13	利息费用	22 500			
14	所得税费用			150 000	
15	现金总支出	$ 984 500	$ 1 210 000	$ 1 075 000	
16	现金增加额（减少额）	$ 143 500	$ （34 000）	$ 27 500	
17	月初现金余额	225 000	368 500	334 500	
18	月末现金余额	$ 368 500	$ 334 500	$ 362 000	
19	最低现金余额	340 000	340 000	340 000	
20	现金过剩（短缺）	$ 28 500	$ （5 500）	$ 22 000	

图表 22-20 资本支出预算表

	A	B	C	D	E	F
1	精英饰品公司					
2	资本支出预算表					
3	截至 20Y1 年 12 月 31 日的 5 个会计年度					
4	项目	20Y1 年	20Y2 年	20Y3 年	20Y4 年	20Y5 年
5	机器——裁剪部门	$ 400 000			$ 280 000	$ 360 000
6	机器——缝纫部门	274 000	$ 260 000	$ 560 000	200 000	
7	办公设备		90 000			60 000
8	总计	$ 674 000	$ 350 000	$ 560 000	$ 480 000	$ 420 000

如图表 22-20 所示，资本支出预算通常以 5～10 年为期限，这是因为固定资产的购置通常需要提前几年预定。类似地，构建新建筑物或者其他生产线也可能需要花费几年的时间。

资本支出预算需要与经营预算和财务预算相结合。例如，新制造设备的折旧会影响制造费用预算。为资本支出而制定的融资计划也可能影响现金预算。

预算资产负债表

预算资产负债表基于总预算中的经营预算和财务预算编制。预算资产负债表以预算期的截止日期为基准，除了使用的金额为估计金额以外，其他方面都与普通的资产负债表相似。因此，本章未列示精英饰品公司的预算资产负债表。

练习题

EX 22-1　个人预算

在学年初，凯瑟琳·马洛伊决定编制9月、10月、11月和12月的现金预算表。预算必须确保她在12月31日有足够的现金支付春季学期的学费，金额与秋季学期的学费一致。以下是与预算相关部分信息：

9月1日的现金余额（来自暑期实习）	$5 750
9月份购买季度足球赛的门票	210
每月的其他娱乐花销	275
9月份支付的秋季学期学费	3 700
月初支付的租金	600
每月的伙食费	235
9月2日支付的房租押金（在12月15日归还）	500
每月的兼职收入（税后净收入）	1 400

a. 编制9月、10月、11月和12月的现金预算表。

b. 这四个月的预算应当以静态预算的形式编制还是以弹性预算的形式编制？

c. 凯瑟琳·马洛伊的预算给你什么启示？

EX 22-3　静态预算和弹性预算

尼兰德公司机械部门的主管批准了下一年度的每月静态预算，如下所示：

尼兰德公司 机械部门 月度生产预算	
工资	$1 125 000
水电费	90 000
折旧费用	50 000
总计	$1 265 000

机械部门前三个月的实际支出金额和产量如下所示：

	支出金额	产量
1 月	$ 1 100 000	80 000
2 月	1 200 000	90 000
3 月	1 250 000	95 000

机械部门主管对此非常满意,因为 1—3 月的实际支出金额低于每月 1 265 000 美元的静态预算。但是,工厂经理却认为预算不应当每月保持固定水平,而应当更为灵活或根据机械部门的产量进行调整。机械部门追加的预算信息如下:

时薪	$ 15.00
每直接人工工时水电费	$ 1.20
每单位产品所需直接人工工时	0.75
月度计划产量	100 000

a. 根据机械部门 1 月、2 月、3 月的实际产量编制弹性预算。假设折旧费用是固定成本。

b. 比较弹性预算与前三个月的实际支出金额的差异。差异能说明什么问题?

EX 22–5 生产预算

失重公司生产小型和大型电子秤。各个销售地区的预计销量如下所示:

	小型	大型
东部销量	55 000	30 000
西部销量	95 000	60 000
总计	150 000	90 000

10 月 1 日,小型和大型电子秤估计的存货分别是 18 000 件和 10 000 件。10 月 31 日,小型和大型电子秤所需的存货分别是 12 500 件和 8 000 件。

编制小型和大型电子秤 10 月份的生产预算表。

EX 22–7 服务企业专业服务收费预算

罗林斯 & 科恩会计师事务所为客户提供三项服务:审计、税务和小型企业的会计记账。根据以往经验和预计的增长率,截至 20Y7 年 12 月 31 日的会计年度的预计服务时长如下所示:

	服务时长
审计部门:	
员工	22 400
合伙人	7 900
税务部门:	
员工	13 200
合伙人	5 500
小型企业记账部门:	
员工	3 000
合伙人	600

员工的平均费用率为每小时 150 美元，合伙人的平均费用率为每小时 320 美元。编制罗林斯 & 科恩会计师事务所截至 20Y7 年 12 月 31 日的会计年度的专业服务收费预算表。用下列表头制表并根据服务的类型列示估计的专业服务收费。

服务时长	费用率	总收入

EX 22-9　直接材料采购预算

劳伦佐冷冻比萨公司根据以下预算产量制定 9 月份 12 英寸和 16 英寸冷冻比萨的生产预算表：

	产量	
	12 英寸比萨	16 英寸比萨
预算产量	12 500	21 800

生产两类比萨需要三种直接材料。生产每类比萨所需的直接材料数量预计如下：

	12 英寸比萨	16 英寸比萨
直接材料：		
生面团	0.80 磅 / 单位	1.40 磅 / 单位
番茄	0.50	0.70
奶酪	0.70	1.30

此外，劳伦佐冷冻比萨公司还对每种材料做出了以下预计：

	生面团	番茄	奶酪
估计的存货，9 月 1 日	490 磅	230 磅	275 磅
所需的存货，9 月 30 日	580 磅	185 磅	340 磅
每磅价格	$ 0.50	$ 2.20	$ 2.60

编制劳伦佐冷冻比萨公司的直接材料采购预算表。

EX 22-11　直接材料采购预算

安行公司估计的销量为 42 000 个客车轮胎和 19 000 个卡车轮胎。为生产客车轮胎和卡车轮胎所需的橡胶和钢带如下所示：

	客车轮胎	卡车轮胎
橡胶	35 磅 / 个	78 磅 / 个
钢带	5 磅 / 个	8 磅 / 个

橡胶和钢带的购买价格分别是每磅 1.20 美元和每磅 0.80 美元。橡胶和钢带所需的期末存货数量分别为 40 000 磅和 10 000 磅。橡胶和钢带估计的期初存货数量分别为 46 000 磅和 8 000 磅。

编制安行公司截至 20Y8 年 12 月 31 日的会计年度的直接材料采购预算表。

EX 22-13 服务企业的直接人工成本预算

大使套房公司在市区经营一家有 300 间客房的旅馆。工作日的平均入住率为 80%，周末的平均入住率为 40%。公司经理要求编制工作日和周末客房部和餐饮部的直接人工成本预算表。估计客房部员工每清理一间入住客房需要 30 分钟。客房部员工的薪酬为每小时 14 美元，员工人数完全随入住客房的数量而变动。不管入住率如何变化，餐饮部有 6 名全职员工（每天工作 8 小时）。但是，客房每入住 60 间，就需要多一名员工在餐饮部工作 8 小时。餐饮部员工的薪酬为每小时 12 美元。

确定在一个普通的工作日和普通的周末，客房部和餐饮部的估计直接人工总成本分别是多少？编制两列式的预算表，标题分别为"工作日"和"周末"。

EX 22-15 制造费用预算

8 月份甜齿糖果公司根据预计的产量做出了以下各项成本预算：

广告费用	$ 232 000	生产主管薪酬	$ 135 000
制造用供应品	14 000	生产控制人员薪酬	32 000
照明和电力	48 000	董事长薪酬	310 000
销售佣金	298 000	材料管理人员薪酬	39 000
工厂保险费用	30 000	工厂折旧费用	22 000

编制制造费用预算表，区分变动成本和固定成本。假定工厂保险费用和折旧费用都是固定制造成本。

EX 22-17 商品销售成本预算

明陶公司的主管会计想编制 9 月份的商品销售成本预算表。为编制商品销售成本预算表，主管会计获得了以下信息：

直接材料	瓷釉	油漆	陶瓷	总计
9 月份的直接材料采购预算	$ 36 780	$ 6 130	$ 145 500	$ 188 410
9 月 1 日估计的期初存货	1 240	950	4 250	6 440
9 月 30 日所需的期末存货	1 890	1 070	5 870	8 830

直接材料成本	烧制部门	装饰部门	总计
9 月份的直接人工成本预算	$ 47 900	$ 145 700	$ 193 600

产成品存货	碟	碗	小塑像	总计
9 月 1 日估计的期初存货	$ 5 780	$ 3 080	$ 2 640	$ 11 500
9 月 30 日所需的期末存货	3 710	2 670	3 290	9 670

在产品存货	
9 月 1 日估计的期初存货	$ 3 400
9 月 30 日所需的期末存货	1 990

9 月份的制造费用预算	
间接人工成本	$ 81 900
厂房和设备折旧	14 300
照明和电力	5 200
间接材料	4 100
总计	$ 105 500

使用上述信息编制 9 月份的商品销售成本预算表。

EX 22-19　应收账款现金收回明细表

办公世界公司有现金购物自行提货的客户，也有赊购客户。公司估计月度销售额中的 25% 来自现金客户，剩余的 75% 源自赊购客户。在这些赊购客户中，40% 的客户在当月支付货款，而剩余 60% 的客户在下月支付货款。接下来三个月的预期销量如下所示：

　　10 月　$ 700 000
　　11 月　　650 000
　　12 月　　500 000

9 月 30 日应收账款账户余额为 290 000 美元。
编制 10 月、11 月和 12 月的应收账款现金收回明细表。

综合题

PR 22-1A　预期销量和销售预算

拉斐尔画框公司截至 20Y6 年 12 月 31 日的会计年度的销售预算表如下所示：

拉斐尔画框公司 销售预算表 截至 20Y6 年 12 月 31 日的会计年度			
产品和销售地区	销量	销售单价	销售收入
8″×10″ 画框：			
东部	8 500	$ 16	$ 136 000
中部	6 200	16	99 200
西部	12 600	16	201 600
总计	27 300		$ 436 800
12″×16″ 画框：			
东部	3 800	$ 30	$ 114 000
中部	3 000	30	90 000
西部	5 400	30	162 000
总计	12 200		$ 366 000
销售收入总计			$ 802 800

20Y6 年，公司披露了本年的实际销量，如下所示：

	销量	
	8″×10″ 画框	12″×16″ 画框
东部	8 755	3 686
中部	6 510	3 090
西部	12 348	5 616

公司预计截至 20Y7 年 12 月 31 日的会计年度的销量将与截至 20Y6 年 12 月 31 日的会计年度制定的销售计划一致。从 20Y7 年 1 月 1 日起，8″×10″ 画框的销售单价预计将增长到 17 美元，而 12″×16″ 画框的销售单价则预计增长到 32 美元。

要求：

1. 与预算相比，计算截至 20Y6 年 12 月 31 日的会计年度实际销量的增减变动。将答案填入下列表格中。

	销量 20Y6 年		增加（减少） 实际相比预算	
	预期	实际	数量	百分比
8″×10″ 画框：				
东部				
中部				
西部				
12″×16″ 画框：				
东部				
中部				
西部				

2. 假定第 1 题中计算所得的实际销量和预期销量的差异在 20Y7 年仍然存在，计算在编制截至 20Y7 年 12 月 31 日的会计年度的销售预算时使用的预期销量。将答案填写在与第 1 题类似的表格中，使用下列表头。预算销量保留至整数。

20Y6 年 实际销量	增长（减少） 百分比	20Y7 年 预期销量

3. 编制截至 20Y7 年 12 月 31 日的会计年度的销售预算表。

案例分析题

CP 22-1 道德行为

本年 7 月 26 日，斯塔尔计算机公司的市场总监梅根·休伊特与公司总经理卡姆·莫利进行了以下讨论：

梅根：卡姆，看来我要比 7 月份的预算少花很多钱了。

卡姆：很高兴听到你这么说。

梅根：嗯，我不确定这是不是好消息。我担心董事长会看到我的预算不足，并在未来减少我的预算。数据看起来不错的唯一原因是我们推迟了广告宣传活动。一旦 9 月份活动开始，我确信实际支出将会增加。你知道，我们将在 9 月份举办销售会议。广告宣传活动和举办会议同时进行会使支出远超 9 月份的预算数字。

卡姆：我觉得没什么好担心的。每个月的实际支出都会有一些变化。真正重要的是不超过今年的预算目标。这看起来会是一个问题吗？

梅根：我不这么认为，不过一样的是，我想保险起见。

卡姆：什么意思？

梅根：我想提前支付这个月的相关会议费用。我打算支付酒店的房间费和会议场地费，并提前购买机票。这样我就可以把这些支出都记录在 7 月份的实际开支里面了。这将使得我的实际开支接近 7 月份的预算。此外，当 9 月份大规模的广告宣传活动开始时，我就不必在 9 月份的预算中担心举办会议的开支了，因为会议费用已经支付了。因此，9 月份的开支应该与预算非常接近。

卡姆：我不能告诉你什么时候支出会议费用，但我不太确定它是否应该在 7 月份的预算中支出。

梅根：有什么问题吗？在我看来，这"没有伤害，没有犯规"。我看不出这有什么不对——这只是聪明的管理。

卡姆·莫利应该如何回应梅根·休伊特提出的将预支的相关会议费用与 7 月份的预算相抵的要求？

第 **23** 章

评估标准成本差异

当你做运动时，通常会与标准或者竞争者对比来评估自己的表现。例如，在打保龄球时，你会将自己的分数与最高分 300 分或者竞争对手的分数进行比较。在大学中，老师会把你的课堂表现与学业标准进行比较，这些标准通常用字母等级表示，作为衡量你实现课程目标程度的一个指标。在工作中，你的工作表现也经常根据业绩标准被评估。

就像你的课堂表现会被评估一样，企业的经理也会根据目标和计划被评估。例如，宝马集团在汽车组装厂使用制造标准来指导员工的工作。宝马集团旗下的一款车型 Mini Cooper，由位于英国牛津的现代化生产线制造。在这个工厂中有一系列生产目标。例如，车体由 250 多个机器人焊接而成，硬度是竞争对手相似车型的 2～3 倍。此外，车体的尺寸误差精确到人发直径的数量级。但是如果考虑到 Mini Cooper 最初的设计师约翰·库珀的赛车手背景，你就不会对这样的生产标准感到惊讶了。

如果你想知道宝马汽车的制造流程，可以登录宝马集团官网，点击"汽车是如何诞生的"标签查看。

业绩表现常通过比较实际结果与计划结果得出。在本章中，我们将讨论和阐释企业业绩的评估方法。

学习目标

1. 描述标准的类型和标准制定的过程。

2. 描述并举例说明标准在预算中的应用。

3. 计算并解释直接材料差异和直接人工差异。

4. 计算并解释制造费用的可控差异和数量差异。

5. 编制在账户中记录标准成本的分录和包含标准成本差异的利润表。

6.描述并提供非财务业绩衡量指标的例子。

23.1 标 准

标准（standard）是业绩目标。制造公司常对以下三项产品成本使用**标准成本**（standard cost）：

（1）直接材料；

（2）直接人工；

（3）制造费用。

使用标准生产成本的会计制度叫作**标准成本法**（standard cost system）。标准成本法可以帮助管理者确定以下项目：

（1）一单位产品应当耗费的成本（标准成本）；

（2）一单位产品的实际成本（实际成本）。

通过比较实际成本与标准成本，报告例外情况和差异项目。根据例外原则编制的报告有助于管理层关注和纠正成本差异。

制定标准

标准的制定过程通常需要会计人员、工程师和其他管理者的共同努力。会计人员将判断和流程研究的结果转化为货币形式。工程师在运营经理的帮助下确定产品生产所需的材料、人工和机器的数量。例如，工程师可以通过产品规格和估计的正常损耗确定直接材料的需求量，还可以通过工效研究确定每个制造流程的直接人工需求。工程研究也可能用于确定标准制造费用，如机器运转所需的电力成本。

标准类型

标准代表着可接受的生产效率。制定标准的一个主要目的就在于激励员工进行有效的生产。

理想标准（ideal standard），或者理论标准是只有在完善的生产条件下才能实现的标准，如没有闲置时间，没有机器故障，也没有材料损坏。这样的标准可能对企业的业绩造成负面影响，因为它可能被员工视为不现实。

当下可实现标准（currently attainable standard），有时也称正常标准，是通过适当的努力可以实现的标准。这种被大多数公司使用的标准允许出现正常的生产问题和生产失误。当公司使用合理的标准时，员工就更愿意付出努力，更加关注成本。

理想标准与正常标准的差异可以用高尔夫运动的一个例子来解释。在高尔夫运动中，"标准杆"是一个理想标准，而每个球员的"差点"则是正常标准。对于一个普通球员来说，其动机就是打平自己的"差点"，因为打平"标准杆"是不现实的。

检查和修正标准

标准成本需要被定期修正以确保它们能够反映当下的经营状况，但是不能仅仅因为标准成本与实际成本不同就进行修正。例如，不能因为员工无法实现合理设定的标准就修正直接人工标准。当销售价格、产品设计、员工工资率或者制造方法发生变动时，应当修正标准。

标准成本的非议

对于使用标准成本进行业绩评估的一些非议如下所示：

（1）标准限制了经营活动的改善，因为它阻碍了标准以外的改进；

（2）标准难以维持机动灵活的制造环境，"陈旧的标准"是一种束缚；

（3）标准可能使员工忽略组织更远大的目标，而局限于效率的提高；

（4）标准可能使员工过度关注自身的经营活动而损害依赖于他们的其他经营活动。

尽管存在以上非议，标准仍然广泛用于各类企业。此外，标准只是大多数企业业绩评估体系中的一部分。如本章所示，企业经常使用其他非财务业绩衡量指标来弥补标准成本法的不足，以克服上述的多项非议。

23.2　预算业绩评估

如第 22 章所述，总预算可以帮助企业计划、指导和控制业绩。其中的控制职能，或者说预算业绩评估指的是对比实际业绩与预算的差异。

为解释说明，本章以一家牛仔裤制造商——西部骑士公司为例。该公司在预算中使用标准成本。直接材料、直接人工和制造费用的标准有以下两个组成部分：

（1）标准价格；

（2）标准数量。

直接材料、直接人工和制造费用每单位的标准成本计算如下：

单位标准成本＝标准价格×标准数量

西部骑士公司 XL 号牛仔裤的单位标准成本如图表 23-1 所示。

图表 23-1　XL 号牛仔裤的单位标准成本

制造成本	标准价格	×	每条标准数量	=	每条 XL 号牛仔裤的标准成本
直接材料	$ 5.00/ 平方码	×	1.50 平方码	=	$ 7.50
直接人工	$ 9.00/ 小时	×	0.80 小时 / 条	=	7.20
制造费用	$ 6.00/ 小时	×	0.80 小时 / 条	=	4.80
每条总标准成本					$ 19.50

如图表 23-1 所示，一条 XL 号牛仔裤的标准成本为 19.50 美元，其中包括 7.50 美元的直接材料成本、7.20 美元的直接人工成本和 4.80 美元的制造费用。

每种产品成本的标准价格和标准数量是分开列示的。例如，图表 23-1 中每条 XL 号牛仔裤直接材料的标准价格是每平方码 5.00 美元，标准数量为 1.50 平方码。标准价格和标准数量之所以要分开列示，是因为它们的控制部门通常是不同的。例如，每平方码直接材料的价格通常由采购部门控制，而每条裤子所使用的直接材料数量则由生产部门控制。

如第 22 章所述，总预算基于预计的销量和产量编制。材料采购、直接人工和制造费用的预算成本都是根据单位标准成本乘以计划的生产水平确定的，然后将预算（标准）成本与实际成本相比较以达到控制的目的。

预算执行报告

实际成本与标准成本的差异叫作**成本差异**（cost variance）。当实际成本低于标准成本时就会**产生有利成本差异**（favorable cost variance），如果实际成本超过标准成本就会产生**不利成本差异**（unfavorable cost variance）。这些成本差异如图表 23-2 所示。

图表 23-2　成本差异

有利成本差异	不利成本差异
实际成本＜实际产量下的标准成本	实际成本＞实际产量下的标准成本

汇总实际成本、标准成本及其差异的报告叫作**预算执行报告**（budget performance report）。例如，假设西部骑士公司 6 月份牛仔裤的生产信息如下所示：

生产和销售的牛仔裤数量	5 000 条
6 月份实际发生的成本：	
直接材料	$ 40 150
直接人工	38 500
制造费用	22 400
发生的成本总计	$ 101 050

图表 23-3 列示的是西部骑士公司 6 月份的预算执行报告。

图表 23-3　预算执行报告

西部骑士公司 预算执行报告 截至 6 月 30 日的月份			
制造成本	实际成本	实际产量下的标准成本 （5 000 条 XL 号牛仔裤）*	成本差异—— （有利）不利
直接材料	$ 40 150	$ 37 500	$ 2 650
直接人工	38 500	36 000	2 500
制造费用	22 400	24 000	（1 600）
制造成本总计	$ 101 050	$ 97 500	$ 3 550

* 5 000 件×7.5 美元 / 件＝37 500 美元；
5 000 件×7.2 美元 / 件＝36 000 美元；
5 000 件×4.8 美元 / 件＝24 000 美元。

图表 23-3 所示的预算执行报告是以 6 月份实际生产的 5 000 条 XL 号牛仔裤为基础编制的。即使公司预计可能生产 6 000 条牛仔裤，预算执行报告也以实际产量为基础编制。

制造成本差异

总制造成本差异（total manufacturing cost variance）指的是对于实际产量，总标准成本与总实际成本之间的差异。如图表 23-3 所示，总制造成本不利差异为 3 550 美元，其中包括直接材料成本不利差异 2 650 美元，直接人工成本不利差异 2 500 美元，以及制造费用有利差异 1 600 美元。

为了便于控制，每类产品成本的差异都被进一步分为两种差异，如图表 23-4 所示。

图表 23-4 制造成本差异

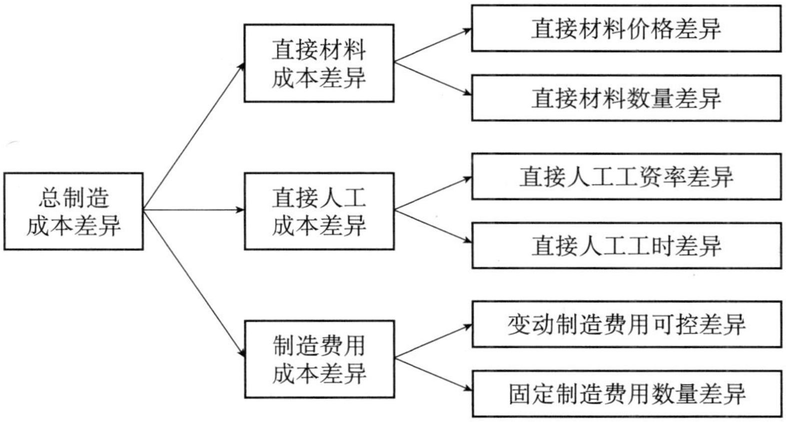

总直接材料成本差异被进一步分为价格差异和数量差异。这是因为直接材料的标准成本和实际成本的计算如下所示：

直接材料实际成本＝实际价格×实际数量

直接材料标准成本＝标准价格×标准数量

因此，直接材料实际成本与标准成本的差异可能是因为价格的不同（实际价格−标准价格）、数量的不同（实际数量−标准数量），也有可能是两者共同导致的。

类似地，总直接人工成本差异也可以进一步分为工资率差异和工时差异。这是因为直接人工成本的计算如下所示：

直接人工实际成本＝实际工资率×实际工时

直接人工标准成本＝标准工资率×标准工时

因此，直接人工实际成本与标准成本的差异可能是因为工资率的不同（实际工资率−标准工资率）、工时的不同（实际工时−标准工时），也有可能是两者共同导致的。

总制造费用成本差异被进一步分为可控差异和数量差异。因为制造费用包含固定成本和变动成本两部分，因此它的差异与纯粹为变动成本的直接材料成本、直接人工成本的差异不同。

下一节将进一步阐释直接材料的价格差异和数量差异、直接人工的工资率差异和工时差异，以及制造费用的可控差异和数量差异。

23.3 直接材料和直接人工差异

如上一节所述，出于分析和控制的目的，总直接材料成本差异和总直接人工成本差异分别被分为直接材料价格差异和数量差异以及直接人工工资率差异和工时差异，这些差异如图表 23-5 所示。

图表 23-5　直接材料和直接人工成本差异

总直接材料成本差异 ⟶ { 直接材料价格差异
直接材料数量差异 }

总直接人工成本差异 ⟶ { 直接人工工资率差异
直接人工工时差异 }

本节使用图表 23-3 所示的西部骑士公司 6 月份的经营活动数据进行分析阐释。

直接材料差异

6 月份，西部骑士公司因生产 5 000 条 XL 号的牛仔裤报告了 2 650 美元的直接材料不利差异，如图表 23-3 所示。该差异基于以下实际成本和标准成本得出：

实际成本	$ 40 150
标准成本	37 500
总直接材料成本差异	$　2 650

实际发生的 40 150 美元成本计算如下：

直接材料实际成本＝实际价格×实际数量
＝5.50×7 300
＝40 150（美元）

37 500 美元的标准成本计算如下：

直接材料标准成本＝标准价格×标准数量
＝5.00×7 500
＝37 500（美元）

每平方码 5.00 美元的标准价格摘自图表 23-1。此外，图表 23-1 还说明了生产一条 XL 号牛仔裤的标准数量为 1.50 平方码。因此，生产 5 000 条 XL 号牛仔裤共需要 7 500 平方码（5 000×1.50）的直接材料。

通过比较实际成本和标准成本的计算过程，我们可以发现 2 650 美元的直接材料不利差异是以下两个因素造成的：

（1）每平方码的材料价格比标准价格高了 0.50 美元（5.50－5.00）；

（2）材料使用数量比标准数量少了 200 平方码（7 500－7 300）。

这些差异的影响以直接材料价格差异和直接材料数量差异的形式进行报告和分析。

直接材料价格差异

直接材料价格差异（direct material price variance）的计算如下所示：

直接材料价格差异＝（实际价格－标准价格）×实际数量

如果每单位实际价格超过标准价格，那么差异就是不利的。该正向金额（不利差异）可以看作增加的成本（借方）。如果每单位实际价格低于标准价格，那么差异就是有利的。该负向金额（有利差异）可看作减少的成本（贷方）。

例如，西部骑士公司 6 月份 3 650 美元不利的直接材料价格差异的计算如下所示：

$$直接材料价格差异 = （实际价格 - 标准价格）× 实际数量$$
$$= （5.50 - 5.00）× 7\,300$$
$$= 3\,650（美元）（不利差异）$$

直接材料数量差异

直接材料数量差异（direct material quantity variance）的计算如下所示：

$$直接材料数量差异 = （实际数量 - 标准数量）× 标准价格$$

对于实际产量下的直接材料总消耗，如果实际数量超过标准数量，那么差异就是不利的。该正向金额（不利差异）可以看作增加的成本（借方）。如果实际数量低于标准数量，那么差异就是有利的。该负向金额（有利差异）可看作减少的成本（贷方）。

例如，西部骑士公司 6 月份 1 000 美元有利的直接材料数量差异的计算如下所示：

$$直接材料数量差异 = （实际数量 - 标准数量）× 标准价格$$
$$= （7\,300 - 7\,500）× 5.00$$
$$= -1\,000（美元）（有利差异）$$

直接材料差异的关系

总直接材料成本差异、直接材料价格差异和直接材料数量差异的关系如图表 23-6 所示。

图表 23-6　直接材料差异关系

报告直接材料差异

应将直接材料数量差异向负责该差异的经理报告。例如，不利的直接材料数量差异可能是以下原因造成的：

（1）设备没有得到合理的维护；

（2）使用了低质量（劣等）的直接材料。

第一种情况的差异应由维护设备的运营部门负责，第二种情况的差异应当由采购部门负责。

并不是所有的差异都是可以控制的。例如，不利的直接材料价格差异可能是市场价格上涨引起的。在这种情况下，采购部门则无法采取合理措施避免该不利差异。另一方面，如果可以按照标准价格从另一个供应商处购得同等质量的材料，那么该差异就是可控的。

例 23-1　直接材料差异

蒂普拓普公司生产某产品，每单位产品需要 6 磅直接材料。直接材料的标准价格为每磅 4.50 美元。如果公司生产 3 000 单位产品需要使用 18 500 磅直接材料，以每磅 4.35 美元的价格购入，那么直接材料的（a）价格差异，（b）数量差异，（c）总直接材料成本差异分别是多少？

解答：

a. 直接材料价格差异（有利）=（4.35−4.50）×18 500=−2 275（美元）

b. 直接材料数量差异（不利）=（18 500−18 000*）×4.50=−2 250（美元）

c. 总直接材料成本差异（有利）**=−2 275+2 250=−525（美元）

*3 000 单位×6 磅/单位。

** 4.35×18 500−4.50×18 000=80 475−81 000=−525（美元）（有利）。

直接人工差异

6 月份，西部骑士公司因生产 5 000 条 XL 号牛仔裤报告了 2 500 美元的直接材料不利差异，如图表 23-3 所示。该差异基于以下实际成本和标准成本得出：

实际成本	$ 38 500
标准成本	36 000
总直接材料成本差异	$ 2 500

实际发生的 38 500 美元成本计算如下：

直接人工实际成本=实际工资率×实际工时

=10.00×3 850

=38 500（美元）

36 000 美元的标准成本计算如下：

直接人工标准成本=标准工资率×标准工时

=9.00×4 000

=36 000（美元）

每工时 9.00 美元的标准工资率摘自图表 23-1。此外，图表 23-1 还说明了生产一条 XL 号牛仔裤的标准工时为 0.80 小时。因此，生产 5 000 条 XL 号牛仔裤共需要 4 000 小时（5 000×0.80）直接人工工时。

通过比较实际成本和标准成本的计算过程，我们可以发现 2 500 美元的直接人工不利差异是以下两个原因造成的：

（1）每小时的工资率比标准高了 1.00 美元（10.00−9.00）；

（2）耗费的总工时比标准少了 150 小时（4 000−3 850）。

这些差异的影响以直接人工工资率差异和直接人工工时差异的形式进行报告和分析。

直接人工工资率差异

直接人工工资率差异（direct labor rate variance）的计算如下所示：

直接人工工资率差异＝（实际工资率－标准工资率）×实际工时

如果每小时实际工资率超过标准工资率，那么差异就是不利的。该正向金额（不利差异）可以看作增加的成本（借方）。如果每小时实际工资率低于标准工资率，那么差异就是有利的。该负向金额（有利差异）可看作减少的成本（贷方）。

例如，西部骑士公司 6 月份 3 850 美元不利的直接人工工资率差异的计算如下所示：

$$直接人工工资率差异＝（实际工资率－标准工资率）×实际工时$$
$$＝（10.00-9.00）×3\ 850$$
$$＝3\ 850（美元）（不利差异）$$

直接人工工时差异

直接人工工时差异（direct labor time variance）的计算如下所示：

$$直接人工工时差异＝（实际工时－标准工时）×标准价格$$

对于实际产量下的直接人工消耗，如果实际工时超过标准工时，那么差异就是不利的。该正向金额（不利差异）可以看作增加的成本（借方）。如果实际工时低于标准工时，那么差异就是有利的。该负向金额（有利差异）可看作减少的成本（贷方）。

例如，西部骑士公司 6 月份 1 350 美元有利的直接人工工时差异的计算如下所示：

$$直接人工工时差异＝（实际工时－标准工时）×标准价格$$
$$＝（3\ 850-4\ 000）×9.00$$
$$＝-1\ 350（美元）（有利差异）$$

直接人工差异的关系

总直接人工成本差异、直接人工工资率差异和直接人工工时差异的关系如图表 23-7 所示。

图表 23-7　直接人工差异关系

报告直接人工差异

通常由生产主管负责控制直接人工成本。例如，调查可能揭示出不利工资率差异和工时差异是以下原因造成的：

（1）不利的工资率差异可能源自不当的员工委派。例如，高薪的熟练员工可能被安排去执行通常由低薪的新员工可以完成的任务。这种情况下的不利工资率差异应当向负责分配工作任务的经理报告。

（2）不利的工时差异可能是因为公司缺乏专业员工。在这种情况下，公司熟练员工的离职率往往异常高。这时应当向生产主管询问员工为何会离职。

非制造活动的直接人工标准

对于管理、销售和服务活动，同样可以设定直接人工工时标准。这在业务活动涉及重复性任务且活动结果相同时尤其适合。在这种情形下，标准的使用与在产品制造过程中的标准成本相似。

例如，可以给处理客户订单的客服人员制定标准，制定处理订单的标准工时用以控制订单处理成本。类似地，还可以给电脑技术支持操作人员、护士和投保单处理人员制定标准。

当与人工相关的活动不重复时，则较少使用直接人工工时标准。例如，高级主管和研发科学家的时间通常不通过时间标准进行控制。

例 23-2　直接人工差异

蒂普拓普公司生产某产品，每单位产品的标准工时是 2.5 小时。标准工资率为每小时 12.00 美元。如果公司生产 3 000 单位产品耗费了每小时 12.30 美元的直接人工工时 7 420 小时，那么（a）直接人工工资率差异，（b）直接人工工时差异，（c）总直接人工成本差异分别是多少？

解答：

a. 直接人工工资率差异 =（12.30 - 12.00）× 7 420 = 2 226（美元）（不利差异）

b. 直接人工工时差异 =（7 420 - 7 500*）× 12.00 = -960（美元）（有利差异）

c. 总直接人工成本差异** = 2 226 - 960 = 1 266（美元）（不利差异）

* 3 000 单位 / 小时 × 2.50 小时。

** 12.30 × 7 420 - 12.00 × 7 500 = 91 266 - 90 000 = 1 266（美元）（不利差异）。

23.4　制造费用差异

制造费用的分析与直接材料、直接人工成本的分析不同。这是因为制造费用包含固定成本和变动成本两部分。例如，间接材料成本和工厂物资消耗通常是随产量变化的变动成本；而厂房和设备的直线折旧费用则是固定成本。

制造费用通常分为固定部分和变动部分分别进行预算和控制。这样做可以方便管理层编制弹性预算，分析制造费用的可控差异和数量差异。

制造费用弹性预算

弹性预算的编制已在第 22 章具体描述阐释。图表 23-8 列示的是西部骑士公司 6 月份的制造费用弹性预算表。

图表 23-8 显示西部骑士公司的预算制造费用分配率为每工时 6.00 美元，计算如下：

$$制造费用分配率 = \frac{正常生产水平下预算制造费用}{正常生产能力}$$

$$= \frac{30\ 000}{5\ 000} = 6.00（美元 / 小时）$$

图表 23-8　指明标准制造费用分配率的制造费用预算表

	A	B	C	D	E
1	西部骑士公司				
2	制造费用预算表				
3	截至 6 月 30 日的月份				
4	正常生产能力的百分比	80%	90%	100%	110%
5	产量	5 000	5 625	6 250	6 875
6	直接人工工时（0.80 小时／单位）	4 000	4 500	5 000	5 500
7	预算制造费用：				
8	变动制造费用：				
9	间接人工成本	$ 8 000	$ 9 000	$ 10 000	$ 11 000
10	照明和电力	4 000	4 500	5 000	5 500
11	间接材料	2 400	2 700	3 000	3 300
12	变动制造费用总计	$ 14 400	$ 16 200	$ 18 000	$ 19 800
13	固定制造费用：				
14	主管薪酬	$ 5 500	$ 5 500	$ 5 500	$ 5 500
15	厂房和设备折旧	4 500	4 500	4 500	4 500
16	保险费和财产税	2 000	2 000	2 000	2 000
17	固定制造费用总计	$ 12 000	$ 12 000	$ 12 000	$ 12 000
18	总制造费用	$ 26 400	$ 28 200	$ 30 000	$ 31 800
19	每工时的制造费用分配率：$ 30 000÷5 000 小时＝$ 6.00／小时				

正常生产能力用作业基础表示，如直接人工工时、直接人工成本或者机器运转时间。对于西部骑士公司，100% 的正常生产能力为 5 000 小时的直接人工工时。在 100% 正常生产水平下的预算制造费用为 30 000 美元，包括 18 000 美元的变动制造费用和 12 000 美元的固定制造费用。

为便于分析，预算制造费用分配率被进一步分为变动制造费用分配率和固定制造费用分配率。西部骑士公司的变动制造费用分配率为每小时 3.60 美元，固定制造费用分配率为每小时 2.40 美元，计算如下：

$$变动制造费用分配率 = \frac{正常生产水平下预算变动制造费用}{正常生产能力}$$

$$= \frac{18\ 000}{5\ 000} = 3.60（美元／小时）$$

$$固定制造费用分配率 = \frac{正常生产水平下预算固定制造费用}{正常生产能力}$$

$$= \frac{12\ 000}{5\ 000} = 2.40（美元／小时）$$

简而言之，西部骑士公司预算制造费用分配率如下所示：

变动制造费用分配率	$ 3.60
固定制造费用分配率	2.40
总制造费用分配率	$ 6.00

如前所述，制造费用差异可分为可控差异和数量差异，这两项差异将在以下内容中进行讨论。

变动制造费用可控差异

变动制造费用**可控差异**（controllable variance）指的是实际变动制造费用与预算变动制造费用的差额。该差异的计算如下所示：

变动制造费用可控差异＝实际变动制造费用－预算变动制造费用

如果实际变动制造费用少于预算变动制造费用，那么差异是有利的。如果实际变动制造费用超过了预算变动制造费用，那么差异是不利的。

预算变动制造费用（budgeted variable factory overhead）是实际产量的标准变动制造费用。该费用的计算如下所示：

预算变动制造费用＝实际产量下的标准工时×变动制造费用分配率

例如，西部骑士公司 6 月份生产 5 000 条 XL 号牛仔裤时预算变动制造费用为 14 400 美元，计算如下：

预算变动制造费用＝实际产量下的标准工时×变动制造费用分配率
＝4 000×3.60
＝14 400（美元）

上述计算基于西部骑士公司生产 5 000 条 XL 号牛仔裤，共需 4 000 小时（5 000×0.80）直接人工工时的事实。3.60 美元的变动制造费用分配率根据先前的计算得到。因此，预算变动制造费用为 14 400 美元（4 000×3.60）。

假定 6 月份西部骑士公司实际发生的制造费用如下所示：

	6 月份的实际成本
变动制造费用	$ 10 400
固定制造费用	12 000
总实际制造费用	$ 22 400

基于 6 月份实际发生的制造费用，变动制造费用可控差异为 4 000 美元的有利差异，计算如下：

变动制造费用可控差异＝实际变动制造费用－预算变动制造费用
＝10 400－14 400
＝－4 000（美元）（有利差异）

变动制造费用可控差异显示了将制造费用保持在预算水平的能力。因为变动制造费用在部门层面通常是可控的，所以通常由部门主管承担控制该差异的责任。

例 23-3　制造费用可控差异

蒂普拓普公司生产 3 000 单位某产品，每单位产品的标准工时是 2.5 小时。标准变动制造费用为每小时 2.20 美元。实际变动制造费用为 16 850 美元。计算变动制造费用可控差异。

解答：

变动制造费用可控差异＝实际的变动制造费用－预算的变动制造费用

$$=16\,850-(3\,000\times2.5)\times2.20$$
$$=16\,850-16\,500$$
$$=350\,（美元）（不利差异）$$

固定制造费用数量差异

西部骑士公司的预算制造费用是基于 5 000 小时直接人工工时的正常生产能力确定的，如图表 23-8 所示。这是在正常的商业环境下管理层预计会使用的生产能力。图表 23-8 显示，5 000 小时直接人工工时少于可供使用的最大生产能力——正常生产能力的 110%，也即 5 500 小时直接人工工时。

固定制造费用**数量差异**（volume variance）是在 100% 正常生产能力下的预算固定制造费用与实际产量下标准固定制造费用的差额。该差异的计算如下所示：

固定制造费用数量差异＝（100% 正常生产能力下的标准工时－实际产量下的标准工时）
× 固定制造费用分配率

数量差异衡量了固定制造费用资源（厂房和设备）的使用。不利或者有利固定制造费用数量差异的解释如下：

（1）不利固定制造费用数量差异。实际产量低于 100% 的正常生产能力。因此，公司使用的固定制造费用资源（厂房和设备）要少于正常经营活动下的预期数值。

（2）有利固定制造费用数量差异。实际产量高于 100% 的正常生产能力。因此，公司使用的固定制造费用资源（厂房和设备）要多于正常经营活动下的预期数值。

例如，西部骑士公司的固定制造费用数量差异为 2 400 美元的不利差异，计算如下：

固定制造费用数量差异＝（100% 正常生产能力下的标准工时－实际产量下的标准工时）
× 固定制造费用分配率
$$=(5\,000-4\,000)\times2.40$$
$$=2\,400\,（美元）（不利差异）$$

因为西部骑士公司 6 月份生产了 5 000 条 XL 号牛仔裤，所以实际产量下的直接人工工时是 4 000 小时（5 000×0.80）。这比正常生产能力下的 5 000 小时直接人工工时少了 1 000 小时。2.40 美元的固定制造费用分配率根据之前的计算得到。因此，不利固定制造费用数量差异为 2 400 美元（1 000×2.40）。

图表 23-9 列示了西部骑士公司的固定制造费用数量差异。预算固定制造费用保持不变，在所有的生产水平下都是 12 000 美元。在 100% 的正常生产水平（5 000 工时）下，标准固定制造费用线与预算固定成本线相交。对于高于 100% 正常生产水平（5 000 小时）的产量，数量差异是有利的。对于低于 100% 正常生产水平（5 000 小时）的产量，数量差异是不利的。

图表 23-9　固定制造费用数量差异图

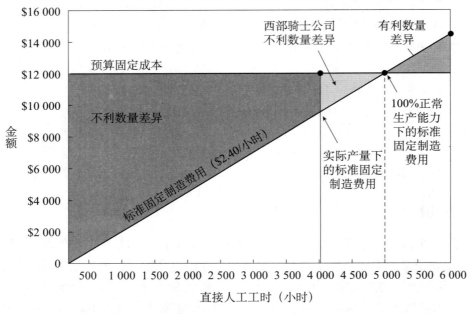

图表 23-9 显示西部骑士公司 6 月份的固定制造费用数量差异是不利的，这是因为实际生产水平只有 4 000 小时，或者说 80% 的正常产量。2 400 美元不利的数量差异可看作闲置生产能力（1 000 小时）的成本。

不利的数量差异可能是以下几个因素造成的：

（1）未能维持平稳的工作流程；

（2）机器故障；

（3）材料或者熟练工人缺失而导致停工；

（4）销售订单不足以维持工厂在正常生产能力下的运作。

管理层应当确定不利差异的原因并采取适当的纠正措施。例如，不平稳的工作流程引起的数量差异可通过改变运营流程进行纠正。缺乏销售订单引起的数量差异可通过增加广告宣传的方式弥补。

公司并不是一直想要有利的数量差异。例如，为实现有利的数量差异，生产经理可能让工厂在高于正常生产水平的情况下运转。但是，如果额外的产品不能被及时出售，就会在仓库积压而增加库存成本。

例 23-4　制造费用数量差异

蒂普拓普公司生产 3 000 单位某产品，每单位产品的标准工时是 2.5 小时。标准固定制造费用为每小时 0.90 美元，共计 8 000 小时，也即 100% 的正常生产能力。计算固定制造费用数量差异。

解答：

固定制造费用数量差异 =（100% 正常生产能力下的标准工时 − 实际产量下的标准工时）

$$\times \text{固定制造费用分配率}$$

$$= [8\,000 - (3\,000 \times 2.5)] \times 0.90$$

$$= (8\,000 - 7\,500) \times 0.90$$

$$= 450（美元）（不利差异）$$

报告制造费用差异

总制造费用成本差异可以通过加总变动制造费用可控差异和固定制造费用数量差异得出。西部骑士公司的总制造费用成本差异计算如下：

变动制造费用可控差异	$（4 000）有利差异
固定制造费用数量差异	2 400　不利差异
总制造费用成本差异	$（1 600）有利差异

制造费用成本差异报告（factory overhead cost variance report）对于管理层控制制造费用极其有用。变动制造费用和固定制造费用的预算值和实际值以及相关的可控差异和数量差异按照成本要素逐项披露。

图表 23-10 列示的是西部骑士公司 6 月份的制造费用成本差异报告。

图表 23-10　制造费用成本差异报告

	A	B	C	D	E
1	西部骑士公司				
2	制造费用成本差异报告				
3	截至 6 月 30 日的月份				
4	本月 100% 的正常生产能力：5 000 小时				
5	本月实际生产能力：4 000 小时				
6		实际	预算 （实际产量下）	差异	
7				不利	有利
8	变动制造费用：				
9	间接人工成本	$ 5 100	$ 8 000		$（2 900）
10	照明和电力	4 200	4 000	$ 200	
11	间接材料	1 100	2 400		（1 300）
12	变动制造费用总计	$ 10 400	$ 14 400		
13	固定制造费用：				
14	主管薪酬	$ 5 500	$ 5 500		
15	厂房和设备折旧	4 500	4 500		
16	保险费和财产税	2 000	2 000		
17	固定制造费用总计	$ 12 000	$ 12 000		
18	总制造费用	$ 22 400	$ 26 400		
19	可控差异总计			$ 200	$（4 200）
20	可控差异净值——有利 （$（4 200）有利+$ 200 不利）			$（4 000）	
21	数量差异——不利：				
22	标准分配率下闲置生产能力的固定制造费用——1 000×$ 2.40			2 400	
23	总制造费用成本差异——有利			$（1 600）	

制造费用账户

例如，西部骑士公司6月份生产的5 000条XL号牛仔裤分配的制造费用为24 000美元，计算如下：

分配的制造费用＝实际产量下的标准工时×总制造费用分配率

＝（5 000×0.80）×6.00

＝4 000×6.00＝24 000（美元）

西部骑士公司6月份实际发生的制造费用为22 400美元，如图表23-10所示。因此，西部骑士公司6月份的总制造费用成本差异为1 600美元的有利差异，计算如下：

总制造费用成本差异＝实际的制造费用－分配的制造费用

＝22 400－24 000＝-1 600（美元）（有利差异）

在期末，制造费用账户通常没有余额。制造费用的借方余额代表了未分配制造费用。未分配制造费用在实际的制造费用超过分配的制造费用时产生。制造费用的贷方余额代表了过度分配制造费用。过度分配制造费用在实际的制造费用少于分配的制造费用时产生。

实际的制造费用与分配的制造费用的差额就是总制造费用成本差异。因此，未分配制造费用或者过度分配制造费用反映了以下制造费用差异：

（1）未分配制造费用＝不利的总制造费用成本差异

（2）过度分配制造费用＝有利的总制造费用成本差异

西部骑士公司6月30日的制造费用账户如下所示：

制造费用		
实际的制造费用 （$10 400+$12 000）	22 400	24 000 分配的制造费用 （4 000小时×$6.00/小时）
		余额，6月30日 1 600 过度分配制造费用

账户所示的1 600美元过度分配制造费用账户余额与图表23-10所示的总制造费用成本差异金额是一致的。

变动制造费用可控差异和固定制造费用数量差异可通过比较制造费用账户余额和实际产量下的预算制造费用确定，如图表23-11所示。

图表23-11 制造费用差异

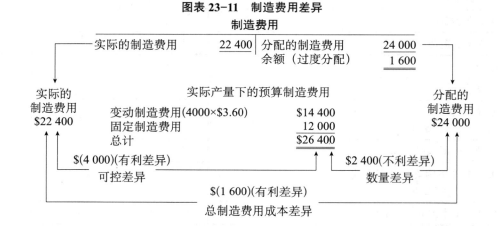

可控差异和数量差异的确定如下：

（1）实际的制造费用与预算制造费用的差额为可控差异。

（2）分配的制造费用与预算制造费用的差额为数量差异。

如果实际的制造费用超过（少于）预算制造费用，那么可控差异是不利（有利）的。相反，如果分配的制造费用少于（超过）预算制造费用，数量差异是不利（有利）的。

23.5　记录并披露标准成本差异

标准成本可作为控制成本的一项管理工具，并与总账中的账户相区分。然而，许多公司将标准成本包含在它们的账户中，其中一种方法就是在记录实际成本的同时记录标准成本和差异。

例如，西部骑士公司赊账购入 7 300 平方码蓝色粗棉布，每平方码 5.50 美元。直接材料的标准价格为每平方码 5.00 美元。记录采购和直接材料价格不利差异的会计分录如下所示：

借：材料　　　　　　　　　　　　　　　　　　　　　　　　　　　　　36 500
　　直接材料价格差异　　　　　　　　　　　　　　　　　　　　　　　 3 650
　　贷：应付账款　　　　　　　　　　　　　　　　　　　　　　　　　　　40 150

材料账户的借方金额 36 500 美元（7 300×5.00），是实际采购的材料数量乘以标准价格得到的金额。应付账款账户的贷方金额 40 150 美元是应付供应商的实际采购成本。3 650 美元的差额是直接材料价格不利差异（（5.50−5.00）×7 300），通过借记直接材料价格差异的方式记录。如果直接材料价格差异是有利的，则贷记直接材料价格差异。

直接材料价格差异账户的借方余额代表不利差异，贷方余额代表有利差异。

直接材料数量差异以相似的方式记录。例如，西部骑士公司因生产 5 000 条 XL 号牛仔裤使用了 7 300 平方码的蓝色粗棉布，而生产 5 000 条牛仔裤的标准数量为 7 500 平方码。记录使用材料的分录如下所示：

借：在产品　　　　　　　　　　　　　　　　　　　　　　　　　　　　37 500
　　贷：直接材料数量差异　　　　　　　　　　　　　　　　　　　　　　 1 000
　　　　材料　　　　　　　　　　　　　　　　　　　　　　　　　　　　36 500

在产品账户的借方金额 37 500 美元是生产 5 000 条 XL 号牛仔裤所需直接材料的标准成本（7 500×5.00）。材料账户的贷方金额 36 500 美元是实际使用的材料数量乘以标准价格得到的金额（7 300×5.00）。1 000 美元的差额是直接材料数量有利差异（（7 300−7 500）×5.00），通过贷记直接材料数量差异的方式记录。如果直接材料数量差异是不利的，则借记直接材料数量差异。

直接材料数量差异账户的借方余额代表不利差异，贷方余额代表有利差异。

例 23-5　标准成本会计分录

蒂普拓普公司生产 3 000 单位某产品，每单位产品需要 6 磅直接材料。直接材料的标准价格为每磅 4.50 美元。如果公司实际使用了 18 500 磅直接材料，编制会计分录记录生产使用材料的标准成本。

解答：

借：在产品（18 000 磅*×$ 4.50/磅）　　　　　　　　　　　　　　　　81 000

直接材料数量差异 [（18 500 磅 –18 000 磅）×＄4.50/ 磅]		2 250
贷：材料（18 500 磅×＄4.50/ 磅）		83 250

＊3 000 单位×6 磅 / 单位=18 000 磅实际产量下直接材料的标准使用数量。

记录直接人工标准成本和差异的会计分录与直接材料的相似。编制这些分录的方法汇总如下：

（1）将直接人工的标准成本借记在产品账户；

（2）将实际发生的直接人工成本贷记应付职工薪酬账户；

（3）直接人工工资率的不利差异记入直接人工工资率差异账户借方，有利差异记入账户贷方；

（4）直接人工工时的不利差异记入直接人工工时差异账户借方，有利差异记入账户贷方。

如前所述，制造费用账户的会计分录中已经包含了标准成本和差异。也就是说，将实际发生的制造费用借记制造费用账户，而将分配的制造费用贷记制造费用账户。制造费用的账户余额（未分配制造费用或过度分配制造费用）就是总制造费用成本差异。通过比较实际发生的制造费用与预算制造费用可以确定可控差异。通过比较预算制造费用与分配的制造费用可以确定数量差异。

当产品完工时则借记产成品账户，贷记从在产品账户中转入的标准生产成本。

在期末，各个差异账户的余额代表了该期间内的净有利或不利差异。这些差异可能列示在供管理层使用的利润表中。

图表 23–12 是西部骑士公司包含标准成本差异的利润表。假定每条牛仔裤以 28 美元的价格出售，销售费用为 14 500 美元，管理费用为 11 225 美元。

图表 23–12　包含标准成本差异的利润表

西部骑士公司 利润表 截至 6 月 30 日的月份			
销售收入			＄140 000＊
商品销售成本——标准			97 500＊＊
毛利润——标准			＄42 500
	不利	有利	
减：毛利润调整差异——标准：			
直接材料价格差异	＄3 650		
直接材料数量差异		＄（1 000）	
直接人工工资率差异	3 850		
直接人工工时差异		（1 350）	
制造费用可控差异		（4 000）	
制造费用数量差异	2 400		
与标准成本的净差异——不利			3 550
毛利润			＄38 950
营业费用：			
销售费用		＄14 500	
管理费用		11 225	25 725
税前利润			＄13 225

＊5 000 条×$28/ 条。

＊＊$37 500＋$36 000＋$24 000（见图表 23–3）或者 5 000 条×$19.50/ 条（见图表 23–1）。

图表 23-12 所示的利润表是供内部管理者使用的，也就是说差异不对外披露。因此，在编制针对外部使用者的利润表时需要将图表 23-12 中的差异转入其他账户。

在编制针对外部使用者的利润表时，差异账户的余额通常转入商品销售成本账户。然而，如果差异的金额较大或者生产的产品还未对外出售，那么将差异转入在产品、产成品和商品销售成本账户。通过以上分配，实际上就将以上账户的标准成本余额转化为实际成本。

<hr>

例 23-6　包含标准成本差异的利润表

<hr>

使用例 23-1 至例 23-4 的差异数据，编制蒂普拓普公司截至 12 月 31 日的会计年度的以毛利润表示的利润表。假定蒂普拓普公司以每单位 100 美元的价格出售 3 000 单位产品。

解答：

<table>
<tr><td colspan="4" align="center">蒂普拓普公司
以毛利润表示的利润表
截至 12 月 31 日的会计年度</td></tr>
<tr><td>销售收入（3 000×100）</td><td></td><td></td><td>$ 300 000</td></tr>
<tr><td>商品销售成本——标准</td><td></td><td></td><td>194 250*</td></tr>
<tr><td>毛利润——标准</td><td></td><td></td><td>$ 105 750</td></tr>
<tr><td></td><td>不利</td><td>有利</td><td></td></tr>
<tr><td>减：毛利润调整差异——标准：</td><td></td><td></td><td></td></tr>
<tr><td>　直接材料价格差异（见例 23-1）</td><td></td><td>$（2 775）</td><td></td></tr>
<tr><td>　直接材料数量差异（例 23-1）</td><td>$ 2 250</td><td></td><td></td></tr>
<tr><td>　直接人工工资率差异（见例 23-2）</td><td>2 226</td><td></td><td></td></tr>
<tr><td>　直接人工工时差异（见例 23-2）</td><td></td><td>（960）</td><td></td></tr>
<tr><td>　制造费用可控差异（见例 23-3）</td><td>350</td><td></td><td></td></tr>
<tr><td>　制造费用数量差异（见例 23-4）</td><td>450</td><td></td><td></td></tr>
<tr><td>与标准成本的净差异——不利</td><td></td><td></td><td>1 541</td></tr>
<tr><td>毛利润——实际</td><td></td><td></td><td>$ 104 209</td></tr>
</table>

　*直接材料（3 000×6×4.50）　　　　　$ 81 000
　直接人工（3 000×2.5×12.00）　　　　90 000
　制造费用（3 000×2.5×（2.20+0.90））　23 250
　商品销售成本——标准　　　　　　　$ 194 250

<hr>

23.6　非财务业绩衡量指标

许多公司用非财务业绩衡量指标弥补使用标准成本和标准成本差异的不足。**非财务业绩衡量指标**（nonfinancial performance measure）是用金额之外的方法衡量业绩。例如，航空公司将航班正点率、乘客丢包率和客户投诉数目作为非财务业绩衡量指标。这些衡量指标经常被用于评估企业活动的时间、数量和质量。

财务和非财务业绩衡量指标能够帮助管理层和员工考虑多个业绩目标。这些指标通常能从新的角度，如工作质量，来衡量绩效。非财务业绩衡量指标如图表 23-13 所示。

图表 23-13　非财务业绩衡量指标举例

> 存货周转率
> 按时交货比率
> 从客户提交订单到产品配送的处理时间
> 相比竞争者的客户偏好排名
> 对客户电话的回应时间
> 员工满意程度
> 客户投诉数目

非财务业绩衡量指标通常与业务活动或流程的投入和产出有关。**流程**（process）指的是完成一项任务的一系列活动。活动或流程与投入和产出的关系如图表 23-14 所示。

图表 23-14　活动或流程与投入和产出的关系

投入 → 活动或流程 → 产出

为解释说明，以快餐店的柜台服务活动为例。快餐店提供柜台服务的投入和产出如图表 23-15 所示。

图表 23-15　快餐店的投入和产出

柜台服务活动的客户服务产出包括以下几项：

（1）客户的排队等待时间；

（2）在服务客户时的订单准确率；

（3）对客户的友好服务态度。

影响客户服务产出的几项投入项目如下所示：

（1）员工人数；

（2）员工经验；

（3）员工培训；

（4）油炸锅（或者其他厨具）的可靠性；

（5）新菜单菜品的数量；

（6）饮料供应。

快餐店对服务的投入和产出制定了一系列非财务业绩衡量指标。产出衡量指标可以告诉管理层服务活动的执行情况，如排队等待时间是否减至最少。投入衡量指标可用于改善产出。例如，客户排队等待时间过长，那么改善员工的培训以及雇用更多的员工就可以改善产出（减少客户排队等待时间）。

例 23-7　活动的投入和产出

以下是一家航空公司行李认领流程的投入和产出：
- 行李员培训；
- 客户取行李的等待时间；
- 维护行李搬运设备；
- 行李员的人数；
- 损坏行李的数目；
- 航班准点情况。

逐项确定以上项目是行李认领流程的投入还是产出。

解答：
- 行李员培训——投入；
- 客户取行李的等待时间——产出；
- 维护行李搬运设备——投入；
- 行李员的人数——投入；
- 损坏行李的数目——产出；
- 航班准点情况——投入。

练习题

EX 23-1　每单位直接材料的标准成本

罗娜可公司生产巧克力棒，用于生产巧克力棒的主要材料是可可、糖和牛奶。一批巧克力棒（5 200 条）的标准成本如下：

成分	数量	价格
可可	400 磅	$ 1.25/ 磅
糖	80 磅	$ 0.40/ 磅
牛奶	120 加仑	$ 2.50/ 加仑

计算每条巧克力棒所用的直接材料的标准成本。

EX 23-3　预算执行报告

GBC 公司为饮料行业生产容量为两升的塑料瓶。每 100 个两升塑料瓶的标准成本如下所示：

成本分类	每 100 个两升塑料瓶的标准成本
直接人工	$　2.00
直接材料	9.10
制造费用	0.55
总计	$ 11.65

7 月初，GBC 公司管理层计划生产 400 000 个瓶子。7 月份实际生产了 406 000 个瓶子。7 月份发生的实际成本如下所示：

成本分类	7 月份的实际成本
直接人工	$ 7 540
直接材料	35 750
制造费用	2 680
总计	$ 45 970

a. 根据预计的产量为 GBC 公司编制 7 月份的标准制造成本预算（直接人工、直接材料和制造费用）。

b. 编制制造成本预算执行报告，列示出 7 月份的总直接材料成本差异、总直接人工成本差异和总制造费用成本差异。

c. 解释预算执行报告。

EX 23-5　直接材料差异

硅谷引擎公司生产一种平板电脑。该公司在其产品中使用薄膜晶体（TFC）LCD 显示器。每个平板电脑配备一个显示器。该公司在 12 月份生产了 580 个显示器。然而，由于 LCD 的缺陷，该公司在 12 月份实际使用了 600 个 LCD 显示器。每个显示器的标准成本为 15 美元。公司购买了 600 个 LCD 显示器用于 12 月的生产，成本为 8 550 美元。

计算 12 月份公司直接材料价格差异、数量差异以及总直接材料成本差异。

EX 23-7　标准生产成本和直接材料差异

亨氏食品公司使用标准控制材料成本。假定一批番茄酱（3 128 磅）的标准如下所示：

	标准数量	标准价格
整番茄	4 000 磅	$ 0.60/ 磅
醋	260 加仑	2.25/ 加仑
玉米糖浆	25 加仑	28.00/ 加仑
盐	100 磅	2.25/ 磅

由于番茄的特点，一批产品实际的材料使用量可能与标准不同。假定 K-111 批次产品的实际材料使用数量如下所示：

4 250 磅番茄

275 加仑醋

22 加仑玉米糖浆

90 磅盐

a. 计算标准批次每磅番茄酱标准单位材料成本。

b. 计算 K-111 批次产品的直接材料数量差异。结果保留两位小数。

EX 23-9 直接人工差异

拉堡蒂公司使用回收材料生产通勤自行车，以下是公司当年7月份的生产数据：

使用的直接人工工时	5 050 小时
实际的直接人工工资率	$ 16.80/ 小时
7 月份完工的自行车	1 000 辆
每辆自行车的直接人工标准工时	5.4 小时
每辆自行车的直接人工标准工资率	$ 16.00/ 小时

a. 计算直接人工工资率差异、工时差异以及总直接人工成本差异。

b. 记入在产品账户借方的直接人工成本是多少？

EX 23-11 非制造费用的直接人工标准

恩勒特医院使用标准评估住院部效率。根据住院的类型，标准分为两类：

住院类型	完成住院手续的标准时间
未预约的入住	30 分钟
预约入住	15 分钟

未预约的入住需要更长的时间，这是因为需要在入住的同时确定患者的姓名、地址和保险信息。对于预约入住的病人，相关信息已经在入住前取得，所以花费的时间较少。

住院部以每小时15美元的工资率雇用了全职工人（每周工作40小时，不加班）。在最近一周，部门共办理了140名未预约入住的病人和350名已预约入住的病人的住院申请。

a. 本周实际使用的人工成本是多少？

b. 本周实际工作量的标准工时是多少？

c. 计算工时差异，并报告住院部门本周的工作表现。

EX 23-13 服务企业的直接人工差异

逃脱餐车公司所拥有和经营的餐车（移动厨房）遍布整个西海岸。公司员工的工资取决于其工作经验和工作时间长短。员工实施8小时轮班工作制，每天根据餐车人员的需求被分配至不同的餐车，以满足日常的菜品供应。其中一辆餐车是专门供应爱尔兰-墨西哥风味的融合美食。该餐车推出了每天都在变化的"今日特供菜品"。11月11日，餐车准备了200份热卖食物——爱尔兰早餐玉米卷饼。以下是当天的数据：

使用的直接人工工时（3 名员工，8 小时轮班）	24 小时
实际的直接人工工资率	$ 15.00/ 小时
每餐的直接人工标准工时	0.1 小时
直接人工标准工资率	$ 15.50/ 小时

a. 计算直接人工工资率差异、工时差异以及总直接人工成本差异。

b. 讨论可能导致这些差异的原因。

EX 23-15　制造费用弹性预算

雷诺制造公司为新闻部门编制了本年度10月份的制造费用预算，预计在此期间该部门需要完成20 000小时的生产：

变动制造费用：		
间接人工成本	$ 180 000	
照明和电力	12 000	
间接材料	64 000	
总变动制造费用总计		$ 256 000
固定制造费用：		
主管薪酬	$ 80 000	
厂房和设备折旧	50 000	
保险和财产税	32 000	
固定制造费用总计		162 000
总制造费用		$ 418 000

假设预计11月份的成本与10月份相同，请为新闻部门11月份18 000、20 000和22 000小时的生产编制制造费用弹性预算。

EX 23-17　制造费用成本差异

生产15 000台计算机的制造费用成本如下所示：

实际成本：	变动制造费用	$ 240 000
	固定制造费用	160 000
标准成本：	$ 20/ 小时×19 500 小时	390 000

如果100%的正常生产能力为20 000小时，19 500标准小时的制造费用成本预算为394 000美元，固定制造费用率是每小时8美元，计算变动制造费用可控差异、固定制造费用数量差异和总制造费用成本差异。

EX 23-19　制造费用差异改正

顺达公司生产100 000件产品的制造费用数据如下：

实际成本：	变动制造费用	$ 458 000
	固定制造费用	494 000
标准成本：	$ 7.30/ 小时×132 000 小时（$ 3.50/ 小时的变动制造费用）	963 600

100%的正常生产能力为130 000小时，132 000标准小时的制造费用成本预算为956 000美元。根据这些数据，总成本会计师做出了以下差异分析：

变动制造费用可控差异：		
实际变动制造费用	$ 458 000	
132 000小时预算变动制造费用	462 000	

有利差异		$（4 000）
固定制造费用数量差异：		
100% 的正常生产能力	130 000 小时	
标准预算生产能力	132 000	
未使用的生产能力	2 000 小时	
标准变动制造费用工资率	× $7.30	
不利差异		14 600
总制造费用成本差异——不利差异		$10 600

请找出制造费用成本差异分析中的错误并改正。

综合题

PR 23-1A　直接材料和直接人工成本差异分析

阿布维尔公司有一家生产水龙头的小型工厂。水龙头用黄铜制造，该工厂有 90 名员工。目前，每名员工每周工作 36 小时，有关生产时间的信息如下：

每小时标准工资	$15
每个水龙头所需标准工时	40 分钟
每个水龙头所需标准黄铜数量	3 磅
每磅黄铜的标准价格	$2.40
每磅黄铜的实际价格	$2.50
本周实际使用的黄铜数量	14 350 磅
本周生产的水龙头数量	4 800 个
每小时实际工资	$14.40
本周实际工时	3 240 小时

要求：

计算：（a）直接材料和直接人工的单位标准成本；（b）直接材料价格差异、数量差异和总直接材料成本差异；（c）直接人工工资率差异、工时差异和总直接人工成本差异。

案例分析题

CP 23-1　道德行为

达什·瑞普若克是安全保险公司的成本分析师。公司正在对索赔支付业务应用标准成本。索赔支付是一个重复的操作，可以用标准成本进行评估。达什通过时间和动作研究确定了每小时处理 36 个索赔事项的理想标准成本。索赔处理部门经理亨利·图德拒绝了这个标准成本，他认为标准成本应该是每小时处理 30 个索赔事项。亨利和达什无法达成一致，所以他们决定在联席会议上与运营副总裁公开讨论此事，副总裁将做出最终决定。在会议开始之前，达什给副总裁写了以下便条：

致：安妮·博林，运营副总裁

来自：达什·瑞普若克

回复：索赔处理部门的标准成本

如您所知，亨利和我计划与您会面，讨论我们在索赔处理部门的合理的标准成本方面的分歧。我进行了时间和动作研究，并确定了理想的标准成本是每小时处理 36 个索赔事项。亨利认为，每小时处理 30 个索赔事项更合适。我相信他在试图去"填补"预算。我不知道他想逃避什么，但我相信严格的标准会提高他所在领域的效率。我希望下周我们见面时您能同意我的建议。

请讨论这种情况下的道德和职业问题。

第 **24** 章

分权经营

你是否想过为什么梅西百货、杰西潘尼和西尔斯等大型零售商要划分为部门来经营？部门的形式可以使零售商在提供一系列产品的同时在各个特殊领域保持专业性，还能帮助公司有效地分配财务业绩责任。这些信息能用于产品决策、评估经营活动和指导企业战略。良好的部门表现可能归功于一个出色的部门经理，而糟糕的部门业绩则可能是因为产品组合对客户缺乏吸引力。通过记录各部门的业绩，公司可以识别和奖励表现优异的部门，而对表现不佳的部门采取纠正措施。

与零售商一样，大多数企业以小单位，如分部和部门进行运营。例如，卡特彼勒公司主营制造各种机械设备，并有多个不同的部门，包括建筑工业、资源工业、能源与运输以及金融产品等部门。建筑工业部门负责生产建筑设备，如拖拉机、装卸卡车和装载机。资源工业部门负责为采矿业制造设备，如非公路用车和矿运装载车。能源与运输部门主要负责制造发电设备，如发电厂的发动机和涡轮机。金融产品部门则主要为客户与经销商提供卡特彼勒公司相关产品的融资服务。

卡特彼勒公司的经理负责运营各个部门。各部门根据部门利润进行评估，在计算该利润时不包含各部门不能控制的特定费用。公司根据部门利润确定如何在各部门之间分配资源以及计划和控制公司的经营活动。

本章描述并阐释了会计在帮助管理层计划和控制部门、分部、商店等组织单位方面所起的作用。

学习目标

1. 描述分权经营的优点和缺点。
2. 编制成本中心的责任会计报告。

3. 编制利润中心的责任会计报告。

4. 计算并解释投资中心的投资收益率、剩余收益和平衡计分卡。

5. 描述并举例说明企业的经营分部如何使用市场定价法、协商定价法和成本定价法确定转让定价。

24.1　集权和分权经营

在集权经营的公司中，所有主要的计划和经营决策都由公司的高层管理者做出。例如，一人公司或者所有者自主经营的公司为集权公司，因为所有的计划决策由一人做出。在小型的所有者自主经营的公司中，集权是合适的。这是因为所有者的密切监督可以确保公司的业务按照所有者的意愿进行。

在分权经营的公司中，各分部或单位的经理承担经营责任。分部（单位）经理负责计划和控制所在分部的经营活动。公司的分部通常根据产品、客户或者地区建立。

分权程度取决于公司的规模、组织文化和商业战略。例如，有些公司的分部经理拥有对所有经营活动的权力，包括固定资产的购买。而在另一些公司，分部经理只有权管理利润，而无权管理固定资产的购买。

分权经营的优点

对于大公司而言，高层管理者很难做到：

（1）保持与所有经营活动的日常联系；

（2）保持经营所有生产线和服务的操作技能。

在这种情况下，高层管理者将权力授予与这些经营活动有密切联系的分部经理通常能做出更好的决策。这些分部经理能比高层管理者更快速地对经营数据做出反应和预测。这些经理能集中他们的注意力成为各自运营领域的专家。

分权经营还能为分部经理提供充分的培训。责任下放能帮助管理者在职业生涯早期积累管理经验。这有助于留住管理人才，或者帮助其中一些人晋升到高层管理职位。

分权经营下的经理通常与客户保持密切联系。因此，这些经理常能与客户产生共鸣，在改善公司的经营活动和产品方面更有创造力。这有助于建立良好的客户关系。

分权经营的缺点

分权经营的一大缺点就是某一经理做出的决策可能对公司的总体利润造成负面影响。例如，产品相互竞争的分部的经理可能会发动价格战，导致两个分部的利润同时减少，从而影响公司的总体利润。

分权经营的另一大缺点是资产和费用在各分部之间有重复。例如，一条生产线的各个经理都有单独的销售团队和办公室支持人员。

分权经营的优点和缺点汇总在图表24-1中。

责任会计

在分权经营的企业中，会计能够帮助分部经理评估和控制各自的责任领域，即责任中心。**责任会计**（responsibility accounting）是指衡量和评估责任中心经营数据的过程。

三类责任中心分别是：

（1）成本中心，只对成本负责；

（2）利润中心，对收入和成本负责；

（3）投资中心，对收入、成本和资产投资负责。

图表 24-1　分权经营的优点和缺点

分权经营的优点
- 允许与经营活动有密切联系的分部经理做出决策
- 为分部经理提供充分的培训
- 能帮助分部经理成为各自操作领域的专家
- 有利于留住管理人才
- 提高创造性和改善客户关系

分权经营的缺点
- 分部经理做出的决策可能对公司的总利润产生负面影响
- 资产、费用重复，造成浪费

24.2　成本中心责任会计

成本中心（cost center）的经理只负责控制成本。例如，电力部门的主管只负责控制电力成本。成本中心经理不负责中心的相关销售决策和固定资产投资。

成本中心的规模大小各异，小到一个部门，大到整个制造工厂。此外，一个成本中心可能从属于其他成本中心。例如，一所大学可看作成本中心，而大学内的各个学院和专业也可以看作成本中心，如图表 24-2 所示。

图表 24-2　大学内的成本中心

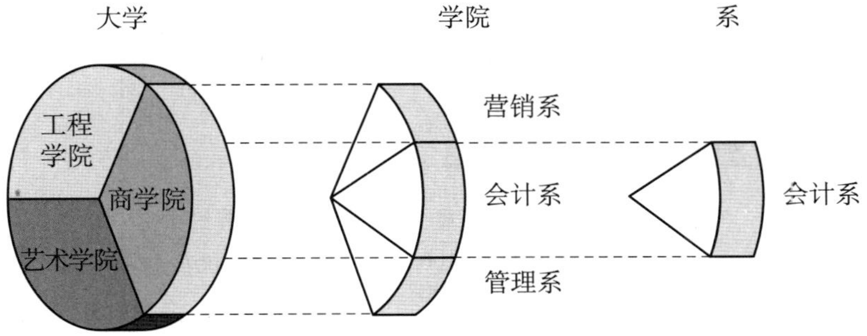

成本中心的责任会计关注成本的控制和披露，通常需要对每个成本中心编制披露预算和实际成本的预算执行报告。

图表 24-3 列示的是以下成本中心的预算执行报告：

（1）副总裁，负责生产；

（2）经理，工厂 A；

（3）主管，部门 1——工厂 A。

图表 24-3 显示了成本中心在公司内部通常是如何相互联系的。例如，部门 1——工厂 A 的预算执行报告支持了工厂 A 的报告，而工厂 A 的报告又支持了副总裁的生产报告。

图表 24-3 同时披露了预算成本、实际成本及其差异。各项差异又被分为超过预算的差异和低于预算的差异。该报告能够帮助成本中心的经理聚焦重大差异。

例如，部门1——工厂A的主管能够聚焦为何材料成本会超支。主管可能发现额外的材料被浪费了，导致该现象的原因可能是机器故障、员工培训不当或者材料质量低下。

如图表24-3所示，管理层级越高，责任会计报告越简要。例如，工厂A经理的预算执行报告只显示了管理和部门数据。该报告有助于工厂经理确定与重大差异相关的部门。类似地，副总裁的生产报告只汇总了各个工厂的成本数据。

图表 24-3 成本中心的责任会计报告

预算执行报告
副总裁，生产
截至10月31日的月份

	实际	预算	超支	节约
管理费用	$ 19 700	$ 19 500	$ 200	
工厂A	470 330	467 475	2 855 ◀	
工厂B	394 300	395 225		$(925)
	$884 330	$882 200	$3 055	$(925)

预算执行报告
经理，工厂A
截至10月31日的月份

	实际	预算	超支	节约
管理费用	$ 17 350	$ 17 500		$(150)
部门1	▶ 111 280	▶ 109 725	▶ $1 555	
部门2	192 600	190 500	2 100	
部门3	149 100	149 750		(650)
	$470 330	$467 475	$3 655 ──	$(800)

预算执行报告
生产主管，门1——工厂A
部截至10月31日的月份

	实际	预算	超支	节约
员工工资	$ 58 000	$ 58 100		$(100)
材料	34 225	32 500	$1 725	
主管薪酬	6 400	6 400		
照明和电力	5 690	5 750		(60)
厂房和设备折旧	4 000	4 000		
维修费	1 990	2 000		(10)
保险费和财产税	975	975		
	▶ $111 280	▶ $109 725	▶ $1 725	▶ $(170)

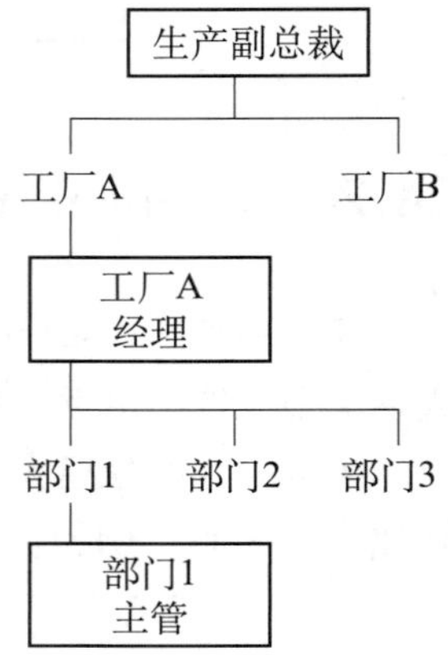

组织结构图：生产副总裁 → 工厂A、工厂B；工厂A → 工厂A经理；工厂A经理 → 部门1、部门2、部门3；部门1 → 部门1主管

例 24-1 成本中心的预算执行报告

核电公司的成本超支了24 000美元。该公司分为南、北两个经营地区。已知北区的实际成本比预算低2 000美元，计算公司南区超支或者节约的成本金额。

解答：
超支26 000美元（24 000+2 000）。

24.3　利润中心责任会计

利润中心（profit center）的经理负责对影响收入、成本及利润的事项做出决策。利润中心可能是一个分部，也可能是一个部门或产品。

利润中心的经理不对中心的固定资产采购做决策。然而，在利润中心工作是很多新上任经理的绝佳培训机会。

利润中心责任会计关注披露收入、费用和营业利润。因此，利润中心的责任会计报告形式与利润表一致。

利润中心利润表应当包括可由经理控制的收入和费用。**可控收入**（controllable revenue）指的是利润中心获取的利润。**可控费用**（controllable expense）指的是受利润中心经理决策影响（控制）的成本。

服务部门费用

利润中心的可控费用包括直接营业费用，例如，销售人员薪酬和电力成本。此外，利润中心还可能接受内部集中服务部门提供的服务而产生费用。这些服务部门包括：

（1）研发部门；

（2）法律部门；

（3）通信部门；

（4）信息和计算机系统部门；

（5）设备管理部门；

（6）采购部门；

（7）广告部门；

（8）工资核算部门；

（9）运输部门；

（10）人力资源部门。

服务部门费用是利润中心的间接费用。它们与公司从外部获取服务发生的费用相似。如果利润中心的经理能够自主决定享用多少服务，就能够控制服务部门费用。在这种情形下，就按照服务使用量将**服务部门费用**（service department charges）分配到各个利润中心。

我们以一家多元化的娱乐公司——新星娱乐集团为例进行解释说明。新星娱乐集团将以下两个经营分部作为利润中心：

（1）主题公园分部；

（2）电影产品分部。

两个分部的收入和营业费用如下所示。经营费用包含各项直接费用，如分部员工的工资薪酬。

	主题公园分部	电影产品分部
收入	$ 6 000 000	$ 2 500 000
营业费用	2 495 000	405 000

在截至 12 月 31 日的会计年度，新星娱乐集团各服务部门及其发生的费用如下所示：

采购部门	$ 400 000
工资核算部门	255 000
法律部门	250 000
总计	$ 905 000

各服务部门根据适当的作业基础将费用分配给主题公园分部和电影产品分部。各服务部门的作业基础是相关服务的衡量指标。对于新星娱乐集团而言，服务部门的作业基础如下所示：

部门	作业基础
采购部门	请购单数量
工资核算部门	工资支票数量
法律部门	付费咨询时间

主题公园分部和电影产品分部使用的服务如下所示：

分部	服务使用		
	采购部门	工资核算部门	法律部门
主题公园分部	25 000 份请购单	12 000 张工资支票	100 小时
电影产品分部	15 000	3 000	900
总计	40 000 份请购单	15 000 张工资支票	1 000 小时

将服务按一定的比率分配给各分部，该比率叫作服务部门费用分配率。该比率的计算如下所示：

$$服务部门费用分配率 = \frac{服务部门费用}{服务部门使用总量}$$

新星娱乐集团服务部门费用分配率的计算如下所示：

$$采购费用分配率 = \frac{400\ 000}{40\ 000} = 10（美元 / 份）$$

$$工资核算费用分配率 = \frac{255\ 000}{15\ 000} = 17（美元 / 张）$$

$$法律咨询费用分配率 = \frac{250\ 000}{1\ 000} = 250（美元 / 小时）$$

各分部使用的服务数量乘以服务部门费用分配率就可以得到各分部承担的服务费用，如下所示：

$$服务部门费用 = 服务使用量 × 服务部门费用分配率$$

图表24-4列示了新星娱乐集团主题公园分部和电影产品分部的服务部门费用和相关计算。

两个分部的服务费用差异是其经营特征和使用的服务数量导致的。例如，主题公园分部需要雇用很多兼职的员工，每周支付工资。因此，主题公园分部需要处理12 000张工资发票，产生204 000美元（12 000×17）的工资核算费用。而电影产品有更多按月支付工资的终身雇员，因此电影产品分部只需要处理3 000张工资支票，仅产生51 000美元（3 000×17）的工资核算费用。

图表 24-4 新星娱乐集团各分部的服务部门费用

新星娱乐集团 各分部的服务部门费用 截至 20Y8 年 12 月 31 日的会计年度		
服务部门	主题公园分部	电影产品分部
采购部门（附注 A）	$ 250 000	$ 150 000
工资核算部门（附注 B）	204 000	51 000
法律部门（附注 C）	25 000	225 000
总服务部门费用	$ 479 000	$ 426 000

附注 A：
25 000 份 × $ 10/ 份 = $ 250 000
15 000 份 × $ 10/ 份 = $ 150 000
附注 B：
12 000 张 × $ 17/ 张 = $ 204 000
3 000 张 × $ 17/ 张 = $ 51 000
附注 C：
100 小时 × $ 250/ 小时 = $ 25 000
900 小时 × $ 250/ 小时 = $ 225 000

例 24-2 服务部门费用

约翰逊公司的法律部门共产生 600 000 美元费用。该法律部门在当期共提供了 2 000 小时的服务。东区分部在本期使用了 500 小时的法律咨询服务，西区分部使用了 1 500 小时。各个分部应当承担的服务费用是多少？

解答：

东区分部承担的法律部门服务费用 = 500 × (600 000/2 000) = 150 000（美元）

西区分部承担的法律部门服务费用 = 1 500 × (600 000/2 000) = 450 000（美元）

利润中心报告

新星娱乐集团的分部利润表如图表 24-5 所示。

图表 24-5 分部利润表——新星娱乐集团

新星娱乐集团 各分部的服务部门费用 截至 20Y8 年 12 月 31 日的会计年度		
	主题公园分部	电影产品分部
销售收入 *	$ 6 000 000	$ 2 500 000
营业费用	2 495 000	405 000
考虑服务部门费用前的营业利润	$ 3 505 000	$ 2 095 000
减：服务部门费用：		
采购部门	$ 250 000	$ 150 000
工资核算部门	204 000	51 000

续

新星娱乐集团 各分部的服务部门费用 截至 20Y8 年 12 月 31 日的会计年度		
	主题公园分部	电影产品分部
法律部门	25 000	225 000
总服务部门费用	$ 479 000	$ 426 000
营业利润	$ 3 026 000	$ 1 669 000

* 对于销售产品的利润中心，利润表应当显示：销售收入−商品销售成本=毛利润。毛利润再减去营业费用得到考虑服务部门费用前的营业利润。

在评估利润中心经理的业绩时，应当比较不同会计期间的营业利润或将实际数与预算数进行对比，而不能在不同的利润中心之间比较，因为不同利润中心在规模、产品和客户等方面都存在较大的差异。

例 24-3   利润中心的营业利润

结合例 24-2 中约翰逊公司的数据以及下列数据，确定东区分部和西区分部的营业利润。

	东区分部	西区分部
销售收入	$ 3 000 000	$ 8 000 000
商品销售成本	1 650 000	4 200 000
销售费用	850 000	1 850 000

解答：

	东区分部	西区分部
销售收入	$ 3 000 000	$ 8 000 000
商品销售成本	1 650 000	4 200 000
毛利润	$ 1 350 000	$ 3 800 000
销售费用	850 000	1 850 000
考虑服务部门费用前的营业利润	$ 500 000	$ 1 950 000
服务部门费用	150 000	450 000
营业利润	$ 350 000	$ 1 500 000

24.4 投资中心责任会计

投资中心（investment center）的经理负责对影响收入、成本以及利润的事项做出决策，同时也负责管理中心的固定资产投资。投资中心经常出现在由分部组成的多元化公司中。在这种情况下，分部经理的权力与首席运营官或董事长的权力相似。

因为投资中心的经理同样负责管理中心的收入和费用，因此营业利润也是投资中心报告的一部分。此外，经理还负责管理中心内部固定资产的投资，所以可以使用以下两个业绩衡量指标：

（1）投资收益率；

（2）剩余收益。

我们以一家拥有三个地区分部的移动电话公司——数据连接公司为例进行解释说明。数据连接公司北区分部、中区分部和南区分部的简要利润表如图表 24-6 所示。

图表 24-6　分部利润表——数据连接公司

数据连接公司 分部利润表 截至 20Y8 年 12 月 31 日的会计年度			
	北区分部	中区分部	南区分部
销售收入	$ 560 000	$ 672 000	$ 750 000
营业费用	336 000	470 400	562 500
考虑服务部门费用前的营业利润	$ 224 000	$ 201 600	$ 187 500
服务部门费用	154 000	117 600	112 500
营业利润	$ 70 000	$ 84 000	$ 75 000

根据营业利润分析，中区分部是最具盈利能力的分部。但是营业利润无法反映各个中心的固定资产投资金额。例如，中区分部的资产是北区分部的两倍。正因为如此，需要使用考虑投资资产金额的业绩衡量指标，如投资收益率和剩余收益。

投资收益率

因为投资中心的经理可以控制本中心的投资资产金额，所以可以基于对这些资产的使用评估经理的业绩。衡量投资资产金额的其中一个指标是**投资收益率**（rate of return on investment，ROI）或者资产收益率。该指标的计算公式如下：

$$投资收益率（ROI）=\frac{营业利润}{投入资产}$$

投资收益率十分重要，因为它同时考虑了受部门经理控制的三项要素（收入、费用和投资资产）。投资收益率越高，说明部门使用资产获得利润的效率越高。事实上，投资收益率衡量了投入的每单位金额所获得的利润（回报）。因此，投资收益率可作为比较各个投资中心业绩的通用基础。

例如，数据连接公司三个分部的投入资产如下所示：

	投入资产
北区分部	$ 350 000
中区分部	700 000
南区分部	500 000

根据图表 24-6 中所示的营业利润，各分部的投资收益率计算如下：

北区分部：

$$投资收益率 = \frac{营业利润}{投入资产} = \frac{70\ 000}{350\ 000} = 20\%$$

中区分部：

$$投资收益率 = \frac{营业利润}{投入资产} = \frac{84\ 000}{700\ 000} = 12\%$$

南区分部：

$$投资收益率 = \frac{营业利润}{投入资产} = \frac{75\ 000}{500\ 000} = 15\%$$

虽然中区分部的营业利润最高，但投资收益率是最低的。因此，鉴于投入的资产规模，中区分部是盈利能力最差的分部。相比之下，北区分部的投资收益率为 20%，南区分部的投资收益率为 15%，都比中区分部高。

为解释各分部之间投资收益率的差异，通常使用**杜邦公式**（DuPont formula）进行分析。杜邦公式将产品的投资收益率视为以下两个因素的乘积：

（1）**利润率**（profit margin），营业利润与销售收入的比值；

（2）**投资周转率**（investment turnover），销售收入与投入资产的比值。

根据杜邦公式，投资收益率可以表示为：

$$投资收益率 = 利润率 \times 投资周转率$$
$$= \frac{营业利润}{销售收入} \times \frac{销售收入}{投入资产}$$

杜邦公式对于评估分部的业绩十分有用。这是因为利润率和投资周转率体现了各分部以下两个潜在的经营关系：

（1）利润率通过计算每单位销售额的获利情况体现部门的盈利能力；

（2）投资周转率通过计算每单位投入资产所创造的收入体现部门的经营效率。

如果一个分部的利润率提高，其他因素保持不变，那么该分部的投资收益率就会提高。例如，一个分部可能在其销售组合中加入更具获利性的产品，因此，增加了营业利润、利润率，从而提高了投资收益率。

如果一个分部的投资周转率提高，其他因素保持不变，那么该分部的投资收益率也会提高。例如，一个分部可能通过特殊的促销活动来增加销售收入，提高运营效率、投资周转率，从而提高投资收益率。

投资收益率、利润率和投资周转率三者相互关联。具体而言，既可以通过提高投资周转率来获取更多的利润，也可以通过提高利润率，或者同时提高两者来获取更多的利润。

使用杜邦公式得出数据连接公司的各分部的投资收益率，如下所示：

$$投资收益率 = \frac{营业利润}{销售收入} \times \frac{销售收入}{投入资产}$$

北区分部：

$$投资收益率 = \frac{70\,000}{560\,000} \times \frac{560\,000}{350\,000} = 12.5\% \times 1.6 = 20\%$$

中区分部：

$$投资收益率 = \frac{84\,000}{672\,000} \times \frac{672\,000}{700\,000} = 12.5\% \times 0.96 = 12\%$$

南区分部：

$$投资收益率 = \frac{75\,000}{750\,000} \times \frac{750\,000}{500\,000} = 10\% \times 1.5 = 15\%$$

北区分部和中区分部有相同的利润率12.5%，然而，北区分部的投资周转率1.6要高于中区分部的投资周转率0.96。通过更有效地使用投入资产，北区分部的投资收益率20%比中区分部的投资收益率12%高8个百分点。

南区分部的利润率（10%）和投资周转率（1.5）都低于北区分部。两者相乘得到的15%的投资收益率自然也就低于北区分部的投资收益率（20%）。

虽然南区分部的利润率低于中区分部，但是南区分部有更高的投资周转率（1.5），由此产生的15%的投资收益率要高于中区分部12%的投资收益率。

为提高一个分部的投资收益率，应当分析相应的利润率和投资周转率。例如，假定北区分部所在行业竞争激烈，利润率不易提高，则分部经理就可能聚焦提高投资周转率。

例如，北区分部通过增加广告宣传将营业费用提高到385 000美元，销售收入提高了56 000美元。因此，北区分部的营业利润从70 000美元提高到77 000美元，如下所示：

销售收入（$560 000 + $56 000）	$616 000
营业费用	385 000
考虑服务部门费用前的营业利润	$231 000
服务部门费用	154 000
营业利润	$77 000

根据杜邦公式重新计算北区分部的投资收益率如下所示：

$$投资收益率 = \frac{77\,000}{616\,000} \times \frac{616\,000}{350\,000} = 12.5\% \times 1.76 = 22\%$$

虽然北区分部的利润率保持不变（12.5%），但是投资周转率从1.6提高到1.76，增长了10%（0.16/1.6）。投资周转率10%的增长幅度使得投资收益率也同时增长了10%（从20%增长到22%）。

投资收益率还有助于分析额外资产的投资和经营活动的扩张。例如，数据连接公司将会优先考虑扩张北区分部的业务，因为它投资收益率最高。换言之，对北区分部投入1美元可以获得20美分的回报（20%）。而对中区和南区分部投入1美元，则只能分别获得12美分和15美分的回报。

将投资收益率作为业绩衡量指标的缺点是可能导致分部经理拒绝一项可以提高公司整体收益的投资项目。例如，假定数据连接公司北区分部的各类收益率如下所示：

当下的投资收益率	20%
高层管理者设定的可接受的最小投资收益率	10%
新项目的预期投资收益率	14%

如果北区分部的经理投资于新项目，那么分部的总体投资收益率就会因平均而从20%下降。因此，部门经理很可能会拒绝新项目，虽然新项目的预期投资收益率（14%）要高于公司可接受的最小投资收益率（10%）。

例 24-4 利润率、投资周转率和投资收益率

坎贝尔公司有35 000美元的营业利润，140 000美元的投入资产，437 500美元的销售收入。使用杜邦公式计算投资收益率，同时给出：（a）利润率；（b）投资周转率；（c）投资收益率。

解答：

a. 利润率=35 000/437 500=8%

b. 投资周转率=437 500/140 000=3.125

c. 投资收益率=8%×3.125=25%

剩余收益

剩余收益能够弥补投资收益率的不足。**剩余收益**（residual income）指的是营业利润超过可接受的最少营业利润的部分，如图表24-7所示。

图表 24-7 剩余收益

营业利润	$×××
减：可接受的最少营业利润，以投入资产的一定比例表示	×××
剩余收益	$×××

可接受的最少营业利润根据可接受的最小收益率乘以投入资产确定。最小收益率由高层管理者基于融资成本等因素确定。

例如，数据连接公司将10%作为分部资产的最小收益率。各分部的剩余收益计算如图表24-8所示。

图表 24-8 剩余收益——数据连接公司

	北区分部	中区分部	南区分部
营业利润	$ 70 000	$ 84 000	$ 75 000
减：可接受的最少营业利润，以投入 　　资产的一定比例表示：			
$ 350 000×10%	35 000		
$ 700 000×10%		70 000	
$ 500 000×10%			50 000
剩余收益	$ 35 000	$ 14 000	$ 25 000

如图表 24-8 所示，北区分部相比于其他分部来说，有更多的剩余收益（35 000 美元），尽管它的营业利润最少（70 000 美元）。这是因为北区分部的投入资产比其他分部少。

剩余收益作为业绩衡量指标的主要优点是它能够同时考虑各分部可接受的最小投资收益率、投入资产和营业利润。其作用是鼓励各分部的经理在超过可接受的最少营业利润的前提下追求营业利润最大化，接受任何预期投资收益率超过最小值的项目。

例如，假定数据连接公司北区分部的各类收益率如下所示：

当下的投资收益率	20%
高层管理者设定的可接受的最小投资收益率	10%
新项目的预期投资收益率	14%

如果北区分部的经理仅使用投资收益率评估项目，很可能拒绝新项目。这是因为投资新项目会降低分部当下的投资收益率（20%）。虽然这样做使得该分部能维持高水平的投资收益率，但是它损害了公司的整体利益，因为预期投资收益率（14%）超过了数据连接公司可接受的最小投资收益率（10%）。

如果北区分部经理使用剩余收益进行评估，则很有可能接受新项目。这是因为新项目能够增加北区分部的剩余收益。剩余收益兼顾了分部和公司整体的目标。

例 24-5　剩余收益

皮纳特公司批发分部的营业利润为 87 000 美元，资产为 240 000 美元。公司可接受的最小投资收益率为 12%。计算分部的剩余收益。

解答：

营业利润	$ 87 000
减：可接受的最少营业利润，以投入资产的一定比例表示（$ 240 000×12%）	28 800
剩余收益	$ 58 200

平衡计分卡

平衡计分卡（balanced scorecard）是公司的一组业绩衡量指标。除财务业绩外，平衡计分卡还包括客户服务、创新与学习以及内部流程等业绩衡量指标，如图表 24-9 所示。

图表 24-9　平衡计分卡

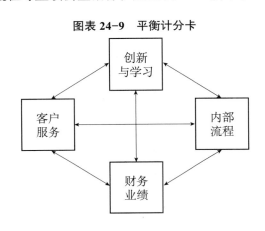

　　创新与学习的业绩衡量指标通常围绕公司的研发活动制定。例如，一年内研发的新产品数量、新产品投入市场的时间都是创新的衡量指标。学习的衡量指标包括员工培训课程的数量以及通过多项职业培训的员工人数。

　　客户服务的业绩衡量指标包括客户投诉数量和回头客数量。还可以通过客户调查了解相比于竞争者，客户对公司的满意程度。

　　内部流程的业绩衡量指标包括制造产品所需的时间。废料数量也是公司制造流程效率的一个衡量指标。客户退货量则是制造和销售流程的共同衡量指标。

　　所有的公司都使用财务业绩衡量指标。有些财务业绩衡量指标已经在前面的章节提到，包括营业利润、投资收益率和剩余收益。

　　平衡计分卡试图识别出与创新与学习、客户服务和内部流程相关的财务业绩的潜在非财务驱动因素或原因，以进一步改善财务业绩。例如，客户满意程度经常用回头客数量来衡量。通过增加回头客数量，公司能有效地提高销售收入和营业利润。

　　平衡计分卡中常见的业绩衡量指标如图表 24-10 所示。

图表 24-10　平衡计分卡的业绩衡量指标

创新与学习	内部流程
新产品数量 新专利数量 通过多项职业培训的员工数量 培训时间 违反道德规范的次数 员工流动率	废料数量 产品制造时间 残次品数量 被拒的销售订单数量 缺货的次数 劳动力使用情况
客户服务	**财务业绩**
回头客数量 客户的品牌认可程度 产品的配送时间 客户满意程度 销售退回数量 客户投诉次数	销售收入 营业利润 投资收益率 利润率和投资周转率 剩余收益 实际成本与预算（标准）成本的差异

24.5　转让价格

　　当一个分部向另一个分部提供产品或服务时，该产品或服务的费用称为**转让价格**（transfer price）。由于转让价格会影响分部的财务业绩，所以对于销售部门和购买部门的经理而言，设定转让价格是一件敏感的事。

　　三种常见的转让价格确定方法如下所示：

（1）市场定价法；

（2）协商定价法；

（3）成本定价法。

成本中心、利润中心和投资中心都可能会用到转让价格。设定转让价格的目的在于激励分部经理以增加公司整体的利润为目标进行经营决策。然而，有时转让价格的错误使用也可能会使公司整体的利润遭受损害。图表 24-11 显示了可能的转让价格范围。

图表 24-11 常用的转让价格

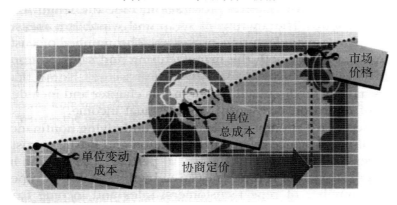

例如，威尔森公司是一家包装休闲零食公司，没有设置服务部门。该公司有两个经营分部（东区分部和西区分部），它们作为独立的投资中心运营。威尔森公司的简要利润表如图表 24-12 所示，假设分部之间没有产品转移。

图表 24-12 利润表——分部之间没有产品转移

威尔森公司 利润表 截至 20Y1 年 12 月 31 日的会计年度			
	东区分部	西区分部	公司总计
销售收入：			
50 000 单位×$ 20/ 单位	$ 1 000 000		$ 1 000 000
20 000 单位×$ 40/ 单位		$ 800 000	800 000
			$ 1 800 000
费用：			
变动：			
50 000 单位×$ 10/ 单位	$ 500 000		S 500 000
20 000 单位×$ 30*/ 单位		$ 600 000	600 000
固定	300 000	100 000	400 000
费用总计	$ 800 000	$ 700 000	$ 1 500 000
营业利润	$ 200 000	$ 100 000	$ 300 000

* 每单位 30 美元中的 20 美元为直接材料成本，10 美元代表西区分部发生的其他变动加工费用。

市场定价法

使用**市场定价法**（market price approach）时，转让价格是将产品或服务出售给外部购买者的价格。如果转让的产品或服务存在外部市场，那么当下的市场价格是较合适的转让价格。

转让价格＝市场价格

例如，威尔森公司西区分部生产休闲零食的材料以每单位20美元的价格从外部供应商处购入。东区分部也生产同样的材料。东区分部满负荷生产了50 000单位产品，既可以出售给西区分部，也可以出售给外部购买者。

每单位20美元的转让价格（市场价格）对东区分部的利润以及公司的总利润无影响。无论该产品由谁购买，东区分部每销售一单位产品都可以获得20美元的收入。

类似地，西区分部需要对每单位材料支付20美元的价格（市场价格）。因此，将市场价格作为转让价格对东区分部的利润和公司的总利润都没有影响。

在这种情形下，将市场价格作为转让价格是合适的。威尔森公司简要的分部利润表与图表24-12所示的利润表一致。

协商定价法

如果供应部门（东区分部）存在闲置生产能力，转让价格和市场价格一致将无法实现公司总利润的最大化。这是因为西区分部的经理对于从东区分部购买材料和从外部供应商处购买材料保持中立，无偏向。也就是说，在这两种情况下西区分部的经理都需要支付每单位20美元的材料价格。因此，西区分部的经理可能从外部供应商处购买材料。

然而，如果西区分部从东区分部购买材料，市场价格20美元与东区分部的单位变动成本10美元（见图表24-12）的差额就可以补偿固定成本，增加公司总体的利润。因此，应当鼓励西区分部的经理从东区分部购买材料。

协商定价法（negotiated price approach）允许分部经理协商确定转让价格。唯一的约束就是转让价格低于市场价格，高于供应部门的单位变动成本，如下所示：

单位变动成本＜转让价格＜市场价格

假定东区分部的正常生产能力为70 000单位产品而不是50 000单位产品，东区分部只能对外销售50 000单位产品。

低于20美元的转让价格能鼓励西区分部从东区分部购买材料。这是因为西区分部当期从外部购买材料的成本为每单位20美元，从东区分部购入可以降低材料成本，从而增加营业利润。

图表24-13列示了分部和公司的利润表，假定西区和东区分部经理协商确定的转让价格为每单位15美元。

东区分部的收入增加300 000美元（20 000×15），达到1 300 000美元。因此，东区分部的营业利润随之增加了100 000美元（300 000-200 000），达到300 000美元，如图表24-13所示。

图表 24-13　利润表——协商定价法

	东区分部	西区分部	公司总计
威尔森公司 利润表 截至 20Y1 年 12 月 31 日的会计年度			
销售收入：			
50 000 单位×$ 20/ 单位	$ 1 000 000		$ 1 000 000
20 000 单位×$ 15/ 单位	300 000		300 000
20 000 单位×$ 40/ 单位		$ 800 000	800 000
	$ 1 300 000	$ 800 000	$ 2 100 000
费用：			
变动：			
70 000 单位×$ 10/ 单位	$ 700 000		$ 700 000
20 000 单位×$ 25*/ 单位		$ 500 000	500 000
固定	300 000	100 000	400 000
费用总计	$ 1 000 000	$ 600 000	$ 1 600 000
营业利润	$ 300 000	$ 200 000	$ 500 000

* 每单位 25 美元中的 10 美元代表仅在西区分部发生的变动加工费用，15 美元代表东区分部的单位材料转让价格。

东区分部增加的 100 000 美元利润也可以使用以下方式计算而得：

$$\begin{array}{l} \text{东区分部（供应部门）} \\ \text{营业利润增加额} \end{array} = （转让价格-单位变动成本）\times 转让数量$$
$$= （15-10）\times 20 000 = 100 000（美元）$$

西区分部的单位材料成本减少了 5 美元（20-15），材料成本总计减少了 100 000 美元（20 000×5）。因此，西区分部的营业利润从 100 000 美元增加到 200 000 美元，如图表 24-13 所示。

西区分部增加的 100 000 美元利润也可以使用以下方式计算而得：

$$\begin{array}{l} \text{西区分部（供应部门）} \\ \text{营业利润增加额} \end{array} = （市场价格 -转让价格）\times 转让数量$$
$$= （20-15）\times 20 000 = 100 000（美元）$$

比较图表 24-12 和图表 24-13 可知，威尔森公司的总利润增加了 200 000 美元，如下所示：

	营业利润		
	无产品转移 （见图表 24-12）	以每单位 15 美元的价格转让 20 000 单位产品 （见图表 24-13）	增加 （减少）
东区分部	$ 200 000	$ 300 000	$ 100 000
西区分部	100 000	200 000	100 000
威尔森公司	$ 300 000	$ 500 000	$ 200 000

在上述例子中，转让价格在 10～20 美元之间都是可以接受的，如下所示：

单位变动成本＜转让价格＜市场价格

$10＜转让价格＜$20

该区间的任何价格都会使威尔森公司的总利润增加 200 000 美元。然而，西区分部和东区分部营业利润的增加额则会随转让价格的变动而发生变化。

例如，16 美元的转让价格会让东区分部的营业利润增加 120 000 美元，如下所示：

东区分部（供应部门）
营业利润增加额 ＝（转让价格－单位变动成本）×转让数量
＝（16－10）×20 000＝120 000（美元）

16 美元的转让价格会使西区分部的营业利润增加 80 000 美元，如下所示：

西区分部（采购部门）
营业利润增加额 ＝（市场价格－转让价格）×转让数量
＝（20－16）×20 000＝80 000（美元）

当转让价格为 16 美元时，威尔森公司的总利润依旧增加 200 000 美元，包含了东区分部 120 000 美元的营业利润增加额和西区分部 80 000 美元的营业利润增加额。

如上所述，协商定价同时激励了两个分部的经理对材料转让事项进行谈判。与此同时，公司的整体利润提高。然而协商定价法只适用于供应部门有闲置生产能力的情形。换言之，该方法适合在供应部门不能将所有的产品以市场价格出售给外部购买者的情况下使用。

例 24-6　转让定价

福克斯公司的温斯顿-塞勒姆分部当期使用的材料是以每单位 30 美元的价格从外部供应商处采购的。福克斯公司的弗拉格斯塔夫分部也生产同样的材料。弗拉格斯塔夫分部可以每单位 15 美元的变动成本生产温斯顿-塞勒姆分部所需的材料。该分部有 100 000 单位材料的生产能力，本期只生产了 70 000 单位的材料。两个分部最近正在协商以每单位 22 美元的价格内部转让 30 000 单位的材料。由于该转让，两个分部的营业利润分别增长多少？

解答：

弗拉格斯塔夫分部（供应部门）
营业利润增加额 ＝（转让价格－单位变动成本）×转让数量
＝（22－15）×30 000＝210 000（美元）

温斯顿-塞勒姆分部（采购部门）
营业利润增加额 ＝（市场价格－转让价格）×转让数量
＝（30－22）×30 000＝240 000（美元）

成本定价法

在**成本定价法**（cost price approach）下，成本被用于确定转让价格。该方法会用到一系列成本，包括：

（1）单位总成本；

（2）单位变动成本。

如果使用单位总成本，那么直接材料、直接人工和制造费用都包含在转让价格中。如果使用单位变动成本，那么转让价格中则不包含固定制造费用。

成本定价法中的成本既可以是实际成本，也可以是标准（预算）成本。如果使用实际成本，那么生产（供应）部门的低效率生产结果就被转移到采购部门，因此会削弱生产（供应）部门控制成本的动机。正因为如此，大多数公司在成本定价法中使用标准成本。通过这种方法，出于成本控制的目的，实际成本与标准成本的差异依旧由生产（供应）部门负责。

当责任中心是成本中心时，通常使用成本定价法。当责任中心是利润中心或者投资中心时，一般不使用成本定价法。

例如，当供应部门为利润中心时，使用成本定价法就忽视了供应部门经理赚取利润的责任。因为供应部门对于转让的产品无法获得任何利润（收入－成本），所以部门经理没有动机将产品转移到其他部门，即使这对公司整体而言是有利的。

练习题

EX 24-1 成本中心的预算执行报告

加兰德公司是一家轻型电机制造商，该公司未填制完成的预算执行报告如下所示：

加兰德公司 预算执行报告——副总裁，生产 截至 11 月 30 日的月份				
工厂	实际	预算	超支	节约
东部地区	$ 2 409 400	$ 2 420 000		$（10 600）
中部地区	2 998 400	3 000 000		（1 600）
西部地区	（g）	（h）	（i）	
	（j）	（k）	$ （l）	$（12 200）

加兰德公司 预算执行报告——经理，西部地区的工厂 截至 11 月 30 日的月份				
部门	实际	预算	超支	节约
芯片制造	（a）	（b）	（c）	
电子组装	$ 703 200	$ 700 000	$ 3 200	
最终组装	516 600	525 000		$（8 400）
	（d）	（e）	$ （f）	$（8 400）

加兰德公司 预算执行报告——主管，芯片制造 截至 11 月 30 日的月份				
成本	实际	预算	超支	节约
员工工资	$ 95 500	$ 82 000	$ 13 500	
材料	115 300	120 000		$（4 700）
照明和电力	49 950	45 000	4 950	
维修费	37 200	28 000	9 200	
	$ 297 950	$ 275 000	$ 27 650	$（4 700）

a. 计算用字母表示的未知金额，将上述预算执行报告填写完整。

b. 给加兰德公司生产副总裁卡桑德拉·里德编写一份备忘录，解释公司各生产部门 11 月份的业绩表现。

EX 24–3　服务部门费用和作业基础

针对以下各个服务部门，确定将服务费用分配至各个利润中心的作业基础。

a. 法律部门；

b. 复印服务部门；

c. 信息技术辅助部门；

d. 集中采购部门；

e. 电信服务部门；

f. 应收账款管理部门。

EX 24–5　服务部门费用

在勒费夫公司编制的分部利润表中，公司分别根据工资单数量和请购单数量将工资核算部门的费用和采购部门的费用分配至服务使用部门。本年度工资核算部门的费用为 75 400 美元，采购部门的费用为 42 000 美元。以下是居民住宅、商业用房和政府合同三个分部的年度数据：

	居民住宅	商业用房	政府合同
销售收入	$ 1 000 000	$ 1 600 000	$ 3 200 000
工资单数量：			
周工资单（每年 52 周）	300	150	200
月度工资单	75	160	90
每年的请购单数量	4 000	3 500	3 000

a. 计算公司整体和各分部每年处理的工资单数量和请购单数量。

b. 使用 a 中的作业基础信息，分别计算本年度分配到居民住宅、商业用房和政府合同三个分部的工资核算费用和采购费用。

c. 为什么居民住宅分部的服务部门费用要高于其他两个分部，尽管该分部的销售收入是最低的？

EX 24-7 包含服务部门费用的分部利润表

格雷尔技术公司有两个分部：消费者分部和商务分部。另外，公司还有两个服务部门：技术支持部门和采购部门。公司截至 20Y7 年 12 月 31 日的会计年度的费用如下所示：

技术支持部门	$ 336 000
采购部门	67 500
其他公司管理费用	448 000
公司费用总计	$ 851 500

其他公司管理费用包括办公人员薪酬以及公司需要的其他费用支出。技术支持部门根据各分部的电脑数量收取服务费用。采购部门根据各分部的采购订单数量收取服务费用。两个分部使用的服务数量如下所示：

	技术支持部门	采购部门
消费者分部	300 台计算机	1 800 张采购订单
商务分部	180	2 700
总计	480 台计算机	4 500 张采购订单

假定技术支持部门和采购部门的费用可由各分部控制，而公司的管理费用不由各分部控制。此外，两个分部的营业收入、商品销售成本和营业费用如下所示：

	消费者分部	商务分部
营业收入	$ 5 900 000	$ 4 950 000
商品销售成本	3 304 000	2 475 000
营业费用	1 180 000	1 237 500

编制两个分部的分部利润表。

EX 24-9 利润中心责任报告

格雷德运动产品公司有两个分部——冬季运动分部和夏季运动分部。以下利润和费用账户数据取自公司本年度末 12 月 31 日的试算平衡表，所有的调整包括对存货的调整都已经被记录。

销售收入——冬季运动分部	$ 12 600 000
销售收入——夏季运动分部	16 300 000
商品销售成本——冬季运动分部	7 560 000
商品销售成本——夏季运动分部	9 454 000
销售费用——冬季运动分部	2 016 000
销售费用——夏季运动分部	2 282 000
管理费用——冬季运动分部	1 260 000
管理费用——夏季运动分部	1 450 700
广告费用	578 000
运输费用	265 660

应收账款收回费用	174 000
仓储费用	1 540 000

分配费用的基础以及其他所需的信息如下所示：

a. 广告费用——在总部发生，根据服务使用量分配到各分部：冬季运动分部 252 000 美元；夏季运动分部 326 000 美元。

b. 运输费用——根据每份提单 7.4 美元的分配率分配到各分部：冬季运动分部 17 200 份提单；夏季运动分部 18 700 份提单。

c. 应收账款收回费用——发生在总部，根据每张销售发票 6 美元的分配率分配到各分部：冬季运动分部 11 500 张销售发票；夏季运动分部 17 500 张销售发票。

d. 仓储费用——以各分部产品的占地面积为基础将费用分配到各分部：冬季运动产品占地 102 000 平方英尺；夏季运动产品占地 118 000 平方英尺。

以"冬季运动部门"和"夏季运动部门"为列标题编制分部利润表。列示服务部门费用的计算过程。

EX 24-13 利润率、投资周转率和投资收益率

法戈工业公司消费品分部的简要利润表如下所示（假定不存在服务部门费用）：

销售收入	$ 82 500 000
商品销售成本	53 625 000
毛利润	$ 28 875 000
管理费用	15 675 000
营业利润	$ 13 200 000

消费品分部的经理正在思考提高投资收益率的方法。

a. 假定消费品分部的投入资产总额为 5 000 000 美元，根据杜邦公式，计算消费品分部的利润率、投资周转率和投资收益率。

b. 如果可以在不影响销售收入的情况下减少 1 650 000 美元的费用，这对消费品分部的利润率、投资周转率和投资收益率会有什么影响？

EX 24-15 计算投资收益率和剩余收益计算过程中的缺失值

乌贝托公司的数据，包括投资收益率和剩余收益数据都列示在下表中：

投入资产	营业利润	投资收益率	最小预期投资收益率	可接受的最少营业利润	剩余收益
$ 925 000	$ 185 000	（a）	15%	（b）	（c）
$ 775 000	（d）	（e）	（f）	$ 93 000	$ 23 250
$ 450 000	（g）	18%	（h）	$ 58 500	（i）
$ 610 000	$ 97 600	（j）	12%	（k）	（l）

计算用字母表示的缺失数值。

EX 24-17　服务企业的投资收益率和剩余收益

HRB 公司为美国和其他地区的公司提供税务服务。这些服务通过两个分部提供：公司办事处和特许经营部。

公司办事处和特许经营部的财务信息如下所示（单位：百万美元）。

	公司办事处	特许经营部
营业收入	$2 651	$335
营业利润	617	86
总资产	3 930	586

a. 使用杜邦公式计算各分部的投资收益率。以百分比表示的利润率保留一位小数，投资周转率保留两位小数。

b. 假定公司可接受的最少营业利润为总资产的 15%，计算各分部的剩余收益。将可接受的最少营业利润保留到百万美元。

c. 解释上述结果。

EX 24-19　建立平衡计分卡

移动餐车公司在洛杉矶市区拥有并经营着 10 辆餐车（移动厨房）。每辆餐车都有不同的美食主题，比如爱尔兰-墨西哥风味融合、传统墨西哥风味街头小吃、埃塞俄比亚风味美食和黎巴嫩-意大利风味融合。该公司三年前由朱厄妮塔·奥布赖恩创立，当时她只经营一辆有独特菜单的餐车。随着业务的发展，她开始关注自己管理和控制业务的能力。奥布赖恩描述了公司是如何建立的，它的关键成功因素，以及最近的增长率。

　　我白手起家创建了这家公司。一开始只有我一个人。我开餐车、制定菜单、购买食材、准备饭菜、上菜、打扫厨房、维护设备。我用优质的食材做独特的饭菜，不做任何不完美的饭菜。我每天都会改变我的位置，并通过推特通知客户我所在的位置。

　　随着我的客户群不断壮大，我雇用了一些员工来帮我开餐车。有一天，我想到一个方案，该方案可以适用于多辆餐车。在这之前，我已经拥有了 10 辆餐车，并雇人来做我以前做的所有事情。现在，我和我的团队成员一起制定菜单，设置餐车的每日位置，并管理业务的运营。

　　我的商业模式是提供最高质量的街头食品，并收取比其他公司的餐车更高的价格。在我的餐车上，你不会吃到最便宜的饭菜，但你会吃到最好的饭菜。优越的品质让我的餐食价格比其他餐车高一些。我的员工对我的成功至关重要。我给他们的工资比他们在其他餐车上挣得多，我对他们的期望也更高。我依靠他们来保持我开第一辆餐车时建立的质量。

　　一切都很顺利，但我有点知所措。到目前为止，销售额的增长带来了盈利能力的增长——但我越来越紧张了。如果质量开始下降，我的品牌价值就会受到侵蚀，这可能会影响我的饭菜价格和我生意的成功。

为移动餐车公司建立平衡计分卡。确定这些衡量指标是否适合平衡计分卡的创新与学习、客户服务、内部流程或财务业绩维度。

综合题

PR 24-1A 成本中心的预算执行报告

瓦洛蒂克科技公司在网上销售电子产品。消费品分部以成本中心的模式运作。该分部截至 1 月 31 日的月份的预算如下所示（单位：千美元）。

客户服务部薪酬	$ 546 840
保险费和财产税	114 660
配送部门薪酬	872 340
营销部门薪酬	1 028 370
工程部门薪酬	836 850
仓储部门工资	586 110
设备折旧	183 792
总计	$ 4 168 962

1 月份，消费品分部实际发生的费用如下所示：

客户服务部薪酬	$ 602 350
保险费和财产税	110 240
配送部门薪酬	861 200
营销部门薪酬	1 085 230
工程部门薪酬	820 008
仓储部门工资	562 632
设备折旧	183 610
总计	$ 4 225 270

要求：

1. 编制消费品分部 1 月份递交分部主管的预算执行报告。
2. 对于哪项成本，分部主管可能要求提供支持报告？

案例分析题

CP 24-1 道德行为

塞姆波蒂克斯公司下设多个分部，其中半导体分部向内部和外部客户销售半导体。该公司的 X 射线分部使用半导体作为其最终产品的组件，目前正在评估是从半导体分部还是外部供应商处购买半导体。半导体的市场价格是每 100 个 100 美元。戴夫·布赖恩特是 X 射线分部的主管，霍华德·希尔曼是半导体分部的主管。下面是戴夫和霍华德之间的对话：

戴夫：我听说你们分部在销售半导体方面遇到了问题。也许我能帮忙。

霍华德：你说得对。我们生产和销售产能的 90% 都是对外销售。去年我们销售了 100% 的产能。你们分部能不能接手一些我们过剩的产能？毕竟，我们属于同一家公司。

戴夫：你能给我什么样的价格？

霍华德：嗯，你和我一样清楚，我们各分部都有严格的盈利责任，所以我希望按照市场价格交易，即 100 个半导体 100 美元。

戴夫：我不确定我们能不能协商一下。我期待着"姐妹"分部提供优惠价格。

霍华德：嘿，我们只能到此为止了。如果给你降价，我们分部的利润就会比去年低。我不知道该怎么解释。很抱歉，我必须保持原价。毕竟，这是公平的——这是你必须向外部供应商支付的价格。

戴夫：不管公平与否，合作还是算了吧。抱歉我们没能帮上忙。

戴夫强迫半导体部门降价是否合乎职业道德？评论一下霍华德的反应。

第**25**章

差量分析、产品定价和作业成本法

管理者必须评估可替代活动的成本和效益。脸书是世界上最大的社交平台，2004 年由 26 岁的马克·扎克伯格建立。此后，脸书成长为拥有近 10 亿用户的公司，而扎克伯格身价达数十亿美元。

脸书计划继续扩展至拥有超过 10 亿名全球用户。这种增长涉及公司应该朝什么方向进行扩张的问题。假如脸书将业务扩张到使用不同语言的地区和新的国家时，则涉及软件设计、市场营销，以及计算机硬件等方面的支出。而扩张的收益则是用户量的增加。

基于对成本和效益的分析，脸书可能在扩张过程中对语言有所选择，即优先考虑使用某些语言的地区。比如，脸书可能在瑞典语方向的扩张先于巴布亚皮钦语（巴布亚新几内亚的一种语言）。

本章将讨论差量分析，报告基于总收入与总成本的决策效果，并介绍和解释产品定价的实际方法。最后，本章将讨论生产瓶颈以及作业成本法对产品定价的影响以及其他相关决策。

学习目标

1. 为众多的管理决策编制差量分析报告。
2. 基于产品成本概念，确定产品的售价。
3. 计算在瓶颈生产过程中产品的相对利润。
4. 使用作业成本法分配产品成本。

25.1 差量分析

管理决策包括在可替代的项目中进行选择。**差量分析**（differential analysis）通过分析差量收入和差量成本来确定两个可选方案的差量利润。

差量收入（differential revenue）是某一方案比另一可替代方案预期增加的收入或者减少的收入。**差量成本**（differential cost）是某一方案比另一可替代方案预期增加或减少的成本。**差量利润（损失）**（differential income or loss）是差量收入与差量成本的差额。差量收入意味着某个决策预期能够增加利润，然而差量损失则意味着某个决策预期将减少利润。

举例而言，假设布兰特饭店正在决定是否使用沙拉柜台（方案二）替换一些餐桌（方案一）。每个方案将产生如下所示的收入、成本以及利润：

	餐桌 （方案一）	沙拉柜台 （方案二）
收入	$ 100 000	$ 120 000
成本	60 000	65 000
利润（损失）	$ 40 000	$ 55 000

7 月 11 日布兰特饭店的差量分析如图表 25-1 所示。差量分析结果为正值意味着最终的影响是增加利润，结果为负值则意味着最终的影响是减少利润。第一列是指继续保留餐桌（方案一）带来的收入、成本和利润。第二列是指在该区域放置沙拉柜台（方案二）带来的收入、成本和利润。

图表 25-1 比较了保留餐桌（第一列中的方案一）与设置沙拉柜台（第二列中的方案二）的利润。差量利润影响列（第三列）显示的是选择方案二而不是方案一的差量收入、差量成本以及差量利润。

图表 25-1 差量分析——布兰特饭店

差量分析 保留餐桌（方案一）还是设置沙拉柜台（方案二） 7 月 11 日			
	餐桌（方案一）	沙拉柜台（方案二）	差量利润影响（方案二）
收入	$ 100 000	$ 120 000	$ 20 000
成本	-60 000	-65 000	-5 000
利润（损失）	$ 40 000	$ 55 000	$ 15 000

在图表 25-1 中，设置沙拉柜台比保留餐桌多带来的收入是 20 000 美元（120 000-100 000）。因为增加收入将会带来额外的利润，所以在差量利润影响列显示 20 000 美元的正值。设置沙拉柜台比保留餐桌增加的成本是 5 000 美元（65 000-60 000）。因为增加的成本将会减少利润，因此在差量利润影响列，显示 5 000 美元的负值。

设置沙拉柜台比保留餐桌增加的利润是 15 000 美元，该数据是用差量收入减去差量成本得到的。因此，设置沙拉柜台能使利润增加 15 000 美元。

上述的差量收入、差量成本和差量利润也可以通过如下公式计算得到：

$$差量收入 = 收入（方案二） - 收入（方案一）$$
$$= 120\,000 - 100\,000 = 20\,000（美元）$$
$$差量成本 = 成本（方案二） - 成本（方案一）$$
$$= -65\,000 - (-60\,000) = -5\,000（美元）$$
$$差量利润（损失） = 利润（方案二） - 利润（方案一）$$
$$= 55\,000 - 40\,000 = 15\,000（美元）$$

基于图表 25-1 的差量分析，布兰特饭店应该决定替换一些餐桌，设置沙拉柜台。这么做会为饭店带来 15 000 美元的利润增量。经过一段时间，应该根据实际的收入和成本重新对布兰特饭店的该决定进行校验。如果实际收入和成本与之前差量分析的数据显著不同，那么基于现实情况再次进行差量分析是十分必要的。

本章将在以下决策中对差量分析进行阐述：

（1）出租还是出售设备；

（2）终止部分业务或者产品生产；

（3）自制或外购必需的部分；

（4）重置固定资产；

（5）深加工还是出售产品；

（6）以特殊价格接受额外业务。

出租还是出售设备

当一家公司改变其生产加工过程并且在制造过程中再也不会使用某设备时，管理者可以选择出租或者出售该设备。公司可以使用差量分析法来辅助决策过程。

为了便于解释，假设 6 月 22 日马库斯公司正在考虑出租或者出售以下设备：

设备成本	$ 200 000
减：累计折旧	120 000
账面价值	$ 80 000
出租（方案一）：	
5 年租期总收入	$ 160 000
租期内估计的修理、保险、财产税等费用	35 000
5 年末残值	0
出售（方案二）：	
销售价格	$ 100 000
销售佣金	6%

图表 25-2 展示了对出租设备（方案一）和出售设备（方案二）进行差量分析的过程：

如果出售设备，差量收入为 -60 000 美元，差量成本为 29 000 美元，差量利润为 -31 000 美元。因此，公司正确的决策应该是出租设备。

图表 25-2 差量分析——出租或出售设备

差量分析 出租设备（方案一）还是出售设备（方案二） 6 月 22 日			
	出租设备（方案一）	出售设备（方案二）	差量利润影响（方案二）
收入	$ 160 000	$ 100 000	-$ 60 000
成本	-35 000	-6 000*	29 000
利润（损失）	$ 125 000	$ 94 000	-$ 31 000

* $100 000×6%。

图表 25-2 只包含了关于出租还是出售问题决策的差量收入与差量成本。设备的账面价值 80 000 美元（200 000-120 000）是沉没成本，在差量分析中沉没成本不被考虑在内。**沉没成本**（sunk cost）指过去发生且无法收回的，并且与未来的决策不相关的成本。也就是说，无论做何种决策，80 000 美元的沉没成本都不会受到影响。比如，如果在图表 25-2 中增加 80 000 美元的沉没成本，那么所有方案的成本都会增加 80 000 美元，但是 31 000 美元的差量损失无论如何都不会改变。

为了简化问题，图表 25-2 未考虑下面的因素：

（1）投入资金的差量收入；

（2）差量所得税。

通常两种方案会带来不同的现金流量，使用这些现金进行投资时也会产生收入上的差异，如利息收入的差异。此外，收入不同，对应的所得税也会有所差异。这些因素都将在第 26 章中进行探讨。

例 25-1 出租还是出售

卡斯珀公司有一处办公场所，成本是 100 000 美元，累计折旧是 30 000 美元。该办公场所可以 150 000 美元的价格出售，出售佣金是售价的 6%。如果出租，该办公场所可以对外出租 10 年，总收入 170 000 美元，租赁期满无残值。另外，假设对外出租 10 年，则相应的修理、保险和财产税共计 24 000 美元。请编制一份 5 月 30 日的差量分析报告，帮助卡斯珀公司就应该出租办公场所（方案一）还是出售办公场所（方案二）这一问题做出决策。

解答：

差量分析 出租办公场所（方案一）还是出售办公场所（方案二） 5 月 30 日			
	出租办公场所（方案一）	出售办公场所（方案二）	差量利润影响（方案二）
收入	$ 170 000	$ 150 000	-$ 20 000
成本	-24 000	-9 000*	15 000
利润（损失）	$ 146 000	$ 141 000	-$ 5 000

* $150 000×6%。

卡斯珀公司应该出租办公场所。

终止部分业务或者产品生产

当某个产品、部门、分支机构、地区或者部分业务出现经营亏损时，管理层可能会考虑终止（移除）该产品的生产或者该部分业务。在这样的情况下，人们可能会误以为移除亏损业务之后公司就会盈利。

终止某项产品的生产或部分业务通常意味着终止所有与该产品和业务相关的所有变动成本支出。这类可终止的成本包括直接材料、直接人工、变动制造费用、销售佣金。然而，像折旧费用、保险费、财产税等固定成本支出可能无法避免，该部分成本无法终止。因此，终止不盈利的产品生产或部分业务可能导致整个公司的利润不增反降。

举例说明，巴特·克里克麦片公司的简要利润表如图表 25-3 所示。在该表中，小麦片业务发生的经营亏损共计 11 000 美元。由于小麦片业务已经连续几年发生年度亏损，管理层正在考虑终止该业务。

图表 25-3　产品利润（损失）

巴特·克里克麦片公司 简要利润表 截至 20Y7 年 8 月 31 日的会计年度				
	玉米片	烘烤燕麦	小麦片	公司总计
销售收入	$ 500 000	$ 400 000	$ 100 000	$ 1 000 000
商品销售成本：				
变动成本	$ 220 000	$ 200 000	$ 60 000	$ 480 000
固定成本	120 000	80 000	20 000	220 000
总成本	$ 340 000	$ 280 000	$ 80 000	$ 700 000
毛利润	$ 160 000	$ 120 000	$ 20 000	$ 300 000
营业费用：				
变动费用	$ 95 000	$ 60 000	$ 25 000	$ 180 000
固定费用	25 000	20 000	6 000	51 000
总营业费用	$ 120 000	$ 80 000	$ 31 000	$ 231 000
营业利润（损失）	$ 40 000	$ 40 000	$（11 000）	$ 69 000

然而，20Y7 年 9 月 29 日进行的差量分析，如图表 25-4 所示。终止小麦片（方案二）的生产后，营业利润实际上降低了 15 000 美元，甚至带来了 11 000 美元的净损失。这是因为终止小麦片生产对固定成本和费用支出没有影响。

图表 25-4 只考虑了终止生产后的短期（一年）结果。当终止一项产品生产或者部分业务时，也应该考虑其长期后果。比如，如果停产导致裁员，那么所有员工的士气和生产效率都可能会受到影响。

图表 25-4　差量分析——继续生产或终止生产

差量分析 小麦片继续生产（方案一）还是终止生产（方案二） 20Y7 年 9 月 29 日		
继续生产（方案一）	终止生产（方案二）	差量利润影响（方案二）
收入　　　　　$ 100 000	$　　0	–$ 100 000
成本：		
变动成本　　–$ 85 000	$　　0	$ 85 000
固定成本　　　–26 000	–26 000	0
总成本　　　–$ 111 000	–$ 26 000	$ 85 000
营业利润（损失）　–$ 11 000	–$ 26 000	–$ 15 000

例 25-2　终止一项业务

　　K 产品年收入 65 000 美元，商品销售变动成本是 50 000 美元，变动销售费用是 12 000 美元，固定成本是 25 000 美元，导致的营业损失是 22 000 美元。假设无论采用哪种方案，都不会导致固定成本发生变化。请编制 2 月 22 日的差量分析表，并就是否继续生产 K 产品做出生产决策。假设继续生产是方案一，终止生产是方案二。

　　解答：

差量分析 K 产品继续生产（方案一）还是终止生产（方案二） 2 月 22 日		
继续生产 （方案一）	终止生产 （方案二）	差量利润影响（方案二）
收入　　　　　$ 65 000	$　　0	–$ 65 000
成本：		
变动成本　　–$ 62 000*	$　　0	$ 2 000
固定成本　　　–25 000	–25 000	0
总成本　　　–$ 87 000	–$ 25 000	$ 62 000
利润（损失）　–$ 22 000	–$ 25 000	–$ 3 000

　　　* $50 000+$12 000=$62 000。

K 产品应该继续生产。

自制还是外购

　　公司经常会自制一些半成品用来组装或者加工成最终产品。比如，一个汽车制造商需要将轮胎、收音机、发动机、内部座椅、传动装置以及其他零部件组装到一起，最终生产出汽车。在这种情况下，制造商必须决定是外购零部件还是自制零部件。

　　可以用差量分析来决定究竟是自制还是外购零部件。无论管理层是考虑是否外购正在自制的零部件，还是考虑是否自制正在外购的零部件，分析都是相似的。

举例而言，假设汽车制造商一直在以 240 美元的价格外购汽车仪表盘。该公司目前的产能利用率为 80%，而且在将来一段时间内产量都不会有大幅增加。2 月 15 日，内部自制仪表盘的单位成本估计如下：

直接材料	$ 80
直接人工	80
变动制造费用	52
固定制造费用	68
单位成本总计	$ 280

如果仅仅简单地将自制成本 280 美元与外购成本 240 美元相比，那么最终的决定应该是外购仪表盘。然而，如果用闲置的生产能力生产零部件，那么在生产仪表盘的过程中只会增加一部分变动成本。

关于是自制（方案一）还是外购（方案二）的差量分析如图表 25-5 所示。第一行显示在对应的方案下没有赚取收入，因为该零部件并未出售，而是用于生产。其余行显示了每个方案下的单位成本。即使是外购仪表盘，固定制造费用也是无可避免的。因此，两种方案都包含固定制造费用。差量分析结果表明，相比自制仪表盘，外购仪表盘每单位会多出 28 美元的损失。因此，应该自制仪表盘。

图表 25-5　差量分析——自制或外购仪表盘

差量分析 自制仪表盘（方案一）还是外购仪表盘（方案二） 2 月 15 日			
	自制仪表盘 （方案一）	外购仪表盘 （方案二）	差量利润影响 （方案二）
销售价格	$ 0	$ 0	$ 0
单位成本：			
购买价格	$ 0	-$ 240	-$ 240
直接材料	-80	0	80
直接人工	-80	0	80
变动制造费用	-52	0	52
固定制造费用	-68	-68	0
利润（损失）	-$ 280	-$ 308	-$ 28

在分析中也应该对其他相关因素进行考虑。比如，闲置的生产能力如果用于生产仪表盘就不能用于生产其他零部件，并且取消外购可能会影响公司与供应商的关系。如果供应商不仅供应仪表盘，还向公司供应其他零部件，那么公司自制仪表盘的决策可能会连带地威胁到供应商对其他零部件的及时交付。

例 25-3　自制还是外购

一家公司自制子组件，每单位组装制造成本为 80 美元，其中包括固定成本每单位 25 美元。有人提议外购子组件，单价为 60 美元，外加 5 美元的运输费。请就公司应自制子组件（方案一）还是外购子组件（方案二）这一决策编制 11 月 2 日的差量分析表。假设固定成本不随决策发生变化。

差量分析 自制子组件（方案一）还是外购子组件（方案二） 11 月 2 日			
	自制子组件 （方案一）	外购子组件 （方案二）	差量利润影响 （方案二）
销售价格	$ 0	$ 0	$ 0
单位成本：			
购买价格	$ 0	–$ 60	–$ 60
运输费	0	–5	–5
变动成本（$ 80–$ 25）	–55	0	55
固定制造费用	–25	–25	0
利润（损失）	–$ 80	–$ 90	–$ 10

公司应该自制子组件。

重置固定资产

随着固定资产的不断使用，其效能逐渐降低，旧设备可能再也没办法像新设备一样高效生产。

在决定是否需要重置设备等固定资产时，可以使用差量分析法。分析的主要关注点在于继续使用旧设备与购置新设备的成本差异。旧设备的账面价值是沉没成本，因此不予考虑。

举例而言，假设本年度 11 月 28 日，一家公司正在考虑用新机器替换机器：

旧机器	
账面价值	$ 100 000
估计年度变动制造费用	225 000
估计售价	25 000
估计继续使用年限	5 年
新机器	
新机器购买价格	$ 250 000
估计年度变动制造费用	150 000
估计残值	0
估计有效使用年限	5 年

关于继续使用旧机器（方案一）还是重置新机器（方案二）的差量分析如图表 25-6 所示。

如图表 25-6 所示，重置新机器后在 5 年内带来的差量利润合计 150 000 美元，即每年 30 000 美元。因此，最终的决策应该是购买新机器，出售旧机器。

在重置固定资产的决策中，其他因素通常也很重要。比如，新设备与旧设备的估计使用年限的差异；另外，新设备可能提高产品的整体质量并增加销售额。

货币的时间价值以及用于购买设备的现金的机会成本也可能影响公司是否重置固定资产。公司所放弃的资产（如现金）的其他可替代利用方式产生的收益称为**机会成本**（opportunity cost）。虽然机会成本在会计记录中不会体现，但在分析一项替代活动时有很重要的参考价值。

图表 25-6　差量分析——继续使用旧机器还是重置新机器

	继续使用旧机器 （方案一）	重置新机器 （方案二）	差量利润影响 （方案二）
差量分析 **继续使用旧机器（方案一）还是重置新机器（方案二）** **11 月 28 日**			
收入			
出售旧机器的收益	$　　　 0	$　25 000	$　25 000
成本：			
购买价格	$　　　 0	−$　250 000	−$ 250 000
年度变动制造成本（5 年）	−1 125 000*	−750 000**	375 000
总成本	−$ 1 125 000	−$ 1 000 000	$ 125 000
利润（损失）	−$ 1 125 000	−$　975 000	$ 150 000

* $ 225 000×5。

** $ 150 000×5。

例 25-4　重置设备

一台设备账面价值为 32 000 美元，预计剩余使用年限为 4 年。公司正在考虑以 10 000 美元的价格出售旧设备，同时以 45 000 美元的价格购置新设备。新设备使用年限为 4 年，无净残值，新设备能够使年度直接人工成本从 33 000 美元降至 22 000 美元。请就在 10 月 7 日是继续使用旧设备（方案一）还是重置新设备（方案二）进行差量分析。

解答：

	继续使用旧设备 （方案一）	重置新设备 （方案二）	差量利润影响 （方案二）
差量分析 **继续使用旧设备（方案一）或重置新设备（方案二）** **10 月 7 日**			
收入：			
出售旧设备的收益	$　　　 0	$　10 000	$　10 000
成本：			
购买价格	$　　　 0	−$　45 000	−$ 45 000
直接人工成本（4 年）	−132 000*	−88 000**	44 000
总成本	−$ 132 000	−$ 133 000	−$ 1 000
利润（损失）	−$ 132 000	−$ 123 000	$ 9 000

* $ 33 000×4。

** $ 22 000×4。

应该出售旧设备，同时购买新设备。

深加工还是出售产品

在制造过程中，产品的生产通常需要经过不同的步骤或者加工程序。在某些情况下，一个产品可能在生产过程的某一环节结束后被出售，也可能被深加工之后再出售。

我们可以使用差量分析来决定产品是在中间阶段出售还是深加工后出售。通过差量分析，可以比较深加工下的差量收入与差量成本。无论中间产品是被出售还是深加工，其生产成本都不会发生变化。

举例而言，假设一家公司生产煤油，如下所示：

煤油：

每批产量	4 000　加仑
煤油生产成本	$ 2 400/ 批
售价	$ 2.50/ 加仑

煤油可以继续深加工成汽油。在将煤油加工成汽油的过程会产生额外的成本，汽油也会有一定量的挥发，如下所示：

汽油：

投入批量	4 000 加仑
减：挥发	800（4 000×20%）
产出批量	3 200 加仑
汽油生产成本	$ 3 050/ 批
售价	$ 3.50/ 加仑

图表 25-7 列示的是 10 月 1 日的差量分析表，可以使用该表对直接出售煤油（方案一）和深加工成汽油再出售（方案二）两种方案进行对比分析。

图 25-7　差量分析——出售产品还是深加工

差量分析 出售煤油（方案一）还是深加工成汽油再出售（方案二） 10 月 1 日			
	出售煤油 （方案一）	深加工成汽油再出售 （方案二）	差量利润影响 （方案二）
收入	$ 10 000*	$ 11 200**	$ 1 200
成本	−2 400	−3 050	−650
利润（损失）	$ 7 600	$ 8 150	$ 550

* 4 000 加仑×$2.50/ 加仑。

**（4 000 加仑–800 加仑）×$3.50/ 加仑。

如图表 25-7 所示，将煤油深加工成汽油再出售可以带来额外的 550 美元利润。因此，最终决策应该是将煤油深加工成汽油再出售。

例 25-5　出售还是深加工

T 产品每加仑生产成本为 2.50 美元，可以直接以每加仑 3.50 美元的价格直接出售。如果深加工成 V 产品，每加仑加工成本为 0.70 美元，每加仑售价为 4.00 美元。请就直接出售 T 产品（方案一）和深加工成 V 产品后再出售（方案二）这两种方案，进行 4 月 8 日的差量分析。

解答：

差量分析 直接出售 T 产品（方案一）还是深加工成 V 产品再出售（方案二） 4 月 8 日		
直接出售 T 产品 （方案一）	深加工成 V 产品再出售 （方案二）	差量利润影响 （方案二）
每单位收入 $3.50	$4.00	$0.50
每单位成本 −2.50	−3.20*	−0.70
每单位利润（损失）$1.00	$0.80	−$0.20

* $2.50 + $0.70。

本分析是在每单位产品的基础上进行的，而不是正文中所说的每批次。不考虑挥发的问题，可采用每单位基础进行分析。因此，最终的决策是直接出售 T 产品。

以特殊价格接受额外业务

公司有时可能会以非正常的价格出售产品，比如，出口商可能会以特别的折扣价格出口产品。

通过比较接受额外业务的差量收入和接受该业务产生的差量生产成本、运输成本，差量分析可以用来决定究竟是否以特殊价格接受额外业务。

接受额外业务产生的差量成本取决于公司是否在没有闲置生产能力的情况下进行生产。如果公司有闲置生产能力，那么任何额外的生产均不会造成固定成本增加。然而，销售费用和管理费用可能随着额外业务的增加而增加。

举例而言，假设篮球公司的相关数据如下所示：

月度生产能力	12 500 个
目前每月销量	10 000 个
正常（国内）售价	$30.00/ 个
制造成本：	
变动成本	$12.50/ 个
固定成本	7.50
总计	$20.00/ 个

本年度 3 月 10 日，一个出口商以单价 18 美元的价格购买篮球公司的 5 000 个篮球。该批篮球的生产可以分散到三个月内，因而不影响正常的生产，也不会产生额外的加班成本。国内市场的篮球定价不会受到干扰。

根据如图表 25-9 所示的拒绝订单（方案一）还是接受订单（方案二）的差量分析的结果，公司应接受该笔订单。虽然每个篮球的特殊售价 18 美元低于制造成本 20 美元，但公司依然承接这笔特殊业务。因为固定成本不会受到决策影响，所以在分析中没有加入固定成本。

图表 25-8 产量分析——以特殊价格接受额外业务

差量分析 拒绝订单（方案一）还是接受订单（方案二） 3 月 10 日			
	拒绝订单（方案一）	接受订单（方案二）	差量利润影响（方案二）
收入	$0	$90 000*	$90 000
成本：			
变动制造成本	0	−62 500**	−62 500
利润（损失）	$0	$27 500	$27 500

* 5 000 个 ×$18/ 个。

** 5 000 个 ×$12.50/ 个（每个变动成本）。

通常以某一特殊价格出售产品时还需要考虑其他因素。比如，在某个地区产品的特殊价格可能导致其他地区产品价格的下跌，结果是公司整体的收入减少。制造商必须遵守《罗宾逊 – 帕特曼法案》（Robinson-Patman Act），该法案禁止在美国境内形成产品价格差异，除非可以证明价格差异是成本差异造成的。

例 25-6　以特殊价格接受额外业务

D 产品正常售价为每件 4.40 美元，但其出口时的特殊价格为每件 3.60 美元。变动生产成本为每件 3.00 美元。此外，所有出口产品均应按出口收入的 10% 缴纳额外的出口关税。假设公司的生产能力足以支持其接受该特殊订单。试编制 1 月 14 日的差量分析表来决定是拒绝订单（方案一）还是接受订单（方案二）。

解答：

差量分析 拒绝订单（方案一）还是接受订单（方案二） 1 月 14 日			
	拒绝订单（方案一）	接受订单（方案二）	差量利润影响
每单位：			
收入：	$0	$3.60	$3.60
成本：			
变动制造成本	$0	−$3.00	−$3.00
出口关税	0	−0.36*	−0.36
总成本	$0	−$3.36	−$3.36
利润（损失）	$0	$0.24	$0.24

* 3.60×10%。

应接受订单。

25.2 设定产品正常售价

正常售价是将在长期实现的目标售价。正常售价必须设置得足够高以覆盖所有的成本和费用（固定成本及变动成本）并提供合理的利润。否则，公司运营将不能持续。

相反，公司在决定是否按照特殊价格接受额外业务时仅需要考虑差量成本，价格高于差量成本就意味着短期内公司利润将会增加。然而，长期而言，产品应该按正常价格而非特殊价格进行销售。

管理者可以采用下述两种市场方法来决定销售价格：

（1）需求定价法；

（2）竞争定价法。

需求定价法是指根据产品的市场需求来设定价格。如果产品需求旺盛，则价格高。类似地，如果产品需求不足，则价格低。

竞争定价法是指根据竞争对手的定价来设定价格。例如，如果竞争对手降价，则管理者随之调整价格以适应竞争。

管理者也可以采用下述三种成本加成法来决定销售价格：

（1）产品成本概念；

（2）总成本概念；

（3）变动成本概念。

产品成本概念在本节进行介绍，总成本概念和变动成本概念在本章附录进行说明。

产品成本概念

成本加成法通过估计的单位成本加上加成金额来计算正常销售价格，具体如下：

正常销售价格＝单位成本＋加成金额

管理者基于产品的期望利润来计算加成金额。加成金额必须大到令公司能够赚取期望利润，并覆盖未包括在单位成本中的一切成本和费用。

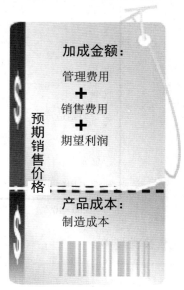

图表 25-9　产品成本概念

如图表 25-9 所示，在**产品成本概念**（product cost concept）下，只有产品的制造成本，即产品成本，被纳入单位成本的计算中。而估计的销售费用、管理费用和期望利润则纳入加成金额的计算中。这样，单位成本加上加成金额即为正常销售价格。

产品成本概念的应用步骤如下：

第一步：估计产品成本合计。

产品成本：	
直接材料	\$×××
直接人工	×××
制造费用	×××
产品成本合计	\$×××

第二步：估计销售和管理费用合计。

第三步：将产品成本合计除以预期生产销售的产品数量计算单位产品成本。

$$单位产品成本 = \frac{产品成本合计}{预期生产销售的产品数量}$$

第四步：计算加成百分比。

$$加成百分比 = \frac{期望利润 + 销售和管理费用合计}{产品成本合计}$$

加成百分比的分子等于期望利润加上销售和管理费用合计。这些费用必须纳入加成百分比的计算中，因为它们并没有包括在产品成本中。

期望利润一般根据总资产收益率计算：

$$期望利润 = 期望收益率 \times 总资产$$

第五步：用加成百分比乘以单位产品成本来计算单位加成金额。

$$单位加成金额 = 加成百分比 \times 单位产品成本$$

第六步：单位产品成本加上单位加成金额得到单位正常销售价格。

单位产品成本	$ ×××
单位加成金额	×××
单位正常销售价格	$ ×××

举例而言，假设数码方案公司本年准备生产和销售的 100 000 个计算器的相关信息如下：

制造成本：	
直接材料（$ 3.00×100 000）	$ 300 000
直接人工（$ 10.00×100 000）	1 000 000
制造费用	200 000
制造成本合计	$ 1 500 000
销售和管理费用	170 000
成本合计	$ 1 670 000
资产合计	$ 800 000
期望收益率	20%

根据产品成本概念，可计算出计算器的正常销售价格为每个 18.30 美元。具体计算过程如下：

第一步，计算产品成本：1 500 000 美元。

第二步，计算销售和管理费用：170 000 美元。

第三步，计算单位产品成本：15.00 美元。

$$单位产品成本 = \frac{产品成本合计}{预期生产销售的产品数量} = \frac{1\ 500\ 000}{100\ 000} = 15.00（美元/个）$$

第四步，计算加成百分比：22%。

$$期望利润＝期望收益率×总资产＝20\%×800\,000＝160\,000（美元）$$

$$加成百分比＝\frac{期望利润＋销售和管理费用合计}{产品成本合计}＝\frac{160\,000＋170\,000}{1\,500\,000}＝\frac{330\,000}{1\,500\,000}＝22\%$$

第五步，计算单位加成金额：3.30美元。

$$单位加成金额＝加成百分比×单位产品成本$$
$$＝22\%×15.00＝3.30（美元／个）$$

第六步，计算单位正常销售价格：18.30美元。

单位产品成本	$ 15.00
单位加成金额	3.30
单位正常销售价格	$ 18.30

在计算加成金额时可以采用产品成本的估计值而非实际值。然而，管理者在采用成本加成法估计成本时，应谨慎使用估计成本或标准成本，特别是估计应当基于正常（可实现）经营水平而非理论（理想）绩效水平。在产品定价时，基于理想经营绩效得出的估计结果可能会导致产品定价偏低。

例 25-7　产品成本加成百分比

尖端公司生产并销售 Z 产品。该产品的单位总成本为 30 美元，其中 20 美元是产品成本，10 美元是销售和管理费用。此外，30 美元的总成本包括 18 美元的变动成本和 12 美元的固定成本。单位期望利润为 3 美元。试计算产品成本的加成百分比。

解答：

$$加成百分比＝（3＋10）/20＝65\%$$

目标成本法

目标成本法（target costing）是一种将市场定价法和降低成本要求结合起来的价格制定方法。在目标成本法下，采用基于需求或竞争的概念来估计未来销售价格。目标成本则等于预期销售价格减去期望利润后的金额，具体如下：

$$目标成本＝预期销售价格－期望利润$$

如图表 25-10 所示，目标成本法旨在降低成本。图表 25-10 中的左柱代表目前的实际成本和可获取利润，右柱代表未来会下降的市场价格，目标成本则是预期销售价格与期望利润之间的差额。

目标成本一般比当前成本低。因此，管理者必须尝试在产品的设计和制造过程中降低成本。有计划的降低成本一般称为成本漂移。公司可以采用以下多种方法降低成本：

（1）简化设计；

（2）降低直接材料成本；

（3）降低直接人工成本；

（4）减少浪费。

图表 25-10　目标成本概念

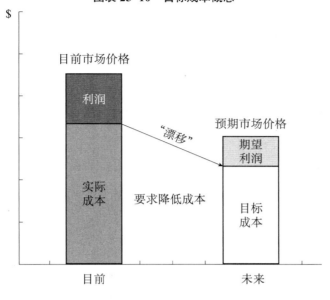

目标成本法在高度竞争的市场如个人笔记本电脑市场中尤为适用。这些市场要求产品成本不断下降以保持产品的竞争性。

25.3　生产瓶颈

生产瓶颈（production bottleneck）（约束）是产品生产过程中的一个转折点。在该点，对公司产品的需求超过公司的产品生产能力。**约束理论**（theory of constraints，TOC）是一个致力于减少瓶颈对生产过程影响的生产策略。

当一家公司在其生产过程中遭遇瓶颈时，应该在生产瓶颈的约束下尝试追求利润最大化。为此，需要知道每单位生产瓶颈约束下各类产品的单位边际贡献。

举例而言，假设自豪手工工具公司生产三种规格的扳手：小号、中号和大号。三种钢制产品均需要通过一个热处理操作进行硬化。自豪手工工具公司的热处理设备正满负荷运行并成为公司的一个生产瓶颈。三种扳手的单位边际贡献和热处理耗费的时间如下：

	小号扳手	中号扳手	大号扳手
单位售价	$130	$140	$160
单位变动成本	40	40	40
单位边际贡献	$ 90	$100	$120
单位产品热处理时间	1 小时	4 小时	8 小时

由于大号扳手的单位边际贡献值最大，为 120 美元，所以大号扳手似乎是盈利能力最强的产品。然而，在遭遇生产瓶颈时，单位边际贡献的结果可能具有误导性。

在遭遇生产瓶颈时，每单位生产瓶颈约束下的单位边际贡献才是最佳的盈利能力衡量指标。对于自豪手工工具公司而言，生产瓶颈约束是产品热处理时间。因此，每单位生产瓶颈约束下的单位边际贡献可以表示为：

$$每单位生产瓶颈约束下的单位边际贡献 = \frac{单位边际贡献}{单位产品热处理时间}$$

自豪手工工具公司生产的各型号扳手的每单位生产瓶颈约束下的单位边际贡献计算如下：

小号扳手：

$$每单位生产瓶颈约束下的单位边际贡献 = \frac{90}{1} = 90（美元 / 小时）$$

中号扳手：

$$每单位生产瓶颈约束下的单位边际贡献 = \frac{100}{4} = 25（美元 / 小时）$$

大号扳手：

$$每单位生产瓶颈约束下的单位边际贡献 = \frac{120}{8} = 15（美元 / 小时）$$

小号扳手的每单位生产瓶颈（热处理时间）约束下的单位边际贡献最大，为每小时 90 美元。虽然大号扳手的单位边际贡献最大，为 120 美元，但其每单位生产瓶颈约束下的单位边际贡献最小，仅为每小时 15 美元。因此，小号扳手是每单位生产瓶颈（热处理时间）约束下盈利能力最强的产品，也应该是公司在市场上突出强调的产品。

例 25-8　瓶颈利润

A 产品和 B 产品的单位边际贡献分别为每小时 15 美元和每小时 20 美元。A 产品需要在熔炉中加工 3 小时，B 产品需要 5 小时。假设熔炉加工是一项约束条件，求盈利能力较强的产品。

解答：

	A 产品	B 产品
单位边际贡献	$ 15	$ 20
单件产品熔炉加工时间	÷ 3	÷ 5
每单位生产瓶颈约束下的单位边际贡献	$ 5	$ 4

在生产瓶颈约束下，A 产品的盈利能力较强。

25.4　作业成本法

根据本章的前述内容，我们已经知道产品的价格一般是基于产品的总成本计算而得。产品的总成本由直接材料、直接人工和制造费用三部分构成。第 19 章已经介绍过产品的制造费用一般按照某一特定分配率在产品或劳务中进行分配。制造费用分配率的计算公式如下：

$$制造费用分配率 = \frac{估计的总制造费用}{估计的作业基础}$$

　　然而，用单一、固定的制造费用分配率可能会使得制造费用的分配存在误差。在这种情况下，基于总成本的产品定价也会产生误差。在生产多种产品的制造企业中常出现上述误差，因为每种产品以不同的方式产生制造费用，使用单一的制造费用分配率会使产品成本分摊产生较大的误差。

　　作业成本法（activity-based costing，ABC）是根据作业来记录、跟踪成本和费用，进而确定特定产品成本的方法。当产品生产过程或方法差异较大时，作业成本法的优势会更加明显。作业成本法根据产品作业的不同，确定不同的制造费用分配率。这里的**作业**（activities）是指在制造过程和服务活动中的不同工作或行为类型。例如，装配、检测和工程设计都属于作业。

估计的作业成本

　　作业成本法首先将公司的成本分配到每个作业中，即确定每个作业的成本。为了更好地说明这个问题，我们假定鲁伊斯公司生产雪地车和割草机。每种产品的作业环节如下：

　　（1）制造：为产品塑形进行金属切割，该活动是机器密集型的。

　　（2）组装：将机械零部件进行组装，形成最终产品，该活动是劳动密集型的。

　　（3）设置：改变机器的特性以生产不同的产品。每次生产运行都要经过**设置**（setup）。

　　（4）质量控制检测：检测产品是否符合规格。检测时需要对产品进行拆解和重新组装。

　　（5）工程变更：对产品设计和生产流程进行改进。记录产品或流程的改变，即编制**工程变更单**（engineering change order，ECO）。

　　鲁伊斯公司估计的总作业成本为 1 600 000 美元，将总作业成本分配到各作业中，如图表 25-11 所示：

图表 25-11　估计的作业成本

作业	估计的作业成本
制造	$　530 000
组装	70 000
设置	480 000
质量控制检测	312 000
工程变更	208 000
估计的作业成本总额	$ 1 600 000

作业率

　　作业率（activity rate）可以用来计算分配给产品的估计的作业成本，作业率的计算公式如下：

$$作业率 = \frac{估计的作业成本}{估计的作业基础数量}$$

　　作业基础（activity base）是对一项作业中的实际作业次数的计量。例如，设置的作业基础就是设置的次数。作业基础数量则是指在运营过程中实际使用设置的次数。

　　如图表 25-11 所示，估计的设置作业成本是 480 000 美元。假定估计的设置作业基础数量是 120

次。那么设置的作业率则为每次 4 000 美元，计算过程如下：

$$设置的作业率 = \frac{480\,000}{120} = 4\,000（美元 / 次）$$

对于各项作业，估计的作业基础数量如图表 25–12 所示。

图表 25–12　鲁伊斯公司的作业基础数量

作业基础	估计的作业基础数量		估计的作业基础数量总额
	雪地车	割草机	
制造的直接人工工时	8 000 小时	2 000 小时	10 000 小时
组装的直接人工工时	2 000 小时	8 000 小时	10 000 小时
设置的次数	100 次	20 次	120 次
质量控制检测的次数	100 次	4 次	104 次
工程变更的次数	12 次	4 次	16 次

各项作业的作业率由图表 25–11 中估计的作业成本除以图表 25–12 中估计的作业基础数量总额得到，具体计算如图表 25–13 所示。

图表 25–13　鲁伊斯公司的作业率

作业	估计的作业成本	÷	估计的作业基础数量总额	=	作业率
制造	$ 530 000	÷	10 000 小时	=	$ 53/ 小时
组装	$ 70 000	÷	10 000 小时	=	$ 7/ 小时
设置	$ 480 000	÷	120 次	=	$ 4 000/ 次
质量控制检测	$ 312 000	÷	104 次	=	$ 3 000/ 次
工程变更	$ 208 000	÷	16 次	=	$ 13 000/ 次

制造费用分配

通过下列公式计算雪地车和割草机估计的作业成本：

作业基础数量×作业率＝作业成本

将每种产品在每个作业环节的成本相加，即可得到该种产品的总制造费用。总制造费用除以该类产品的数量，就可以得到每个产品分配的制造费用。鲁伊斯公司各种产品制造费用的分配计算过程如图表 25–14 所示。

图表 25-14　作业基础下的产品成本计算

作业	雪地车				割草机			
	作业基础数量	×	作业率	=	作业成本	作业基础数量	×	作业率	=	作业成本
制造	8 000 小时		$ 53/ 小时		$ 424 000	2 000 小时		$ 53/ 小时	$ 106 000
组装	2 000 小时		$ 7/ 小时		14 000	8 000 小时		$ 7/ 小时	56 000
设置	100 次		$ 4 000/ 次		400 000	20 次		$ 4 000/ 次	80 000
质量控制检测	100 次		$ 3 000/ 次		300 000	4 次		$ 3 000/ 次	12 000
工程变更	12 次		$ 13 000/ 次		156 000	4 次		$ 13 000/ 次	52 000
制造费用合计					$ 1 294 000				$ 306 000
预计产品数量					÷ 1 000				÷ 1 000
单位产品制造费用					$ 1 294				$ 306

图表 25-15 清晰地说明了鲁伊斯公司使用作业成本法分配制造费用的过程。

图表 25-15　鲁伊斯公司作业成本法的使用

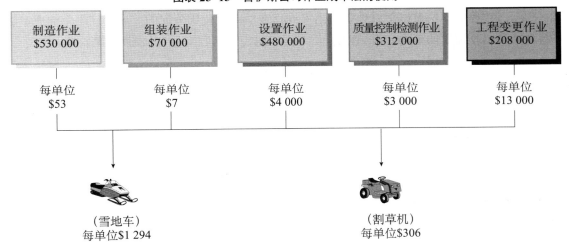

产品成本误差的危害

制造费用的分配会直接影响产品总成本。而产品总成本又直接影响公司重要的决策，如产品的定价、生产线是继续生产还是停止生产。

公司选用不恰当的制造费用分配方法，会导致产品成本的误差。假定鲁伊斯公司用单一、固定的制造费用分配率来计算分配给雪地车和割草机的制造费用，公司总制造费用是根据耗用的直接人工工时进行分摊。鲁伊斯公司的制造费用分配率计算如下：

$$制造费用分配率=\frac{估计的总制造费用}{估计的作业基础}=\frac{1\,600\,000}{20\,000}$$

$$=80（美元/小时）$$

使用上述分配率，可得出雪地车和割草机分配的制造费用均为 800 000 美元（80×10 000），也就是说，单位产品分配的制造费用为 800 美元（800 000/1 000）。由于雪地车和割草机的直接人工工时相同，这种单一分配率将导致分配给不同产品的制造费用相等。

然而，雪地车和割草机在制造、组装、设置、质量控制检测和工程变更等作业活动中的成本并不是与直接人工工时成正比。例如，虽然雪地车和割草机的直接人工工时均为 10 000 小时，但实际上雪地车在各作业活动中的成本大于割草机。

基于作业成本法，雪地车分配到 1 294 美元的制造费用，割草机分配到 306 美元的制造费用（见图表 25-14）。因此，单一分配率会使公司的制造费用分配产生误差。使用两种方法分配的制造费用如下所示：

	单位制造费用	
	单一分配率法	作业成本法
雪地车	$ 800	$ 1 294
割草机	800	306

如上所示，作业成本法可以更好地识别出不同作业活动中费用分配的差异。使用作业成本法可以使公司的制造费用分配更加精确，有利于公司制定正确的产品价格及产品发展战略。

例 25-9　作业成本法

索尔公司每年的制造费用大约为 600 000 美元，生产活动可以分为四项作业：制造 300 000 美元，组装 120 000 美元，设置 100 000 美元，物料搬运 80 000 美元。公司主要生产两种产品：滑雪板和雪橇。两类产品每项作业使用的作业基础数量如下：

	制造	组装	设置	物料搬运
滑雪板	5 000 小时	15 000 小时	30 次	50 次
雪橇	15 000	5 000	220	350
	20 000 小时	20 000 小时	250 次	400 次

两种产品的年预计产量分别为 5 000 个。要求：（a）计算每项作业的作业率；（b）用作业成本法计算每种产品的单位制造费用。

解答：

a.　制造的作业率＝300 000/20 000＝15（美元/小时）

组装的作业率＝120 000/20 000＝6（美元/小时）

设置的作业率＝100 000/250＝400（美元/次）

物料搬运的作业率＝80 000/400＝200（美元/次）

b.

	滑雪板					雪橇			
作业	作业基础数量	×	作业率	=	作业成本	作业基础数量	×	作业率	=	作业成本
制造	5 000 小时		$ 15/ 小时		$ 75 000	15 000 小时		$ 15/ 小时		$ 225 000
组装	15 000 小时		$ 6/ 小时		90 000	5 000 小时		$ 6/ 小时		30 000
设置	30 次		$ 400/ 次		12 000	220 次		$ 400/ 次		88 000
物料搬运	50 次		$ 200/ 次		10 000	350 次		$ 200/ 次		70 000
制造费用合计					$ 187 000					$ 413 000
预计产品数量					÷ 5 000					÷ 5 000
单位产品制造费用					$ 37.40					$ 82.60

附录：用总成本概念和变动成本概念给产品定价

在学习完前几节的内容后，我们知道了如何用成本加成法来制定产品的正常销售价格，其等于单位成本加上加成金额，公式如下所示：

正常销售价格＝单位成本＋加成金额

管理层根据产品的期望利润来确定上式中的加成金额。加成金额包括期望利润和没有包括在单位成本中的其他支出。产品成本概念已在本章的前面进行讨论，本附录讨论总成本概念和变动成本概念对产品定价的影响。

图表 25-16　总成本概念

总成本概念

如图表 25-16 所示，在**总成本概念**（total cost concept）下，单位总成本是指单位制造成本、单位销售费用和单位管理费用之和。单位产品的正常销售价格就是在单位总成本的基础上，加上单位加成金额。

总成本概念的应用步骤如下：

第一步：估计制造成本合计。

制造成本：
直接材料　　　　　　　　　　$ × × ×
直接人工　　　　　　　　　　　× × ×
制造费用　　　　　　　　　　　× × ×
　　制造成本合计　　　　　　$ × × ×

第二步：估计销售和管理费用合计。

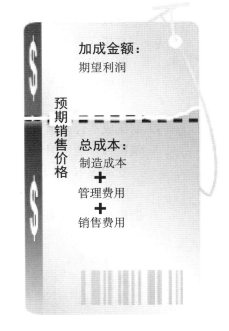

加成金额：
期望利润

预期销售价格

总成本：
制造成本
＋
管理费用
＋
销售费用

第三步：计算总成本。

制造成本合计	$××
销售和管理费用合计	×××
总成本	$×××

第四步：用总成本除以预计生产销售的产品数量，得到单位总成本。

$$单位总成本 = \frac{总成本}{预计生产销售的产品数量}$$

第五步：计算加成百分比。

$$加成百分比 = \frac{期望利润}{总成本}$$

期望利润一般根据总资产收益率计算得到。

$$期望利润 = 期望收益率 \times 总资产$$

第六步：根据加成百分比和单位总成本的乘积计算单位加成金额。

$$单位加成金额 = 加成百分比 \times 单位总成本$$

第七步：根据单位总成本和单位加成金额之和，确定单位正常销售价格。

单位总成本	$×××
单位加成金额	×××
单位正常销售价格	$×××

为了阐述上面的步骤，假定数码方案公司在20Y4年预计生产和销售100 000个计算器。

制造成本：		
直接材料（$3.00×100 000）		$ 300 000
直接人工（$10.00×100 000）		1 000 000
制造费用：		
变动成本（$1.50×100 000）	$150 000	
固定成本	50 000	200 000
制造成本合计		$1 500 000
销售和管理费用		
变动成本（$1.50×100 000）	$150 000	
固定成本	20 000	
销售和管理费用合计		170 000
总成本		$1 670 000
期望收益率		20%
总资产		$ 800 000

运用总成本概念，可以得出计算器的正常销售价格应为每个 18.30 美元，具体计算过程如下：

第一步，计算制造成本：1 500 000 美元。

第二步，计算销售和管理费用合计：170 000 美元。

第三步，计算总成本：1 670 000 美元。

第四步，计算单位总成本：16.70 美元。

$$单位总成本 = \frac{总成本}{预计生产销售的产品数量} = \frac{1\,670\,000}{100\,000} = 16.70（美元/个）$$

第五步，计算加成百分比：9.6%（近似）。

$$期望利润 = 期望收益率 \times 总资产 = 20\% \times 800\,000 = 160\,000（美元）$$

$$加成百分比 = \frac{期望利润}{总成本} = \frac{160\,000}{1\,670\,000} = 9.6\%（近似）$$

第六步，计算单位加成金额：1.60 美元。

$$单位加成金额 = 加成百分比 \times 单位总成本$$
$$= 9.6\% \times 16.70 = 1.60（美元/个）$$

第七步，计算单位正常销售价格：18.30 美元。

单位总成本	$ 16.70
单位加成金额	1.60
单位正常销售价格	$ 18.30

售价为 18.30 美元时，将会产生 160 000 美元的期望利润，在利润表中的反映如下：

数码方案公司 利润表 截至 20Y4 年 12 月 31 日的会计年度		
销售收入（100 000×$ 18.30）		$ 1 830 000
费用：		
变动成本（100 000×$ 16.00）	$ 1 600 000	
固定成本（$ 50 000+$ 20 000）	70 000	1 670 000
营业利润		$ 160 000

根据总成本概念进行产品定价主要适用于政府的采购活动。这是因为法律法规规定，政府商品采购项目的承包商应该根据总成本加利润的方式进行产品定价。

变动成本概念

如图表 25-17 所示，在**变动成本概念**（variable cost concept）下，产品的售价为变动成本加上加成金额。这里的变动成本包括所有变动制造成本、变动销售和管理费用。这里的加成金额包括固定制造成本、固定销售和管理费用、期望利润。因此，单位产品的正常销售价格即为单位加成金额和单位变动成本之和。

图表 25-17 变动成本概念

变动成本概念的运用步骤如下：

第一步：估计变动产品成本合计。

变动产品成本：	
直接材料	$×××
直接人工	×××
变动制造费用	×××
变动产品成本合计	$×××

第二步：估计变动销售和管理费用合计。

第三步：计算总变动成本。

变动产品成本合计	$×××
变动销售和管理费用合计	×××
总变动成本	$×××

第四步：计算单位变动成本。

$$单位变动成本 = \frac{总变动成本}{预计生产销售的产品数量}$$

第五步：计算加成百分比。

$$加成百分比 = \frac{期望利润 + 总固定成本和费用}{总变动成本}$$

公式中的分子是由期望利润加上总固定成本（固定制造费用）和费用（销售和管理费用）构成的。分子中一定要包括总固定成本和费用，因为固定成本和费用未被归集到成本中，而是归集到相应的加成金额中。

与总成本概念和产品成本概念下的计算一致，期望利润一般根据总资产收益率计算得到，公式如下：

$$期望利润 = 期望收益率 × 总资产$$

第六步：根据加成百分比和单位变动成本的乘积计算单位加成金额。

$$单位加成金额 = 加成百分比 × 单位变动成本$$

第七步：根据单位变动成本和单位加成金额之和，确定单位正常销售价格，如下所示：

单位变动成本	$×××
单位加成金额	×××
单位正常销售价格	$×××

为了阐述上面的步骤，假设数码方案公司预计生产和销售 100 000 个计算器。在变动成本概念下，每个计算器的单位正常销售价格为 18.30 美元，具体计算过程如下：

第一步，计算总变动产品成本：1 450 000 美元。

变动产品成本：

直接材料（$ 3.00×100 000）	$ 300 000
直接人工（$ 10.00×100 000）	1 000 000
变动制造费用（$ 1.50×100 000）	150 000
变动产品成本合计	$ 1 450 000

第二步，计算变动销售和管理费用合计：150 000 美元（1.50×100 000）。

第三步，计算总变动成本：1 600 000 美元（1 450 000+150 000）。

第四步，计算单位变动成本：16.00 美元。

$$单位变动成本 = \frac{总变动成本}{预计生产销售的产品数量} = \frac{1\ 600\ 000}{100\ 000} = 16.00（美元/个）$$

第五步，计算加成百分比：14.4%（近似）。

期望利润＝期望收益率×总资产＝20%×800 000＝160 000（美元）

$$加成百分比 = \frac{期望利润+总固定成本和费用}{总变动成本}$$

$$= \frac{160\ 000+50\ 000+20\ 000}{1\ 600\ 000} = \frac{230\ 000}{1\ 600\ 000}$$

$$=14.4\%（近似）$$

第六步，计算单位加成金额：2.30 美元。

单位加成金额＝加成百分比×单位变动成本
＝14.4%×16.00＝2.30（美元/个）

第七步，计算单位正常销售价格：18.30 美元。

单位变动成本	$ 16.00
单位加成金额	2.30
单位正常销售价格	18.30

练习题

EX 25-1 出租或出售的差量分析

矩阵建筑公司正考虑出售账面价值为 75 000 美元（原价 200 000 美元减去 125 000 美元的累计折旧）的闲置机器，售价为 60 000 美元，销售佣金为售价的 5%。这些机器也可以出租给另一家公司，租期 5 年，总额为 75 000 美元，预计机器无残值。在租赁期间，矩阵建筑公司的修理费、保险费和财产税预计为 21 500 美元。

a. 编制 5 月 25 日的差量分析表，以确定矩阵公司应该出租机器（方案一）还是出售机器（方案二）。

b. 根据所提供的数据，该公司是出租还是出售机器？说明理由。

EX 25-3　终止产品生产的差量分析

天体饮料公司的一份按产品线划分的简要利润表显示星星可乐这一产品上年的销售数据如下：

销售收入	$ 390 000
商品销售成本	184 000
毛利润	$ 206 000
营业费用	255 000
营业损失	$（49 000）

据估计，商品销售成本的 20% 是固定制造费用，营业费用的 30% 也是固定的。因为星星可乐只是众多产品中的一种，所以如果该产品停产，固定成本不会受到实质性的影响。

a. 编制 1 月 21 日的差量分析表，以确定是继续生产星星可乐（方案一）还是终止生产星星可乐（方案二）。

b. 是否应该保留星星可乐的生产线？为什么？

EX 25-5　服务企业的业务部门分析

嘉信理财是美国最具创新性的经纪和金融服务公司之一。公司最近提供的关于其主要业务部门的财务数据如下（单位：百万美元）。

	投资者服务部门	顾问服务部门
收入	$ 4 771	$ 4 597
营业利润	1 681	1 660
折旧	171	154

a. 像嘉信理财这样的公司如何定义投资者服务部门和顾问服务部门？使用互联网拓展你的答案。

b. 列举投资者服务部门的变动成本和固定成本的具体例子。

c. 假设折旧代表固定成本的大部分，估计每个部门的边际收益。

d. 如果嘉信理财决定将其顾问服务业务出售给另一家公司，估计营业利润将下降多少。

EX 25-7　自制还是外购决策

钻石电脑公司一直在以每个 59 美元的价格为其生产的便携式电脑购买手提包。目前，该公司的产能低于全部产能，其制造费用是直接人工成本的 40%。生产手提包的单位成本预计如下：

直接材料	$ 35.00
直接人工	18.00
制造费用（直接人工的 40%）	7.20
总单位成本	$ 60.20

如果钻石电脑公司生产手提包，固定制造费用将不会增加，与手提包相关的变动制造费用预计占直接人工成本的 15%。

a. 编制 2 月 24 日的差量分析表，以确定公司是自制手提包（方案一）还是外购手提包（方案二）。

b. 根据所提供的数据，公司应该自制还是外购手提包？说明理由。

EX 25-9　机器替换决策

一家公司正在考虑用一台购买价格为 83 000 美元的新机器替换一台旧机器，这台旧机器耗资 105 000 美元，到目前为止累计折旧 55 000 美元，目前售价为 56 300 美元。与旧机器有关的年变动生产成本估计为每年 8 500 美元，持续 8 年。新机器的年变动生产成本估计为每年 5 000 美元，持续 8 年。

a. 编制 4 月 29 日的差量分析表，以确定是继续使用旧机器（方案一）还是替换旧机器（方案二）。

b. 该情况下的沉没成本是多少？

EX 25-11　出售还是深加工

大叉木材公司在加工某些粗切木材时，每百板英尺木材的成本为 402 美元，售价为 540 美元。另一种选择是生产成品木材，每百板英尺的总加工成本为 523 美元，售价为 668 美元。编制 8 月 9 日的差量分析表，以确定是出售粗切木材（方案一）还是深加工成成品木材（方案二）。

EX 25-13　接受额外业务的决策

霍姆斯特德牛仔裤公司的年产能为 65 000 件，目前产量为 45 000 件。每月固定成本为 54 000 美元，单位变动成本为 29 美元。目前的售价是每条 42 美元。本年 11 月 12 日，该公司收到道金斯公司以每件 32 美元的价格购买 18 000 件产品的报价。道金斯公司将以自己的品牌在国外销售这些牛仔裤。这项额外业务预计不会影响霍姆斯特德牛仔裤公司在国内的商品售价或销量。

a. 编制 11 月 12 日的差量分析表，以确定是拒绝订单（方案一）还是接受订单（方案二）。

b. 简要解释为什么接受这项额外业务会增加营业收入。

c. 边际收益为正的最低单位售价是多少？

EX 25-15　接受额外业务的决策

布莱特斯通轮胎橡胶公司的年产能是 170 000 个轮胎。该公司目前在北美市场生产和销售了 130 000 个轮胎，单价为 175 美元。该公司正在评估欧洲汽车公司摩托车的特殊订单。欧洲汽车公司提议以 116 美元的价格购买 20 000 个轮胎。布莱特斯通公司的会计系统表明，每个轮胎的总成本如下：

直接材料	$ 56
直接人工	22
制造费用（60% 的变动部分）	25
销售和管理费用（45% 的变动部分）	26
总成本	$ 129

布莱特斯通公司支付的销售佣金是北美订单销售价格的 5%，其包括在销售和管理费用的变动部

分中。但是，这个特殊订单没有销售佣金。如果接受该订单，这些轮胎将被运往海外，每个轮胎需要额外支付 7.50 美元的运输费。此外，欧洲汽车公司还在订单条款中规定产品应获得欧洲安全认证。布莱特斯通公司估计获得这项认证将花费 165 000 美元。

    a. 编制 1 月 21 日的差量分析表，以确定是拒绝订单（方案一）还是接受订单（方案二）。

    b. 布莱特斯通公司在财务上可以接受的最低单价是多少？

EX 25-17　产品成本概念下的产品成本

拉菲姆配饰公司生产女式手提包。生产 800 个手提包的成本如下所示：

直接材料	$ 18 000
直接人工	8 500
制造费用	5 500
总制造成本	$ 32 000

销售和管理费用为 17 000 美元。管理层希望投入的 250 000 美元资产能获得 22% 的收益率。

a. 计算生产和销售 800 个手提包的期望利润。

b. 计算生产 800 个手提包的单位产品成本。

c. 计算手提包的产品成本加成百分比。

d. 计算手提包的销售价格。

EX 25-19　目标成本法

丰田汽车公司使用目标成本法进行管理。假设公司的市场专员预测，在未来的一年中凯美瑞这款车有竞争力的销售价格是每辆 27 000 美元。进一步假设，在未来的一年中凯美瑞每辆车总成本预计是 22 500 美元，而且公司要求的期望利润为销售价格的 20%（相当于在总成本的基础上加成 25%）。

a. 在未来一年中，丰田汽车公司将为凯美瑞制定什么价格？

b. 基于上述假设信息，使用目标成本法会对丰田汽车公司产生哪些影响？

综合题

PR 25-1A　机会成本的差量分析

10 月 1 日，白路商店公司正在考虑租赁一栋楼并购买必要的设备来经营一家零售商店。该公司也可以使用这些资金投资价值 180 000 美元，16 年到期，年利率为 6% 的美国国债。国债可按面值购买，相关数据如下：

商店设备成本	$ 180 000
商店设备使用寿命	16 年
商店设备预计残值	$ 15 000
每年经营商店的成本，不包含商店设备的折旧	$ 58 000
预计年收入（第 1~8 年）	$ 85 000
预计年收入（第 9~16 年）	$ 73 000

要求：

1. 编制 10 月 1 日的差量分析表，分析白路商店公司是接受提案开设商店并经营 16 年（方案一）还是投资美国国债（方案二）。

2. 根据差量分析的结果，该提案是否应被接受？

3. 计算经营商店 16 年的预计总营业利润是多少？

案例分析题

CP 25-1　道德行为

艾伦·麦金尼是麦吉克系统公司的成本会计。市场营销副总裁马丁·多德要求艾伦会见麦吉克系统公司的主要竞争对手代表，并讨论产品成本数据。马丁表示，这些数据的共享有助于麦吉克系统公司为其产品确定公平的价格。

艾伦参加会议并分享相关成本数据是否合乎职业道德？为什么？

第**26**章

资本投资分析

你为什么要交学费、上课，还要花时间和精力接受高等教育呢？这是因为大多数人相信现在花的时间与金钱会在将来带给他们更多收益。换言之，高等教育的花费是一项在未来盈利的投资。那你又是如何知道这项投资是否值得呢？

最直观的方法就是将现在为接受高等教育支付的费用与未来估计可获得的收益进行比较。未来预期的收益比当前接受教育的花费越多，说明这项投资就越有价值。同样地，一家企业也会比较期初投资金额与未来现金流量以及收益，进而决策是否进行固定资产的投资。

例如，范尔滑雪度假村运营公司是世界上最大的滑雪度假村运营商。它以其经营的范尔、布雷肯里奇和基斯通滑雪场等闻名。建设滑雪度假村需要在固定资产与设备上大量投资。因此，公司经常在更新或改造度假村的设施、宾馆、零售商店、电梯、造雪和训练设备以及基础设施技术等方面进行大量投资。这些投资项目将根据其创造现金流的能力被评估。

本章介绍和解释投资决策方法，这些投资决策会涉及数千、数百万甚至数百亿美元的资金。本章还将探讨这些方法的相同点和不同点，以及每种方法的使用条件。同时本章还讨论了实际情况中的复杂性。

学习目标

1. 解释资本投资分析的本质与重要性。
2. 用平均收益率和现金回收期法评价资本投资项目。
3. 用净现值法和内含报酬率法评估资本投资项目。
4. 列举和描述资本投资分析的其他影响因素。
5. 用图表来解释资本分配过程。

26.1　资本投资分析的本质

公司用资本投资分析来评价长期投资。**资本投资分析**（capital investment analysis）（或者资本预算）是管理层计划、评估和控制固定资产投资的过程。资本投资的目标是使用资金改变公司长期运营状况，并获取合理的收益。因此，资本投资决策是管理层做的最重要的决策。

资本投资评价方法可以分为下面几类：

静态分析法

（1）平均收益率法；

（2）现金回收期法。

动态分析法

（1）净现值法；

（2）内含报酬率法。

动态分析法考虑了货币的时间价值。**货币的时间价值概念**（time value of money concept）认为今天的 1 美元比明天的 1 美元更有价值，因为今天的 1 美元可以产生利息。

26.2　静态分析法

静态分析法对评估短期投资方案有效。在短期内，现金流量（货币的时间价值）就不那么重要了。

因为静态分析法运用起来很简单，故常常用来初步筛选方案。设定一个可接受的最低标准，放弃那些达不到最低标准的方案。如果方案满足最低标准，就可以进一步使用动态分析法进行检验。

平均收益率法

平均收益率（average rate of return），有时也称为会计收益率，是预计平均年收益占平均投资的百分比。平均收益率计算公式如下：

$$平均收益率=\frac{预计平均年收益}{平均投资}$$

在上面的等式中，分子是投资期内扣除折旧费用后的预计可获得的平均年收益。分母是在投资期内的平均投资（账面价值）。假设用直线法计提折旧，平均投资计算如下：

$$平均投资=\frac{初始投资成本+残值}{2}$$

例如，假设管理层在对一台新设备进行如下评估：

新设备的成本：	$ 500 000
残值	$ 0
预计获得的全部收益	$ 200 000
预计使用年限	4 年

使用该设备可获得的预计平均年收益是 50 000 美元（200 000/4）。平均投资是 250 000 美元，计算如下：

$$平均投资 = \frac{初始投资成本 + 残值}{2} = \frac{500\ 000 + 0}{2} = 250\ 000（美元）$$

平均收益率是 20%，计算如下：

$$平均收益率 = \frac{预计平均年收益}{平均投资} = \frac{50\ 000}{250\ 000} = 20\%$$

将 20% 与管理层设定的最低期望收益率进行比较。如果平均收益率等于或者超过最低期望收益率，那么可以购买该设备或者进一步分析。

管理者常对多个资本投资方案按照平均收益率排序。平均收益率越高的方案越可取。

平均收益率法有如下三个优点：

（1）易于计算。

（2）它包括投资期内所获得的全部收入金额。

（3）它强调会计利润，会计利润经常被投资者和债权人用来评价管理业绩。

平均收益率法有如下两个缺点：

（1）它没有考虑方案中的预期现金流量。

（2）它没有考虑预期现金流量的时间价值。

例 26-1   平均收益率

一个项目估计 3 年后的到期收益为 273 600 美元，成本是 690 000 美元，到期残值为 70 000 美元，计算其平均收益率。

解答：

预计平均年收益 = 273 600/3 = 91 200（美元）

平均投资 = （690 000 + 70 000）/2 = 380 000（美元）

平均收益率 = 91 200/380 000 = 24%

现金回收期法

资本投资需要资金，只有在未来可以收回初始投资成本的投资项目才是成功的。**现金回收期**（cash payback period）是指一项投资的现金流入逐步累积至等于现金流出总额，即收回全部初始投资成本所需的时间。

当年净现金流量相等时，现金回收期计算如下：

$$现金回收期 = \frac{初始投资成本}{年净现金流量}$$

例如，假设管理层在对一台新设备进行如下评估：

新设备的成本	$ 200 000
每年设备的现金收入	50 000
每年设备费用（包括折旧）	30 000
每年折旧	20 000

简化起见，收入与除折旧外的费用都假定为以现金形式收支。因此，使用设备的年净现金流量如下：

年净现金流量：		
设备的现金收入		$ 50 000
减：设备的现金费用		
设备费用（包括折旧）	$ 30 000	
减：折旧	20 000	10 000
年净现金流量		$ 40 000

使用这台新设备所带来的净现金流量等于新设备的成本时所用的时间就是现金回收期。因此，该项投资的现金回收期是 5 年，计算如下：

$$现金回收期 = \frac{初始投资成本}{年净现金流量} = \frac{200\ 000}{40\ 000} = 5（年）$$

在前面的例子中，年净现金流量是相等的（每年 40 000 美元）。当年净现金流量不相等时，现金回收期是通过累计年净现金流量直到等于初始投资成本来确定的。

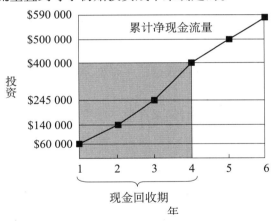

年份	净现金流量	累计净现金流量
1	$ 60 000	$ 60 000
2	80 000	140 000
3	105 000	245 000
4	155 000	400 000
5	100 000	500 000
6	90 000	590 000

4 年后的累计净现金流量等于初始投资成本 400 000 美元。因此，现金回收期是 4 年。

如果初始投资成本是 450 000 美元，现金全部收回将会发生在第 5 年内。第 5 年的预计净现金流量是 100 000 美元，达到累计净现金流量 450 000 美元所需的 50 000 美元发生在年中（50 000/100 000）。因此，现金回收期将是 4 年半。[①]

现金回收期越短越好。这是因为资金回收越快，资金就可以越快投资在其他项目上，还可以降低经济或商业环境变化带来损失的概率。同时，现金回收期越短，就可以越快偿还投资所欠的债务。

现金回收期法有以下两个优点：

（1）使用和理解简单；

（2）它分析了现金流量，人们可深入了解获得与初始投资成本相等的金额所需的时间。

现金回收期法有以下两个缺点：

（1）它忽略了现金回收期之后产生的现金流量；

（2）计算不同时期的现金流量时没有使用现金流量的现值。

例 26-2　现金回收期

某项目预计年净现金流量是 30 000 美元，初始投资成本是 105 000 美元。计算现金回收期。

解答：

现金回收期＝105 000/30 000＝3.5（年）

26.3　动态分析法

固定资产的投资可以看作在一个周期内获得的一系列净现金流量。什么时候收到净现金流量对于确定这笔投资的价值十分重要。

动态分析法使用净现金流量的金额和时间来评估一项投资。使用现值评估资本投资的两种方法如下：

（1）净现值法；

（2）内含报酬率法。

现值的概念

净现值法和内含报酬率法都会用到如下两个**现值概念**（present value concept）：

（1）复利现值；

（2）年金现值。

复利现值

如果给你一个机会，你是偏爱现在获得 1 美元还是 3 年后获得 1 美元？你应该会偏爱现在获得 1 美元，因为你可以用这 1 美元投资然后获得 3 年的利息。这样，3 年后所得到的金额将会大于 1 美元。

例如，假设你按照如下方式投资 1 美元：

---

① 如果没有其他说明，净现金流量在这一年内是均匀流入的。

投资总额	$ 1
投资期限	3 年
利率	12%

第 1 年，1 美元会产生 0.12 美元（1×12%）利息，因此，1 美元将会增值到 1.12 美元。第 2 年，1.12 美元可产生 0.134 美元（1.12×12%）的利息，因此第 2 年年末 1.12 美元将会增值到 1.254 美元。利息赚取利息的过程称为复利。第 3 年年末，1 美元将会增值到 1.404 美元，如图表 26-1 所示。

图表 26-1　年利率 12%，3 年，1 美元的复利

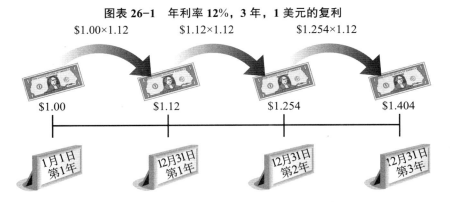

第 3 年 12 月 31 日获得的 1.404 美元在第 1 年 1 月 1 日是多少美元？这是一个现值问题。这个答案可以在 1 美元复利现值系数表的帮助下确定。例如，图表 26-2 是节选的 1 美元复利现值系数表[①]，年利率是 12%、3 年之后 1 美元的复利现值系数是 0.712。

图表 26-2　1 美元复利现值系数表（节选）

年份	6%	10%	12%	15%	20%
1	0.943	0.909	0.893	0.870	0.833
2	0.890	0.826	0.797	0.756	0.694
3	0.840	0.751	0.712	0.653	0.579
4	0.792	0.683	0.636	0.572	0.482
5	0.747	0.621	0.567	0.497	0.402
6	0.705	0.564	0.507	0.432	0.335
7	0.665	0.513	0.452	0.376	0.279
8	0.627	0.467	0.404	0.327	0.233
9	0.592	0.424	0.361	0.284	0.194
10	0.558	0.386	0.322	0.247	0.162

0.712 乘以 1.404 美元等于 1 美元，如下所示：

现值		3 年后所得总额		3 年后 1 美元的现值（系数见图表 26-2）
$ 1	=	$ 1.404	×	0.712

也就是说，在复利之下利率为 12%，3 年后所得的 1.404 美元的现值是 1 美元，如图表 26-3 所示：

---

① 表中的复利现值系数保留了 3 位小数，更精确的复利现值系数见本书附录 A。

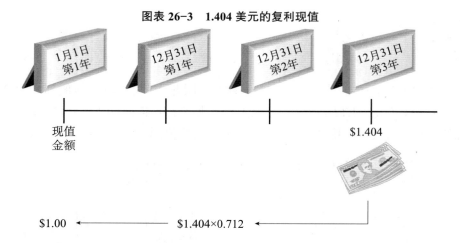

图表 26-3　1.404 美元的复利现值

年金现值

年金（annuity）是指有固定的时间间隔的一系列相等的净现金流量。年金在企业中十分常见。月租、薪酬、股利的现金支付都是典型的年金。

年金现值（present value of an annuity）是在未来一定时期内等额支出一系列净现金流量在当下所需的现金总额。

例如，利率为 12%，为期 5 年的 100 美元年金的现值可以用图表 26-2 中所示的复利现值系数来计算。每 100 美元的净现金流量乘以相应时间的 12% 利率的复利现值系数后，加总可得到 360.50 美元的现值总额，如图表 26-4 所示。

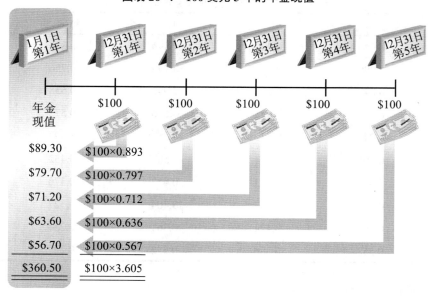

图表 26-4　100 美元 5 年的年金现值

直接使用年金现值系数表计算更加简单。图表 26-5 是节选的年金现值系数表 ①。

_____

① 表中的年金现值系数保留了 3 位小数，更精确的年金现值系数见本书附录 A。

图表 26-5 年金现值系数表

年份	6%	10%	12%	15%	20%
1	0.943	0.909	0.893	0.870	0.833
2	1.833	1.736	1.690	1.626	1.528
3	2.673	2.487	2.402	2.283	2.106
4	3.465	3.170	3.037	2.855	2.589
5	4.212	3.791	3.605	3.353	2.991
6	4.917	4.355	4.111	3.785	3.326
7	5.582	4.868	4.564	4.160	3.605
8	6.210	5.335	4.968	4.487	3.837
9	6.802	5.759	5.328	4.772	4.031
10	7.360	6.145	5.650	5.019	4.192

　　图表 26-5 中列示的年金现值系数是图表 26-2 中 1 美元复利现值系数在不同期限内的加总和。因此，年金现值系数表（见图表 26-5）中的 3.605 是利率为 12% 的 5 个 1 美元的复利现值系数（见图表 26-2）的总和。如下所示：

	1 美元的复利现值（见图表 26-2）
1 年后 1 美元的复利现值 @12%	0.893
2 年后 1 美元的复利现值 @12%	0.797
3 年后 1 美元的复利现值 @12%	0.712
4 年后 1 美元的复利现值 @12%	0.636
5 年后 1 美元的复利现值 @12%	0.567
1 美元 5 年期的年金现值（见图表 26-5）	3.605

　　直接用 100 美元乘以年金现值系数 3.605，结果如下：

现值		5 年年金		5 年期的年金现值系数（见图表 26-5）
$ 360.50	=	$ 100	×	3.605

　　这个结果与上述用 5 次复利现值计算的结果（360.50 美元）一样。

净现值法和现值指数

净现值法和现值指数常结合使用，如本节所示。

净现值法

净现值法（net present value method）就是比较资金流出与资金流入的净现值的大小。净现值法有时也称为现金流折现法。

在净现值法中运用的利率是公司要求的最低期望收益率。最低期望收益率又称为门槛收益率，公司设定最低期望收益率时需要考虑投资的目标，以及获取投资资金的成本。如果未来现金流入的现值大于现金流出的现值，那么该项目是可接受的。

下面来举一个例子，假定公司正考虑是否投资一项新设备，数据如下：

新设备成本	$ 200 000
预计可使用年限	5 年
最低期望收益率	10%
每年预计现金流入	
第 1 年	$ 70 000
第 2 年	60 000
第 3 年	50 000
第 4 年	40 000
第 5 年	40 000
预计现金流入总计	$ 260 000

每年的净现金流量现值是净现金流量乘以复利现值系数计算得到的，计算过程如下所示：

年份	利率为 10% 的复利现值系数	净现金流量	净现金流量现值
1	0.909	$ 70 000	$ 63 630
2	0.826	60 000	49 560
3	0.751	50 000	37 550
4	0.683	40 000	27 320
5	0.621	40 000	24 840
总计		$ 260 000	$ 202 900
减：初始投资成本			200 000
净现值			$ 2 900

计算过程还可以用图表 26-6 表示。

图表 26-6　设备现金流量的现值

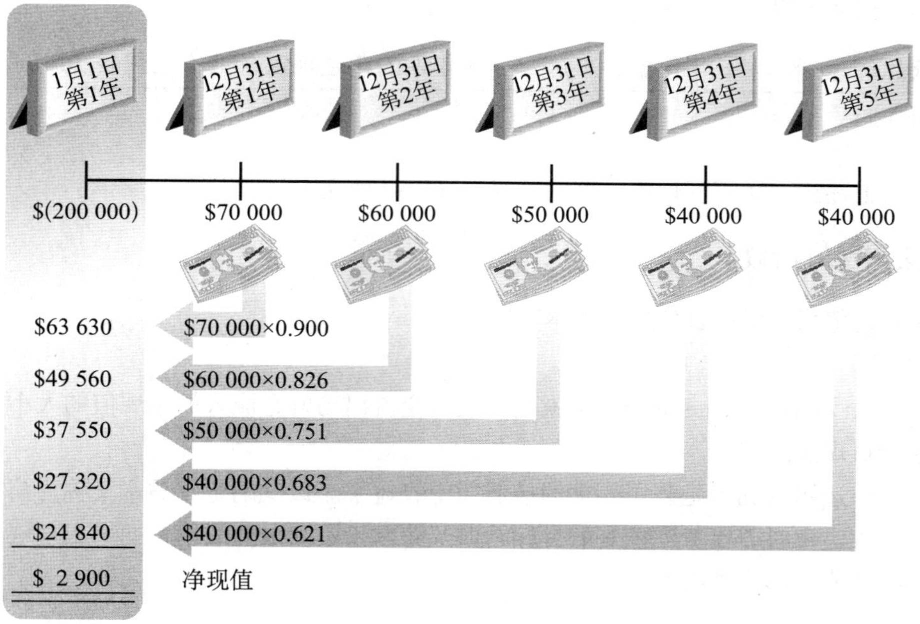

净现值为 2 900 美元表示购买该项新设备带来的现金流入大于现金流出，投资收益率也将超过最低期望收益率 10%。因此，购买新设备是合理的决策。

净现值法有如下三个优点：

（1）考虑了投资过程中的现金流量；

（2）考虑了货币时间价值；

（3）结合现值指数，对使用寿命相等的项目进行投资排序。

但净现值法也有下述两个缺点：

（1）与静态分析法相比，计算比较复杂；

（2）该方法假定现金流入后可以按照最低期望收益率进行再投资，该假定不符合实际情况。

现值指数

当公司的资金有限，但投资项目很多，不同项目所需的投资额也不一样时，可以采用现值指数法判断投资哪个项目。**现值指数**（present value index）的计算公式如下：

$$现值指数 = \frac{净现金流量现值总额}{投资额}$$

前述例子的现值指数为 1.014 5，计算过程如下：

$$现值指数 = \frac{202\ 900}{200\ 000} = 1.014\ 5$$

假定一家公司正在考虑下述三个项目。每个项目的净现值和现值指数如下：

	项目 A	项目 B	项目 C
净现金流量现值总额	$ 107 000	$ 86 400	$ 86 400
减：初始投资成本	100 000	80 000	90 000
净现值	$　7 000	$　6 400	$（3 600）
现值指数：			
项目 A（$ 107 000/$ 100 000）	1.07		
项目 B（$ 86 400/$ 80 000）		1.08	
项目 C（$ 86 400/$ 90 000）			0.96

当现值指数大于 1 时，净现金流量为正。项目 A 和项目 B 的现值指数均大于 1，净现金流量大于 0。当现值指数小于 1 时，净现金流量为负，项目 C 符合这种情况。

虽然从净现值来看，项目 A 的净现值大于项目 B 的净现值，但是项目 A 并不优于项目 B。这是因为每投入 1 美元，项目 B 可以获得 1.08 美元的净现值，而项目 A 仅可以获得 1.07 美元的净现值。项目 B 的初始投资成本为 80 000 美元，而项目 A 的初始投资成本为 100 000 美元。项目 A 和项目 B 初始投资成本相差的 20 000 美元也要考虑在投资决策中，进而影响最终的决策结果。

例 26-3　净现值法

一个项目预计未来 7 年会带来稳定的年净现金流量 50 000 美元，初始投资成本为 240 000 美元。假定最低期望收益率为 12%。根据图表 26-5 所示的年金现值系数表，计算该项目的净现值与现值指数，结果保留两位小数。

解答：

净现值＝50 000×4.564－240 000＝－11 800（美元）

现值指数＝228 200/240 000＝0.95

内含报酬率法

内含报酬率法（internal rate of return method）可以确定净现值为零的项目的收益率。这种方法有时也称为时间调整收益率法，它首先估计项目带来的净现金流量，再计算项目的期望收益率。

为了更好地说明上述内容，假设管理层正在考虑是否购买新设备，数据如下：

新设备成本	$ 33 530
每年预计现金流入	$ 10 000
预计可使用年限	5 年
最低期望收益率	12%

用图表 26-5 所示的年金现值系数表，可以计算出净现金流量现值为 2 520 美元，计算过程如图表 26-7 所示。

图表 26-7 利率为 12% 的净现值分析

年净现金流量（期末）	$ 10 000
5 年，12% 的年金现值系数（见图表 26-5）	×3.605
年净现金流量现值	$ 36 050
减：初始投资成本	33 530
净现值	$ 2 520

从图表 26-7 所示的计算中可以看出，基于最低期望收益率 12% 计算的现金流入现值为 36 050 美元，超过了初始投资成本 33 530 美元。因此，可以推测项目带来的内含报酬率大于 12%。通过反复试验，可以得知初始投资成本为 33 530 美元的项目内含报酬率为 15%，如图表 26-8 所示。

图表 26-8 内含报酬率下的年金现值

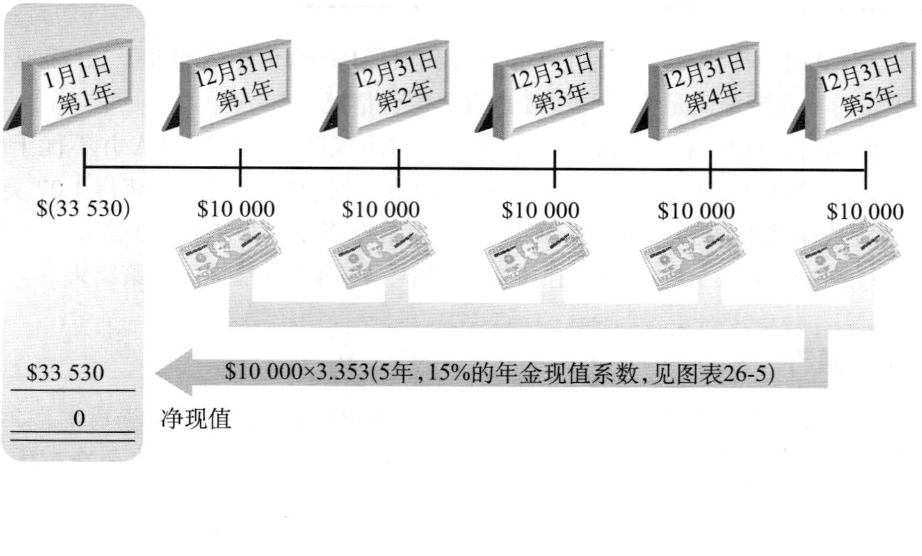

同上述的例子，如果项目可以带来相等的年净现金流量，内含报酬率可以根据以下步骤进行计算[①]：

第一步：计算年金现值系数。公式如下：

$$年金现值系数 = \frac{投资额}{相等的年净现金流量}$$

第二步：将第一步计算出来的年金现值系数在图表 26-5 中找到对应的位置。具体如下：

a. 根据项目预计可使用年限，将年份栏确定下来。

b. 查找年份对应的行，直到找到第一步计算出来的年金现值系数。

第三步：第二步确定的年金现值系数对应的收益率即为内含报酬率。

为了更好地说明上述内容，假设管理层正在考虑是否购买新设备，数据如下：

新设备成本	$ 97 360
年净现金流量	$ 20 000
预计可使用年限	7 年

年金现值系数为 4.868，计算过程如下：

$$年金现值系数 = \frac{投资额}{相等的年净现金流量}$$

$$= \frac{97\ 360}{20\ 000} = 4.868$$

运用图表 26-9 中所示的年金现值系数表，确定预计使用年限为 7 年、年金现值系数为 4.868 对应的利率为 10%。因此，该项目的内含报酬率为 10%。

图表 26-9　计算内含报酬率的步骤

1美元的年金现值系数			
		第三步	
年份	6%	10% ←	12%
1	0.943	0.909	0.893
2	1.833	1.736	1.690
3	2.673	2.487	2.402
4	3.465	3.170	3.037
5	4.212	3.791	3.605
6	4.917	第二步（b）4.355	4.111
第二步（a）7	5.582	→ 4.868	4.564
8	6.210	5.335	4.968
9	6.802	5.759	5.328
10	7.360	6.145	5.650

第一步：确定1美元的年金现值系数 $= \dfrac{97\ 360}{20\ 000} = 4.868$

如果公司要求的最低期望收益率为 10%，则该项目是可接受的。可以通过内含报酬率对不同项目进行投资排序，内含报酬率越大的项目越优。

[①] 为了简化计算，一般假定未来净现金流量是等额的。如果未来净现金流量不相等，可以用计算机软件进行处理。

内含报酬率法有以下三个优点：

（1）考虑了投资过程中的现金流量；

（2）考虑了货币时间价值；

（3）即使项目使用寿命不同，也可以根据项目在使用寿命内带来的现金流量对项目进行投资排序。

但内含报酬率法也有下述两个缺点：

（1）与静态分析法相比，计算比较复杂；

（2）该方法假定现金流入后可以按照内含报酬率进行再投资，该假定不符合实际情况。

例 26-4   内含报酬率

一个项目的初始投资成本为 208 175 美元，预计未来 6 年每年会带来稳定的年净现金流量 55 000 美元。用图表 26-5 所示的年金现值系数表，计算该项目的内含报酬率。

解答：

年金现值系数 = 208 175/55 000 = 3.785

通过图表 26-5 所示的年金现值系数表可以得知内含报酬率为 15%。

26.4   资本投资分析的其他影响因素

本章描述和说明了几种广泛使用的评估资本投资的方法。在实务中，以下因素也有可能会影响投资决策：

（1）所得税；

（2）可使用年限不同的项目；

（3）租赁还是购买；

（4）不确定性；

（5）价格水平变化；

（6）定性因素；

（7）资本投资的可持续性。

所得税

所得税对资本投资决策的影响是巨大的。例如，税法规定的折旧年限与资产实际使用寿命往往是不同的。同时，财务报表中的折旧费用与税务处理中的折旧费用也存在重大差异。因此，所得税的现金流量时间对资本投资分析的影响是巨大的。[①]

可使用年限不同的项目

前面的例子一般都假定备选项目的预计可使用年限是相同的。但是在现实生活中，不同的项目往往有不同的使用年限。

为了论述上述观点，假定公司正在考虑两个项目：一是购买新卡车；二是购买新计算机系统。两

---

① 所得税对资本投资分析的影响详见高级会计教材。

个项目的数据如下：

	购买卡车	购买计算机系统
初始投资成本	$ 100 000	$ 100 000
最低期望收益率	10%	10%
预计可使用年限	8 年	5 年
每年预计现金流入：		
第 1 年	$ 30 000	$ 30 000
第 2 年	30 000	30 000
第 3 年	25 000	30 000
第 4 年	20 000	30 000
第 5 年	15 000	35 000
第 6 年	15 000	0
第 7 年	10 000	0
第 8 年	10 000	0
合计	$ 155 000	$ 155 000

　　图表 26-10 展示了每个项目的预计现金流量和净现值的计算。因为预计可使用年限不同，图表 26-10 中两个项目的净现值没有可比性。

　　为了使不同项目具有可比性，将不同项目的可使用年限调整一致。就上述例子而言，假定公司将在第 5 年卖掉卡车，卡车的售价（残值）可以根据未来 3 年的现金流量现值计算得到。因此，两个项目的可使用年限都为 5 年，净现值也就有了可比性。

　　假定卡车第 5 年的售价（残值）为 40 000 美元。图表 26-11 展示了卡车可使用年限调整后的净现值的计算。

　　如图表 26-11 所示，购买卡车的净现值比购买计算机软件的净现值多 1 835 美元（18 640- 16 805）。因此，在两个项目中，购买卡车是更优的选择。

例 26-5　净现值——可使用年限不同的项目

　　项目 1 的初始投资成本为 50 000 美元，可使用年限为 7 年，每年将带来等额年金 12 000 美元。项目 2 的可使用年限为 5 年，5 年的净现值为 8 900 美元。项目 1 在第 5 年时的售价为 30 000 美元。（a）假定最低期望收益率为 12%，根据项目 1 的初始投资成本、年金和第 5 年的残值，计算其净现值。（b）哪个项目的净现值更大？

解答：

a.

最低期望收益率 12%，5 年期 $ 12 000 年金的现值	$ 43 260	（$ 12 000×3.605（见图表 26-5，12%，5 年））
最低期望收益率 12%，第 5 年残值 $ 30 000 的现值	17 010	（$ 30 000×0.567（见图表 26-2，12%，5 年））
项目 1 现值总额	$ 60 270	
项目 1 总成本	50 000	
项目 1 净现值	$ 10 270	

b. 项目 1 的净现值 10 270 美元大于项目 2 的净现值 8 900 美元。

图表 26-10　净现值分析——项目可使用年限不同

	A	B	C	D
1			卡车	
2 3 4	年份	利率 10% 的现值系数	净现金流量	净现金流量现值
5	1	0.909	$ 30 000	$ 27 270
6	2	0.826	30 000	24 780
7	3	0.751	25 000	18 775
8	4	0.683	20 000	13 660
9	5	0.621	15 000	9 315
10	6	0.564	15 000	8 460
11	7	0.513	10 000	5 130
12	8	0.467	10 000	4 670
13	总计		155 000	$ 112 060
14				
15	减：初始投资成本			100 000
16	净现值			$ 12 060
17				

	A	B	C	D
1			计算机网络	
2 3 4	年份	利率 10% 的现值系数	净现金流量	净现金流量现值
5	1	0.909	$ 30 000	$ 27 270
6	2	0.826	30 000	24 780
7	3	0.751	30 000	22 530
8	4	0.683	30 000	20 490
9	5	0.621	35 000	21 735
10	总计		$ 155 000	$ 116 805
11				
12	减：初始投资成本			100 000
13	净现值			$ 16 805
14				

项目可使用年限不同，不可以比较

图表 26-11　净现值分析——项目可使用年限相同

	A	B	C	D
1			卡车——改为 5 年期限	
2 3 4	年份	利率 10% 的现值系数	净现金流量	净现金流量现值
5	1	0.909	$ 30 000	$ 27 270
6	2	0.826	30 000	24 780
7	3	0.751	25 000	18 775
8	4	0.683	20 000	13 660
9	5	0.621	15 000	9 315
10	5（残值）	0.621	40 000	24 840
11	总计		160 000	118 640
12				
13	减：初始投资成本			100 000
14	净现值			$ 18 640
15				

购买卡车的净现值比购买计算机网络的净现值多 1 835 美元

项目可使用年限相同，可以比较

租赁还是购买

在很多行业中租赁固定资产是很常见的。例如，医院经常会租赁医疗设备。租赁固定资产的优点如下：

（1）公司不需要一次性投入大额资金，就可以享有资产的使用权；

（2）不会因设备的更新换代带来额外的风险；

（3）公司支付的租赁费可以税前扣除，进而少缴纳所得税。

租赁的缺点主要是租赁金额比购买金额高。这是因为设备所有者不仅将设备的购买成本包含在租赁费中，还将自己的利润也加到了租赁费中。

上述各种方法也可以用于决策是租赁固定资产，还是自行购买固定资产。

不确定性

资本投资分析决策中涉及很多不确定性因素。例如，预期的收入、费用和现金流量都是不确定的。长期的资本投资分析的不确定性更大。一项或多项数据估计的错误可能会导致错误的决策。考虑不确定性对资本投资分析影响的方法将在高级财务会计教材中进行介绍。

价格水平变化

不管是经济繁荣还是经济衰退都会导致价格水平发生变化。在经济快速增长时，价格水平通常也会提高，这称为**通货膨胀**（inflation）。在通货膨胀情况下，投资收益率至少要大于通货膨胀率。如果投资收益率小于通货膨胀率，则资产的价值会降低。

在进行国外投资时，价格水平也会发生变化，这主要是由于汇率的变动。**外汇汇率**（currency exchange rate）是指其他国家或地区的货币转化为当地货币的比率。

如果换取 1 美元所支付的当地货币增加，则说明本币相对于美元贬值了。如果公司在境外进行投资，当地货币贬值，则用美元表示的投资收益率会下降。这是因为一单位当地货币只能换取更少的美元。

定性因素

资本投资带来的有些收益分析只能进行定性分析，而不能进行定量分析。如果公司不考虑定性分析，很可能会错误地拒绝一项投资。

一些可能影响资本投资分析的定性因素如下：

（1）产品质量；

（2）生产灵活性；

（3）员工的忠诚度；

（4）生产能力；

（5）市场（战略）机会。

上述定性因素可能与定量因素同等重要。

资本投资的可持续性

第 18 章将可持续性定义为"经营企业实现利润最大化，同时努力满足保护环境、经济和子孙后代的需求"。可持续性实践通常要求资本投资满足这些优先需求。可持续的资本投资案例如图表 26-12 所示。

图表 26-12 可持续的资本投资案例

可持续发展目标	资本投资案例
尽量减少资源浪费和避免环境退化	矿业公司投资土地、土壤和水回收项目
开发新的可持续发展市场	消费品公司投资生产环保清洁产品的制造设备
降低诉讼风险	造纸公司投资废水回收项目，以避免河流污染的潜在法律责任
维持有吸引力和安全的工作环境	软件公司投资员工健康和健身中心项目，以吸引并留住表现优异的员工

在通常情况下，可持续性投资可以使用本章中介绍的方法进行分析，如图表26–12中列出的投资生产环保清洁产品的制造设备。相比之下，某些可持续性投资的收益可能难以衡量，因此必须进行定性评估，如图表26–12中所示的员工健康和健身中心项目。此外，可持续性投资可能是法律要求的，其合理性更多是由法律赋予的而不是直接经济利益决定的，如图表26–12中所示的土地、土壤和水回收项目与废水回收项目。

为了进一步说明资本投资分析，卡朋特公司提议安装太阳能电池板以满足其制造工厂的部分电力需求。太阳能电池板的初始投资成本为150 000美元，运营和维护成本为每年20 000美元。该工厂每天使用3 000千瓦时（Kwh）的电量，而每年有250个晴天。太阳能电池板输送的电力代替卡朋特公司从电力公司以每千瓦时0.12美元的价格购买的电力。太阳能电池板预计可使用10年，无残值。

年度节约成本计算如下所示：

日耗电量	3 000Kwh
×晴天运营天数	250 天
年耗电量	750 000Kwh
×每千瓦时电费	$0.12/Kwh
总节省电费	$ 90 000
减：太阳能电池板每年维护成本	20 000
年净节约成本	$ 70 000

假设最低收益率为10%的项目净现值如下：

安装太阳能电池板的年节约净现金流量	70 000
×年金现值系数，10%，10年（见图表26–5）	6.145
年节约成本现值	$ 430 150
减：初始投资成本	150 000
净现值	$ 280 150

净现值为正数，因此，安装太阳能电池板的项目可以投资。

26.5 资本分配

资本分配（capital rationing）是指管理层在互斥项目之间的选择与决策的过程。在资本分配分析中，管理层要综合运用本章提及的方法。

图表26–13展示了资本分配的过程。首先用现金回收期法和平均收益率法设定投资最低标准，选出备选方案；然后用净现值法和内含报酬率法，对这些备选方案做进一步的分析。

在资本分配过程中还需要考虑定性因素。例如，新设备可能改善了产品质量，进而提高了消费者满意度，增加了销售额。

在资本分配的最后阶段，将不同项目进行排序，根据可用资金进行选择。项目所需的资金应低于资本支出预算。那些由于资金不足而不能选择的项目，可以在资金充裕时重新考虑。

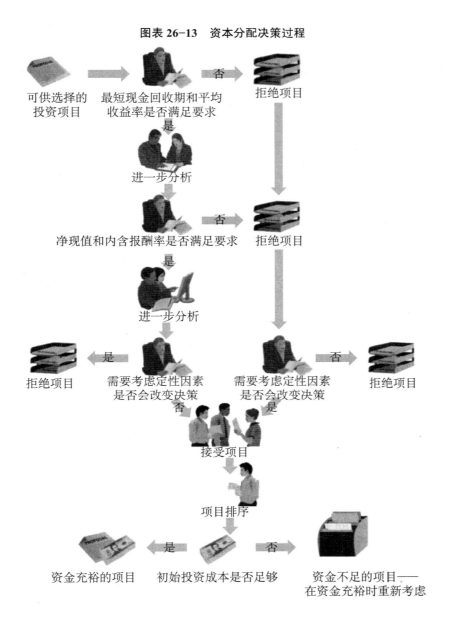

图表 26-13　资本分配决策过程

练习题

EX 26-1　平均收益率

孤峰公司收集了下列数据，用来决策两个互斥的投资项目。

	3D 打印机	卡车
初始投资成本	$ 40 000	$ 50 000
预计可使用年限	7 年	10 年
预计残值	$ 3 000	$ 6 000
预计总收入	$ 24 080	$ 36 400

分别计算两个项目的平均收益率。

EX 26-3　平均收益率——新产品

微泰公司正在考虑是否购买一台新设备生产手机。预计手机每年的销量为 4 000 台，每台售价为 450 美元。设备初始投资成本为 940 000 美元，期末残值为 20 000 美元，预计可使用年限为 8 年。该设备只能用来生产手机。手机的生产成本如下：

每单位成本：	
直接人工	$ 20
直接材料	205
制造费用（含折旧）	39
每单位总成本	$ 264

计算该设备的平均收益率。

EX 26-5　服务企业的现金回收期

首金公司正在考虑为开车人士设计的 ATM 取款机的选址，两个选址方案的初始投资成本均为 200 000 美元，预计可使用年限均为 8 年，预计净现金流量总额均为 320 000 美元。选址方案一可以每年带来相等的净现金流量 40 000 美元。选址方案二预计产生不等的净现金流量，具体如下所示：

第 1 年	$ 60 000	第 5 年	$ 30 000
第 2 年	50 000	第 6 年	30 000
第 3 年	50 000	第 7 年	30 000
第 4 年	40 000	第 8 年	30 000

计算两个选址方案的现金回收期。

EX 26-7　净现值法

帕克斯顿公司正在考虑是否购买一项设备，该设备的初始投资成本为 150 000 美元，预计可使用年限为 4 年，其他数据如下：

	净利润	净现金流量
第 1 年	$ 42 500	$ 80 000
第 2 年	27 500	65 000
第 3 年	12 500	50 000
第 4 年	2 500	40 000

a. 假定期望收益率为 15%，用图表 26-2 所示的复利现值系数表计算该设备的净现值。
b. 管理层会购买该项设备吗？说明理由。

EX 26-9　净现值法——服务企业的年金

迎宾酒店正在考虑是否花费 9 000 万美元建造一座新的酒店。酒店的预计可使用年限为 30 年，残值为 0。预计酒店每年的收入为 2 600 万美元。预计总费用（含折旧）为 1 500 万美元。迎宾酒店要求的最低期望收益率为 14%。

a. 计算酒店每年产生的净现金流量。

b. 使用书末附录 A 中的年金现值系数表，计算新酒店的净现值，结果保留至百万美元。

c. 分析是否建造新酒店，说明理由。

EX 26-11　服务企业的净现值法

嘉年华公司正在考虑建造世界上最大的邮轮。该邮轮可以乘坐游客 3 600 人，邮轮建造成本是 800 000 000 美元，其他数据如下：

· 邮轮每年使用天数为 330 天，最多可容纳乘客 3 600 名。

· 每天每名游客的变动成本为 110 美元。

· 每天从每名游客处获取的收入为 250 美元。

· 邮轮每年的运营固定成本（不含折旧）为 20 000 000 美元。

· 邮轮的预计可使用年限为 10 年，10 年后的残值为 200 000 000 美元。

a. 计算邮轮每年产生的净现金流量。

b. 假定公司设定的最低期望收益率为 12%，根据现值系数表（见图表 26-2 和图表 26-5）计算邮轮的净现值。

EX 26-13　净现值法和现值指数

钻石纺织公司正在考虑投资两项设备中的一项。第一种方案是投资缝纫机，这可以将缝合的速度从每小时缝 150 个棒球，提升为每小时缝 290 个棒球。每个棒球产品的边际收益是 0.32 美元。假定所有增产的棒球都能够卖出。第二种方案是投资高尔夫球生产线的自动拣货设备，这可以降低拣货的人工成本，将人工成本恒定为每小时 21 美元。缝纫机的初始投资成本为 260 000 美元，预计可使用年限为 8 年，每年工作 1 800 小时。自动拣货设备的初始投资成本为 85 000 美元，预计可使用年限也为 8 年，每年工作 1 400 小时。公司要求的最低投资收益率是 15%。

a. 利用图表 26-5 所示的年金现值系数表，分别计算两种方案的净现值，结果保留整数。

b. 分别计算两种方案的现值指数，结果保留两位小数。

c. 如果该公司只准备投资一种方案，且两种方案的定性因素相同，那么公司应该投资哪一个？

EX 26-15　现金回收期、净现值法和定性因素

深圳电子公司的设备处经理正在考虑是否购买一台新的自动装配机。新设备的成本是 1 400 000 美元。经理认为，该新设备可以在未来 10 年每年减少 350 000 美元直接人工成本。

a. 该项目的现金回收期是多久？

b. 假定利率为 10%，运用图表 26-5 所示的年金现值系数表，计算新设备的净现值。

c. 在分析的过程中，经理还需要考虑什么问题？

EX 26-17　服务企业的内含报酬率法

峡谷度假村是美国犹他州著名的滑雪胜地，度假村最近宣布花费 415 000 000 美元修建客房、电梯，改善环境。假定该投资在未来 10 年内，每年产生 99 000 000 美元的等额现金流量。

a. 使用图表 26–5 所示的年金现值系数表，计算项目 10 年内的内含报酬率。

b. 有哪些不确定因素会降低该项目的内含报酬率。

EX 26–19　服务企业的净现值法和内含报酬率

凯斯通医疗公司计划投资一项为期 8 年的项目，项目的初始投资成本为 260 820 美元，项目将会在未来 8 年每年产生 42 000 美元的净现金流量。

a. 假定利率为 10%，使用图表 26–5 所示的年金现值系数表，计算该项目的净现值。

b. 根据 a 的计算结果，判断项目内含报酬率是大于、等于还是小于 10%，并说明理由。

c. 通过计算 1 美元年金的现值系数并使用图表 26–5 所示的年金现值系数表，计算项目的内含报酬率。

综合题

PR 26–1A　平均收益率、净现值法和分析

自然雕像园林公司的投资委员会正在考虑两个投资项目，每个项目的预计营业利润与净现金流量如下所示：

年份	铲斗车		温室装置	
	营业利润	净现金流量	营业利润	净现金流量
1	$ 25 000	$ 40 000	$ 11 250	$ 26 250
2	20 000	35 000	11 250	26 250
3	7 000	22 000	11 250	26 250
4	3 000	18 000	11 250	26 250
5	1 250	16 250	11 250	26 250
合计	$ 56 250	$ 131 250	$ 56 250	$ 131 250

每个项目均需要 75 000 美元的初始投资成本。设备均采用直线法计提折旧，预计无残值。为了进行净现值分析，投资委员会选定用 12% 的利率进行净现值分析。

要求：

1. 计算下列项目：

a. 每个项目的平均收益率。结果保留一位小数。

b. 每个项目的净现值。采用图表 26–2 所示的现值系数表计算，结果保留整数。

2. 为投资委员会编制一份简短的报告，就两个项目的优缺点向其提供建议。

案例分析题

CP 26–1　道德行为

丹妮尔·黑斯廷斯最近被卡耐特医疗用品公司聘为成本分析师。丹妮尔的第一项任务是为是否

购买一个新仓库进行净现值分析。丹妮尔进行了分析，并计算得出 0.75 的现值指数。工厂经理杰罗德·摩尔打算购买仓库，因为他认为需要更多的储存空间。杰罗德邀请丹妮尔到他的办公室来，在那里进行了以下对话：

　　杰罗德：丹妮尔，你是新来的，是吗？

　　丹妮尔：是的，我是。

　　杰罗德：丹妮尔，我对你给这个新仓库进行的资本投资分析一点也不满意。我需要新仓库放置产品。如果没有，我们的产品放在哪里？

　　丹妮尔：嗯，我们需要把产品送到客户手中。

　　杰罗德：我同意，但我们需要一个仓库来做成这件事。

　　丹妮尔：我的分析不支持购买一个新仓库。数字不会说谎，购买仓库达不到我们的投资回报目标。事实上，在我看来，购买仓库并不能为业务增加多少价值。我们需要生产满足客户订单的产品，而不是填满仓库。

　　杰罗德：如果产品数量不够，总部的人不会允许购买仓库。你和我一样清楚，在你的净现值分析中有很多假设。你为什么不放宽一些假设，这样节省下来的资金就能抵消成本？

　　丹妮尔：我愿意和你讨论我的假设。也许我忽略了什么。

　　杰罗德：很好。这是我想让你做的。我从你的分析中看到，你并没有预计购买仓库会带来更多的销售额。在我看来，如果我们能储存更多的产品，我们就会有更多的产品可卖。因此，从逻辑上讲，更大的仓库意味着更多的销售额。如果把这一点纳入分析，我想你会看到好的数字。你为什么不仔细研究一下，然后再做一个新的分析呢？我真的很指望你。让我们一起创造一个良好的开端，看看我们能否接受这个项目。

你对丹妮尔有什么建议？

附录 A

货币时间价值表

1 美元复利现值系数表

期数	5%	5.5%	6%	6.5%	7%	8%
1	0.952 38	0.947 87	0.943 34	0.938 97	0.934 58	0.925 93
2	0.907 03	0.898 45	0.890 00	0.881 66	0.873 44	0.857 34
3	0.863 84	0.851 61	0.839 62	0.827 85	0.816 30	0.793 83
4	0.822 70	0.807 22	0.792 09	0.777 32	0.762 90	0.735 03
5	0.783 53	0.765 13	0.747 26	0.729 88	0.712 90	0.680 58
6	0.746 22	0.725 25	0.704 96	0.685 33	0.666 34	0.630 17
7	0.710 68	0.687 44	0.665 06	0.643 51	0.622 75	0.583 49
8	0.676 84	0.651 60	0.627 41	0.604 23	0.582 01	0.540 27
9	0.644 61	0.617 63	0.591 90	0.567 35	0.543 93	0.500 25
10	0.613 91	0.585 43	0.558 40	0.532 73	0.508 35	0.463 19
11	0.584 68	0.554 91	0.526 79	0.500 21	0.475 09	0.428 88
12	0.556 84	0.525 98	0.496 97	0.469 68	0.444 01	0.397 11
13	0.530 32	0.498 56	0.468 84	0.441 02	0.414 96	0.367 70
14	0.505 07	0.472 57	0.442 30	0.414 10	0.387 82	0.340 46
15	0.481 02	0.447 93	0.417 26	0.388 83	0.362 45	0.315 24
16	0.458 11	0.424 58	0.393 65	0.365 10	0.338 74	0.291 89
17	0.436 30	0.402 45	0.371 36	0.342 81	0.316 57	0.270 27
18	0.415 52	0.381 47	0.350 34	0.321 89	0.295 86	0.250 25
19	0.395 73	0.361 58	0.330 51	0.302 24	0.276 51	0.231 71
20	0.376 89	0.342 73	0.311 80	0.283 80	0.258 42	0.214 55
21	0.358 94	0.324 86	0.294 16	0.266 48	0.241 51	0.198 66
22	0.341 85	0.307 93	0.277 50	0.250 21	0.225 71	0.183 94
23	0.325 57	0.291 87	0.261 80	0.234 94	0.210 95	0.170 32
24	0.310 07	0.276 66	0.246 98	0.220 60	0.197 15	0.157 70
25	0.295 30	0.262 23	0.233 00	0.207 14	0.184 25	0.146 02
26	0.281 24	0.248 56	0.219 81	0.194 50	0.172 11	0.135 20
27	0.267 85	0.235 60	0.207 37	0.182 63	0.160 93	0.125 19
28	0.255 09	0.223 32	0.195 63	0.171 48	0.150 40	0.115 91
29	0.242 95	0.211 68	0.184 56	0.161 01	0.140 56	0.107 33
30	0.231 38	0.200 64	0.174 11	0.151 19	0.131 37	0.099 38
31	0.220 36	0.190 18	0.164 26	0.141 96	0.122 77	0.092 02
32	0.209 87	0.180 27	0.154 96	0.133 29	0.114 74	0.085 20
33	0.199 87	0.170 87	0.146 19	0.125 16	0.107 24	0.078 89
34	0.190 36	0.161 96	0.137 91	0.117 52	0.100 22	0.073 04
35	0.181 29	0.153 52	0.130 10	0.110 35	0.093 66	0.067 64
40	0.142 05	0.117 46	0.097 22	0.080 54	0.066 78	0.046 03
45	0.111 30	0.089 88	0.072 65	0.058 79	0.047 61	0.031 33
50	0.087 20	0.068 77	0.054 29	0.042 91	0.033 95	0.021 32

续

期数	9%	10%	11%	12%	13%	14%
1	0.917 43	0.909 09	0.900 90	0.892 86	0.884 96	0.877 19
2	0.841 68	0.826 45	0.811 62	0.797 19	0.783 15	0.769 47
3	0.772 18	0.751 32	0.731 19	0.711 78	0.693 05	0.674 97
4	0.708 42	0.683 01	0.658 73	0.635 52	0.613 32	0.592 08
5	0.649 93	0.620 92	0.593 45	0.567 43	0.542 76	0.519 37
6	0.596 27	0.564 47	0.534 64	0.506 63	0.480 32	0.455 59
7	0.547 03	0.513 16	0.481 66	0.452 35	0.425 06	0.399 64
8	0.501 87	0.466 51	0.433 93	0.403 88	0.376 16	0.350 56
9	0.460 43	0.424 10	0.390 92	0.360 61	0.332 88	0.307 51
10	0.422 41	0.385 54	0.352 18	0.321 97	0.294 59	0.269 74
11	0.387 53	0.350 49	0.317 28	0.287 48	0.260 70	0.236 62
12	0.355 54	0.318 63	0.285 84	0.256 68	0.230 71	0.207 56
13	0.326 18	0.289 66	0.257 51	0.229 17	0.204 16	0.182 07
14	0.299 25	0.263 33	0.231 99	0.204 62	0.180 68	0.159 71
15	0.274 54	0.239 39	0.209 00	0.182 70	0.159 89	0.140 10
16	0.251 87	0.217 63	0.188 29	0.163 12	0.141 50	0.122 89
17	0.231 07	0.197 84	0.169 63	0.145 64	0.125 22	0.107 80
18	0.211 99	0.179 86	0.152 82	0.130 04	0.110 81	0.094 56
19	0.194 49	0.163 51	0.137 68	0.116 11	0.098 06	0.082 95
20	0.178 43	0.148 64	0.124 03	0.103 67	0.086 78	0.072 76
21	0.163 70	0.135 13	0.111 74	0.092 56	0.076 80	0.063 83
22	0.150 18	0.122 85	0.100 67	0.082 64	0.067 96	0.055 99
23	0.137 78	0.111 68	0.090 69	0.073 79	0.060 14	0.049 11
24	0.126 40	0.101 53	0.081 70	0.065 88	0.053 23	0.043 08
25	0.115 97	0.092 30	0.073 61	0.058 82	0.047 10	0.037 79
26	0.106 39	0.083 90	0.066 31	0.052 52	0.041 68	0.033 15
27	0.097 61	0.076 28	0.059 74	0.046 89	0.036 39	0.029 08
28	0.089 55	0.069 34	0.053 82	0.041 87	0.032 64	0.025 51
29	0.082 16	0.063 04	0.048 49	0.037 38	0.028 89	0.022 37
30	0.075 37	0.057 31	0.043 68	0.033 38	0.025 57	0.019 63
31	0.069 15	0.052 10	0.039 35	0.029 80	0.022 62	0.017 22
32	0.063 44	0.047 36	0.035 45	0.026 61	0.020 02	0.015 10
33	0.058 20	0.043 06	0.031 94	0.023 76	0.017 72	0.013 25
34	0.053 31	0.039 14	0.028 78	0.021 21	0.015 68	0.011 62
35	0.048 99	0.035 58	0.025 92	0.018 94	0.013 88	0.010 19
40	0.031 84	0.022 10	0.015 38	0.010 75	0.007 53	0.005 29
45	0.020 69	0.013 72	0.009 13	0.006 10	0.004 09	0.002 75
50	0.013 45	0.008 52	0.005 42	0.00346	0.00222	0.00143

普通年金现值系数表

期数	5%	5.5%	6%	6.5%	7%	8%
1	0.952 38	0.947 87	0.943 40	0.938 97	0.934 58	0.925 93
2	1.859 41	1.846 32	1.833 39	1.820 63	1.808 02	1.783 26
3	2.723 25	2.697 93	2.673 01	2.648 48	2.624 32	2.577 10
4	3.545 95	3.505 15	3.465 11	3.425 80	3.387 21	3.312 13
5	4.329 48	4.270 28	4.212 36	4.155 68	4.100 20	3.992 71
6	5.075 69	4.995 53	4.917 32	4.841 01	4.766 54	4.622 88
7	5.786 37	5.682 97	5.582 38	5.484 52	5.389 23	5.206 37
8	6.463 21	6.334 57	6.209 79	6.088 75	5.971 30	5.746 64
9	7.107 82	6.952 20	6.801 69	6.656 10	6.515 23	6.246 89
10	7.721 74	7.537 63	7.360 09	7.188 83	7.023 58	6.710 08
11	8.306 41	8.092 54	7.886 88	7.689 04	7.498 67	7.138 96
12	8.863 25	8.618 52	8.383 84	8.158 73	7.942 69	7.536 08
13	9.393 57	9.117 08	8.852 68	8.599 74	8.357 65	7.903 78
14	9.898 64	9.589 65	9.294 98	9.013 84	8.745 47	8.224 24
15	10.379 66	10.037 58	9.712 25	9.402 67	9.107 91	8.559 48
16	10.837 77	10.462 16	10.105 90	9.767 76	9.446 65	8.851 37
17	11.274 07	10.864 61	10.477 26	10.110 58	9.763 22	9.121 64
18	11.689 59	11.246 07	10.827 60	10.432 47	10.059 09	9.371 89
19	12.085 32	11.607 65	11.158 12	10.734 71	10.335 60	9.603 60
20	12.462 21	11.950 38	11.469 92	11.018 51	10.594 01	9.818 15
21	12.821 15	12.275 24	11.764 08	11.284 98	10.835 53	10.016 80
22	13.163 00	12.583 17	12.041 58	11.535 20	11.061 24	10.200 74
23	13.488 57	12.875 04	12.303 38	11.770 14	11.272 19	10.371 06
24	13.798 64	13.151 70	12.550 36	11.990 74	11.469 33	10.528 76
25	14.093 94	13.413 93	12.783 36	12.197 88	11.653 58	10.674 78
26	14.375 18	13.662 50	13.003 17	12.392 37	11.825 78	10.809 98
27	14.643 03	13.898 10	13.210 53	12.575 00	11.986 71	10.935 16
28	14.898 13	14.121 42	13.406 16	12.746 48	12.137 11	11.051 08
29	15.141 07	14.333 10	13.590 72	12.907 49	12.277 67	11.158 41
30	15.372 45	14.533 75	13.764 83	13.058 68	12.409 04	11.257 78
31	15.592 81	14.723 93	13.929 09	13.200 63	12.531 81	11.349 80
32	15.802 68	14.904 20	14.084 04	13.333 93	12.646 56	11.435 00
33	16.002 55	15.075 07	14.230 23	13.459 09	12.753 79	11.513 89
34	16.192 90	15.237 03	14.368 14	13.576 61	12.854 01	11.586 93
35	16.374 20	15.390 55	14.498 25	13.686 96	12.947 67	11.654 57
40	17.159 09	16.046 12	15.046 30	14.145 53	13.331 71	11.924 61
45	17.774 07	16.547 73	15.455 83	14.480 23	13.605 52	12.108 40
50	18.255 92	16.931 52	15.761 86	14.724 52	13.800 75	12.233 48

续

期数	9%	10%	11%	12%	13%	14%
1	0.917 43	0.909 09	0.900 90	0.892 86	0.884 96	0.877 19
2	1.759 11	1.735 54	1.712 52	1.690 05	1.668 10	1.646 66
3	2.531 30	2.486 85	2.443 71	2.401 83	2.361 15	2.321 63
4	3.239 72	3.169 86	3.102 45	3.037 35	2.974 47	2.913 71
5	3.889 65	3.790 79	3.695 90	3.604 78	3.517 23	3.433 08
6	4.485 92	4.355 26	4.230 54	4.111 41	3.997 55	3.888 67
7	5.032 95	4.868 42	4.712 20	4.563 76	4.422 61	4.288 30
8	5.534 82	5.334 93	5.146 12	4.967 64	4.796 77	4.638 86
9	5.995 25	5.759 02	5.537 05	5.328 25	5.131 66	4.946 37
10	6.417 66	6.144 57	5.889 23	5.650 22	5.426 24	5.216 12
11	6.805 19	6.495 06	6.206 52	5.937 70	5.686 94	5.452 73
12	7.160 72	6.813 69	6.492 36	6.194 37	5.917 65	5.660 29
13	7.486 90	7.103 36	6.749 87	6.423 55	6.121 81	5.842 36
14	7.786 15	7.366 69	6.961 87	6.628 17	6.302 49	6.002 07
15	8.060 69	7.606 08	7.190 87	6.810 86	6.462 38	6.142 17
16	8.312 56	7.823 71	7.379 16	6.973 99	6.603 88	6.265 06
17	8.543 63	8.021 55	7.548 79	7.119 63	6.729 09	6.372 86
18	8.755 62	8.201 41	7.701 62	7.249 67	6.839 91	6.467 42
19	8.950 12	8.364 92	7.839 29	7.365 78	6.937 97	6.550 37
20	9.128 55	8.513 56	7.963 33	7.469 44	7.024 75	6.623 13
21	9.292 24	8.648 69	8.075 07	7.562 00	7.101 55	6.686 96
22	9.442 42	8.771 54	8.175 74	7.644 65	7.169 51	6.742 94
23	9.580 21	8.883 22	8.266 43	7.718 43	7.229 66	6.792 06
24	9.706 61	8.984 74	8.348 14	7.784 32	7.282 88	6.835 14
25	9.822 58	9.077 04	8.421 74	7.843 14	7.329 98	6.872 93
26	9.928 97	9.160 94	8.488 06	7.895 66	7.371 67	6.906 08
27	10.026 58	9.237 22	8.547 80	7.942 55	7.408 56	6.935 15
28	10.116 13	9.306 57	8.601 62	7.984 42	7.441 20	6.960 66
29	10.198 28	9.369 61	8.650 11	8.021 81	7.470 09	6.983 04
30	10.273 65	9.426 91	8.693 79	8.055 18	7.495 65	7.002 66
31	10.342 80	9.479 01	8.733 15	8.084 99	7.518 28	7.019 88
32	10.406 24	9.526 38	8.768 60	8.111 59	7.538 30	7.034 98
33	10.464 44	9.569 43	8.800 54	8.135 35	7.556 02	7.048 23
34	10.517 84	9.608 58	8.829 32	8.156 56	7.571 70	7.059 85
35	10.566 82	9.644 16	8.855 24	8.175 50	7.585 57	7.070 05
40	10.757 36	9.779 05	8.951 05	8.243 78	7.634 38	7.105 04
45	10.881 18	9.862 81	9.007 91	8.282 52	7.660 86	7.123 22
50	10.961 68	9.914 81	9.041 65	8.304 50	7.675 24	7.132 66

Managerial Accounting, 27e

Carl S. Warren, James M. Reeve, Jonathan E. Duchac

Copyright © 2018, 2016 Cengage Learning

Original edition published by Cengage Learning. All Rights reserved. 本书原版由圣智学习出版公司出版。版权所有，盗印必究。

China Renmin University Press is authorized by Cengage Learning to publish and distribute exclusively this simplified Chinese edition. This edition is authorized for sale in the People's Republic of China only (excluding Hong Kong, Macao SAR and Taiwan). Unauthorized export of this edition is a violation of the Copyright Act. No part of this publication may be reproduced or distributed by any means, or stored in a database or retrieval system, without the prior written permission of the publisher.

本书中文简体字翻译版由圣智学习出版公司授权中国人民大学出版社独家出版发行。此版本仅限在中华人民共和国境内（不包括中国香港、澳门特别行政区及中国台湾）销售。未经授权的本书出口将被视为违反版权法的行为。未经出版者预先书面许可，不得以任何方式复制或发行本书的任何部分。

本书封面贴有 Cengage Learning 防伪标签，无标签者不得销售。

北京市版权局著作权合同登记号 图字：01-2020-6296

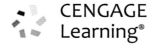

Supplements Request Form（教辅材料申请表）

Lecture's Details（教师信息）			
Name： （姓名）		Title： （职务）	
Department： （系科）		School/University： （学院/大学）	
Official E-mail： （学校邮箱）		Lecturer's Address/ Post Code： （教师通讯地址/邮编）	
Tel： （电话）			
Mobile： （手机）			

Adoption Details（教材信息） 原版□ 翻译版□ 影印版□	
Title：（英文书名） Edition：（版次） Author：（作者）	
Local Publisher： （中国出版社）	
Enrolment： （学生人数）	Semester： （学期起止日期时间）	

Contact Person & Phone/E-Mail/Subject：
（系科/学院教学负责人电话/邮件/研究方向）
（我公司要求在此处标明系科/学院教学负责人电话/传真号码并在此加盖公章。）

教材购买由我□　我作为委员会的一部分□　其他人□〔姓名：　　　　　〕决定。

Please fax or post the complete form to（请将此表格传真至）：

CENGAGE LEARNING BEIJING
ATTN: Higher Education Division
TEL: (86)10-82862096/95/97
FAX: (86)10-82862089
EMAIL: asia.inforchina@cengage.com
www.cengageasia.com
ADD: 北京市海淀区科学院南路2号
　　　融科资讯中心C座南楼12层1201室　　100190

Note：Thomson Learning has changed its name to CENGAGE Learning

中国人民大学出版社　管理分社

教师教学服务说明

中国人民大学出版社管理分社以出版工商管理和公共管理类精品图书为宗旨。为更好地服务一线教师，我们着力建设了一批数字化、立体化的网络教学资源。教师可以通过以下方式获得免费下载教学资源的权限：

★ 在中国人民大学出版社网站 www.crup.com.cn 进行注册，注册后进入"会员中心"，在左侧点击"我的教师认证"，填写相关信息，提交后等待审核。我们将在一个工作日内为您开通相关资源的下载权限。

★ 如您急需教学资源或需要其他帮助，请加入教师 QQ 群或在工作时间与我们联络。

中国人民大学出版社　管理分社

🔔 **教师 QQ 群：** 648333426（工商管理）　114970332（财会）　648117133（公共管理）
教师群仅限教师加入，入群请备注（学校＋姓名）

☎ **联系电话：** 010-62515735，62515987，62515782，82501048，62514760

✉ **电子邮箱：** glcbfs@crup.com.cn

📍 **通讯地址：** 北京市海淀区中关村大街甲 59 号文化大厦 1501 室（100872）

管理书社

人大社财会

公共管理与政治学悦读坊